CHINA MANAGEMENT CASES

中国管理案例库

管理会计教学案例与分析

Management Accounting Cases and Analysis

周 宁 韩小汀 邹 艳／著

中国人民大学出版社

·北京·

序

在工商管理类课程教学改革中，教学方法改革是重中之重。起源于哈佛商学院的案例教学法适应管理教育的特点，在世界各高校的运用和创新中取得了较好的效果，成为提升教学质量的重要手段之一。

习近平总书记说："要推进国际传播能力建设，讲好中国故事、传播好中国声音，向世界展现真实、立体、全面的中国，提高国家文化软实力和中华文化影响力。"围绕案例教学的案例开发是精彩、生动讲好中国企业故事，向世界传播可理解、可借鉴的中国方案，传播中国文化的有效途径。

管理会计作为工商管理课程体系中的主干课程，以为企业提供决策信息以及帮助企业进行科学决策为主要教学内容，在讲授基础理论方法的基础上，通过鲜活的案例教学，使学生置身于企业真实管理情境中去辨识企业的管理问题，分析问题产生的原因并思考和提出相应的解决方案，最终提高学生的思辨能力，提升教学质量。

周宁教授团队常年跟踪本土企业调研，讲述中国特色企业故事，探寻中国模式管理方案，本着扎根本土、教研相长、师生共生的教育理念，不断挖掘案例价值，将案例开发、案例教学和案例研究（简称三案）嵌入人才培养全过程，逐步形成了以案例开发为基础、以案例教学为核心、以案例研究为引领，相互促进、循环迭代、持续优化的相生相长发展模式；三案兼顾、相互转化、协同发展，有效促进了师生实践和研究能力的双重提升，促使案例成果辐射衍生，逐步形成了开放共享、多方受益的案例教育生态体系。

管理会计课程案例开发，需要研究团队深入企业采集内部核心财务信息，资源相对稀缺。本书包括的案例多数获得全国优秀案例奖，其撰写质量高，可供借鉴。

教学质量的提高是永恒的主题，教育的根本任务是立德树人。通过调研讲好中国企业故事，在课堂上呈现植根于中华文化沃土的企业文化特色，展示适应时代发展的中国管理方案，可以使师生增强道路自信、理论自信、制度自信、文化自信，激发师生为实现中华民族伟大复兴的中国梦而努力奋斗！

谢志华

前　言

在工商管理类课程教学改革中，教学方法改革是重中之重。起源于哈佛商学院的案例教学法适应管理教育的特点，在世界各高校的运用和创新中取得了较好的效果，成为提升教学质量的重要手段之一。“管理会计”作为工商管理课程体系中的主干课程，以为企业提供决策信息以及帮助企业进行科学决策为主要教学内容，在讲授基础理论方法的基础上，通过具体的案例教学，使学生置身于企业真实管理情景中去辨识企业的管理问题，分析问题产生的原因并思考和提出相应的解决方案，最终提高学生的思辨能力，提升教学质量。

自 2011 年开始近 10 年的时间里，我们团队在面向工商管理硕士（MBA）和本科生的“会计学”课程、面向工商管理硕士的“战略成本与管理决策”课程、面向专业会计硕士（MPAcc）的“管理会计理论与实务”课程、面向工程管理硕士（MEM）的“项目成本管理”课程的教学中，不断改进教学方式，在探索案例教学中不断收获经验。在先前的案例教学中，我们发现主要存在以下问题：

（1）本土教学案例严重不足。现行会计专业教材案例比较丰富的大多是西方的翻译本，哈佛商学院、毅伟商学院的案例居多。然而，由于不同国家和经济体在制度背景上存在差异，这些案例不能很好地反映我国企业的经验创造及发展前沿的成果，在应用过程中会产生“水土不服”的现象，极大影响了学生参与课堂互动的热情。在中国经济几十年快速发展的过程中，企业通过解决许多独特问题逐渐形成了具有中国特色的管理思想和方法，但基于中国管理实践情境的本土教学案例数量明显不足，且质量有待提高。因此，从 2011 年起，我们就将扎根本土情境、挖掘富含深厚本土管理文化的案例列为案例教学的首要任务。

（2）案例教学仅仅局限于案例本身，没有向前向后充分延伸，未实现“参与式教育”。案例教学法是在学生学习和掌握了一定理论知识的基础上，教师引导学生通过剖析案例，把所学理论知识运用于实践活动中，以提高学生发现、分析和解决实际问题能力的教学方法。相比于传统教学模式，案例教学法在注重理论教学环节的同时，更注重实验教学环节，通过把真实案例的研究成果运用于现实的管理活动，实现“在做中学、在学中做”。在课堂教学中，教师是导演，负责启发和引导学生围绕案例中心问题展开讨论，学生才是主角，此模式促使学生在信息不完全、不确定的条件下独立思考、独立决策，变被动为主动，培养多向性和发散式思维，不求唯一答案和聚合效应，充分提高了学生的创造力和想象力。我们在“会计学”、“战略成本与管理决策”、“管理会计理论与实务”和“项目成本管理”等课程的讲授过程中发现，学生不再满足于课堂上的案例专题讨论，还期望利用所学理论和方法去解释工作中遇到的管理问题和管理困境，并寻求合适的解决途径。而现有的案例教学模式大多集中于对案例本身的教学，在课前收集案例、课后评价案例等方面未充分展开，教学中缺乏对管理理论的提升，案例开发、教学、研究三方不易兼顾，高水平案例研究成果难以转化到案例教学中。

从上述两个方面的问题出发，我们在课程教学中主要对案例教学模式进行发展和创新，以培养勇于创新、富于责任、精于实务、善于合作的复合型高级经济管理人才为目标，本着扎根本土、教研相长、师生共生的教学理念，不断挖掘案例价值，将案例开发、案例教学和案例研究嵌入人才培养全过程，逐步形成了以案例开发为基础、以案例教学为核心、以案例研究为引领，相互促进、循环迭代、持续优化的相生相长发展模式；三案兼顾、相互转化、协同发展，有效促进了师生实践和研究能力的双重提升，促使案例成果发散辐射，逐步形成开放共享、多方受益的案例教育体系（见图 1）。

随着中国市场化程度不断提高，管理会计作为企业创造价值的有效工具，其应用越来越受到企业的重视，因此，开发中国本土原创高质量管理会计案例、探索中国管理实践势在必行。在北京航空航天大学经济管理学院，由教授、青年教师、MBA、MPAcc、MEM 和学术型硕士联合组成了案例开发团队，共同开发本土企业案例，尤其针对学生所在的企业进行案例开发。学生从自己所在企业的管理者视角提供管理实践情境，教师提炼本土管理理论并应用于实践问题，在此过程中，既真实还原案例发生过程，又准确把握案例理论高度，理论

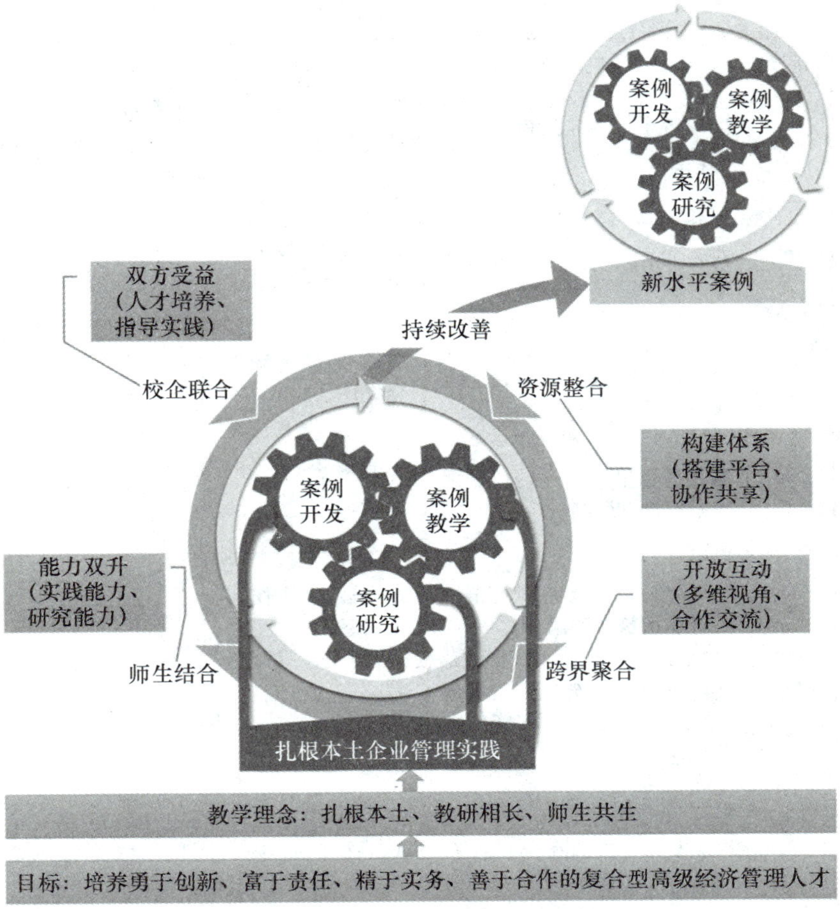

图 1　三案相生相长的案例教育模式和体系

与实践深度融合，促进师生在共同辨识、分析和解决企业管理实践难题中教学相长，共同提高实践能力。

本书收录的 9 篇案例大多来自编者团队所获取的一手企业信息，均为发生在现实情境下的中国企业真实案例。本书是在对案例企业实地采访调研的基础上，结合学科和课程建设实际及相关行业的发展现状编写而成的，内容涉及战略性企业社会责任、产品成本核算方法、质量成本分类核算、战略绩效考核与管理等多个方面，如表 1 所示。所有的案例均已在课堂上反复使用，广受学生好评，取得了良好的教学效果，并基于课堂反馈不断更新完善。在具体的教学过程中，我们会根据课程、授课对象（EMBA、MBA、MPAcc、经济管理类本科生或企业培训人员）和教学大纲的要求，选取合适的案例。需要说明的是：由于企业保密的要求，案例中对有关名称、数据等做了必要的掩饰性处理；本书案例只供课堂讨论之用，并无意暗示或说明某种管理行为是否有效。

表 1　本书选用案例的基本情况

排序	案例名称	教学内容	开发者	编撰整理者
1	涅槃重生：WG 风电公司组织绩效改革之路	绩效考核	周宁、韩小汀、马沙沙、蒙姝、胡婷婷	孙文彬、马雅倩
2	亡羊补牢，为时未晚：Z 公司海外 EPC 项目成本管控艰辛之旅	项目进度与成本整合管理	周宁、刘珍珍、韩小汀	周宁、李双
3	以绿色发展之道，筑城市生命线：隆科兴的战略性企业社会责任	战略性企业社会责任	邹艳、周宁、李文渊、李方军	邹艳、姜文君、李双
4	谁才是明星产品：转包产品成本核算的陷阱	产品成本核算方法、作业成本法	周宁、马婧、罗继德、韩小汀、王灿明	王翔宇、马雅倩、王颖
5	黑马落马记：高鸿网络渠道运营成本核算的真相	时间驱动的作业成本法	周宁、康雨辰、马婧、郑晗、陈可馨	王翔宇、马雅倩
6	某公司油冷器产品的质量成本与质量改进项目实施的案例研究	项目成本管理、质量成本	周宁	王翔宇、张明洁
7	环球友邻公司的降成本之路	阿米巴经营模式、作业成本与作业管理	陈婧、周宁、韩小汀、谢楠、徐畅、罗雨	李双、张明洁
8	有“质”者事竟成：北京长安汽车公司质量成本管理之路	质量成本分类核算、质量成本报告与质量作业管理	周宁、王祺、韩小汀、曹龙飞、李文渊、徐畅	王翔宇、张明洁
9	平衡计分卡“太”平衡：规划建设公司战略绩效管理改革的“迷局”	战略绩效考核与管理、平衡计分卡	周宁、匡婧、马婧、黄劲松、张晓军	姜文君、孙文彬、马雅倩

本书每一个案例的开发都是一次历久弥新的探索过程，北京航空航天大学经济管理学院的周宁教授、韩小汀教授、邹艳教授为本书的案例开发和出版倾尽心血，王翔宇、李双、姜文君、孙文彬、马雅倩、张明洁、王颖为本书各案例的编撰整理者，同时案例也凝结着众多 MBA、MPAcc、MEM、学术型硕士的辛勤汗水。此外，感谢中国人民大学出版社编辑对团队的高度认可以及为本书出版所付出的努力！

本书中所有案例的开发，均得益于北京航空航天大学经济管理学院中国企业案例研究中心提供的研究环境和资金支持。该案例研究中心在推动案例开发、案例教学和案例研究工作中位于国内商学院前列，师生在三案相生相长的案例教育教学中能力得到双重提高，课程教学质量稳步提升，谨以此书的出版向北京航空航天大学经济管理学院中国企业案例研究中心表示感谢！

目　录

涅槃重生：WG 风电公司组织绩效改革之路

摘要：本案例以国内风电行业的龙头企业 WG 风电公司绩效考核发展和改革为研究对象，该公司与风电行业均兴起于 20 世纪 80 年代。WG 风电公司总部位于新疆乌鲁木齐市，新疆是国内工业企业管理发展的薄弱区域，对新兴的风电企业管理和绩效考核体系更是没有可以直接遵循的范式。本案例通过对 WG 风电公司绩效管理改革的深入分析，揭示绩效考核方法与企业发展阶段的适应性规律，财务指标与非财务指标权重占比的适配性，具有借鉴作用。

关键词：风力发电；绩效考核；财务指标

0. 引言

2015 年 7 月 6 日，WG 风电公司执行副总裁曹志强坐在位于北京亦庄的办公桌前，目不转睛地凝视着新鲜出炉的半年度业绩预报，一向严肃认真的他嘴角露出淡淡的笑容，心里想："净利润比上年同期增长 200%多，5 月 28 日以来股市大盘一泻千点，在这个关键时刻，个股业绩对股价的支撑尤为重要，WG 风电公司的股东们这下该高兴了。"当然，公司取得这样的经营业绩与上年年底国家能源局下发的风电陆地并网电价调整政策有直接关系，但公司近年来组织的绩效管理变革、全体人员的积极进取也功不可没！看了看时间，已经是下午 6 点了，一身轻松的曹总背上自己的羽毛球装备，来到了公司的羽毛球馆。

曹总选了个安静的地方放下球包，这时，营销中心李副总过来寒暄："曹总，很久不见您来打球了，我陪您活动下？”

曹总略带幽默地说：“又快发工资了，这不忙着给你们核算半年绩效奖金嘛。”

李副总说：“这几年下来，绩效考核应该驾轻就熟了！运营的同事都是您的得力干将，SAP人力资源信息管理系统也用上了，绩效计划与实际业绩自动核算，哪里还需要您亲自盯呀，快来好好锻炼身体吧！”

李副总的一席话令曹总不禁回想起四年来公司走过的绩效改革之路。

1. 公司发展历程

WG风电公司1983年创始于新疆乌鲁木齐，公司主营业务为大型风力发电机组的开发研制、生产及销售，中试型风力发电场的建设及运营，是国内最大、全球领先的风电设备研发、制造企业以及风电场整体解决方案提供商。公司拥有自主知识产权的直驱永磁技术，代表着全球风力发电领域最具成长前景的技术路线。主要产品有600kW、750kW、1.2MW、1.5MW、2.0MW、2.5MW、3.0MW系列风力发电机组，正在研制的产品有6.0MW风力发电机组、光伏变流器，正在探索的业务有水务、环保等其他清洁能源。WG风电公司以国内市场为主，客户多是国内各大发电企业，在美国、澳大利亚、古巴、巴拿马、南非等国际市场也有突破。公司从起初利用丹麦政府和德国政府的援助项目实现风电设备的科研到市场转型，以及国家政策扶持快速发展到风电成套机组出口增长，经过二十余年的发展，企业员工从10余人增加到2015年的5 000余人，年销售收入也从最初的100万元增长到2014年的174亿元。WG风电公司凭借良好的市场业绩，于2007年在深圳证券交易所（简称证交所）挂牌上市，并于2010年在香港交易所（简称港交所）挂牌上市。从2011年至今，WG风电公司以国内风电设备整机制造市场第一及全球风力发电机组市场第三的优势，处于行业领先地位。

2. 公司绩效情况概述

2.1 形同虚设的绩效考核

2007年是公司绩效管理建设的关键一年，12月26日WG风电公司在深交所挂牌上市，当日开盘价90元，最高价168元，引起股票市场轰动，这可记入公司历史的大事记。员工也都像自己持有原始股一样沸腾了，时至年末，股票和年终奖成了大家茶余饭后的热门话题。

小英和小梅是部门内平时走得比较近的同事，在去吃午餐的路上，小英说："公司业绩这么好，咱们今年的年终奖应该不错，上午我看到360度评价成绩也出来了，你看了吗？我得了95分。"

小梅回应："我也看到了，88分，也不知道这88分和95分有多大区别。"

小英："你还不知道啊，这就是个绩效评价工具，到底年终奖发多少，还不是部长一句话的事，这两天办事小心点，没事别惹他老人家不开心，年底给他添堵就是跟自己的奖金过不去。"

小梅："我觉得也是，大家都碍于面子不愿指出别人的缺点和不足，除非是在工作交流中已形成某些偏见，否则评估结果非常接近，奖金估计也差不了多少。"

2007年的年终奖大年三十才发，大家都沉浸在过年的气氛中，没有讨论奖金多少，春节过后上班，终于有机会讨论了。

小梅："年终奖还不错吧？小英同志。"

小英："还行吧，52k，你呢？"

小梅："52k，咱们两个怎么发的一样，你也是拿到手的数？"

小英："嗯，看来绩效评估就是面上的事，跟奖金发多少关系不大，不多想了，抓紧时间工作吧，希望公司越来越好，咱们的奖金也能越发越多。"

2.2 各执一词的绩效改革

形同虚设的绩效考核在公司持续了四年多，转眼来到了2011年初夏，5月20日上午10：00，公司周经营例会如期举行。首先，运营中心负责人李总通报上周公司的整体经营情况："上周新增中标0万千瓦，连续43天无新增中标项目；新开工建设项目2个，与周计划对比，负偏差50%，与去年同期相比，开工项目少6个，负偏差20%；截至上周四，1.5MW机组库存383套、2.5MW机组库存74套，创历年月度库存最高，应收账款回收、收入确认完成……"如此触目惊心的经营数据公司还是第一次遇到，原本有些嘈杂的会场突然安静了，有种山雨欲来的压迫感。通报完后李总接着主持会议，轮到各中心领导按以往顺序发言了。

营销中心负责人杨总第一个发言："今年4月份市场环境剧变，投标中标率连续两个月下降，已签合同的客户也约谈我们想要签订降价协议，市场局势很不乐观。大家都知道订单对企业发展的重要性，为了获取订单价格战在所难免，目前公司产品的销售价格属于行业中上等，我也知道营销团队的关键任务是多拿订单多回款，但销售人员薪酬与同行对比属于中下等，行业现走下坡路，绩效激励再跟不上，恐怕结果不会好，希望在这个特殊时期能出台强有力的绩效激励方案。”

常务副总裁李总回应道：“营销中心是公司的龙头部门，过去的工作是劳苦功高，杨总提出的绩效激励的需求，我觉得可以考虑。”

曹总也补充道：“激励需要建立在科学的绩效考核评价基础上，我们先前的考核用的是360度考核法，侧重对人的评价，也没有月度和阶段性激励，全放在年终了，这种方法现在看来很难激励销售人员。但公司目前没有评价工作业绩的绩效考核办法，很难说清楚工作做到什么程度该激励，做到什么程度该处罚。”

负责研发、技术管理的宋总缓缓说道：“我认同杨总对外部形势的判断，我认为公司以前是钱多人傻，绩效基本也是评估不考核，干多干少年终奖分配的时候均衡一下就算扯平了。现在公司经营困难，得学会勒紧裤腰带过日子，公司应该从运营效率、绩效管理、成本管理等多方面想办法破解眼前的难题。”

服务中心徐总接着发言：“项目开工建设进度与去年同期对比滞后一个半月，我们已经安排项目经理落实具备建设条件的项目加大推进力度，未开工的项目也与客户展开工程对接，确定后续的建设进度。我个人认为，外部市场环境一时半会儿好不了，得从内部管理抓起。首先统一目标，减少各自为战、推诿扯皮的现象，这样可以让大家整齐划一，形成合力。”

制造中心许总幽幽地说：“以前没有绩效考核和激励我们也一样完成经营任务，绩效考核真的能帮我们走出困境吗？我认为市场环境是影响经营的主要因素，绩效考核的影响另当别论。我们中心就是来料加工，车间工人本来工资水平就低，再搞个绩效考核，每月拿不到全额工资，局面就更难控制了。再说，完不成任务也不是一个人一个部门的问题，物料到货时间晚、技术变更等都会影响我们的生产完工，在考核生产完工指标的时候应该考虑其他部门给我们带来的问题，这次再搞，一定要小心，否则不仅起不到好的作用，说不定还会添大麻烦。”

供应链中心岳总按捺不住了，抢着说：“我们中心处于公司生产运营信息流的末端、物流的前端，年初按照公司的经营要求呼吁供应商把产能建设起来，现阶段有供应商的安抚、公司和供应商的库存消耗等干不完的事，我们绝大多数的工作都是按照公司的经营计划执行，没什么发挥余地，财务业绩指标的绩效考核好像不太适用于我们中心。”

财务总监吕总却略带坚定地说：“从财务看业务的角度，目前1.5MW机组盈利能力持续下降，2.5MW机组产业化程度低，卖一台赔一台，制造成本、运输成本超预算，库存积压严重，周转率低，现金流进入紧张状态，这样下去不出半年公司的净利润就会变成负数，影响股东的投资信心，股价能保持在18块钱就不错了。我个人认为现阶段必须建立以财务指标为主的绩效考核才会有效。”

运营及人力资源中心总监李总最后发言：“目前公司管理职能分散，部门间协同效率低，干个活儿单走流程就得一周，很多事情等走完流程再干黄花菜都凉了，各中心能不能以解决问题为先导？”

公司经营例会上通报的经营难题，大家的想法都是一吐为快，可曹总心里却在思量：财务总监从财务角度看，销售和营销经理持客户观点，运营人员只看周转期、生产流程等，还需要有人能站在企业全局去思考。曹总想到了公司的管理顾问兼运营副总监王老师。王老师是企业聘用多年的管理咨询顾问，以运营副总监的身份参与公司所有重大决策会议和工作，管理实践经验丰富。想到这，曹总定神看了看时间，已经过午饭点了，便总结道：“外部行业环境已经不可逆转，内部管理改革势在必行，大家要直面经营困境，上午的会先到这里，大家回去考虑一下克服眼前经营困难的办法，下周例会咱们再商议。”紧接着曹总转向王老师说道：“王老师，您到我办公室来一下。”

王老师随着曹总一起去了他的办公室，两人相继落座后，曹总说道：“王老师，上午的经营例会您也全程参加了，单独叫您过来是想和您聊聊公司现在的这些事，会上杨总提出要绩效激励，您有在邯钢工作几十年的经验，您有没有遇到过这种情况，绩效激励能行吗？我非常想听听您的建议。”

王老师回答道：“我在邯钢工作也遇到过同样的情况，以我的经验来说，绩效激励还是有效果的，而且可以通过绩效管理工作来推动公司内部的组织变革。目前需要尽快建立绩效考核体系，即明确公司经营目标、考核指标，并将其转化成月度绩效计划，月底再根据完成情况核算绩效成绩，然后才能说到激励的事情。”

曹总说：“有您这句话我就放心了，咱们去食堂边吃边聊吧！”

说完，两位就走向公司食堂，取餐后找个安静的地方坐了下来，曹总又说：“王老师，看来公司内部改革已经刻不容缓了，我想下周开经营例会的时候，把这事定下来，就以杨总提出的绩效激励问题为切入点，讨论建立绩效管理体系的问题，但是需要考虑新的绩效管理体系与原来的绩效管理方式怎样能够更好地过渡。”

王老师说：“嗯，事不宜迟，这是早晚要干的事，能早决策最好。”

原定于5月27日的经营例会提前到5月24日召开，沉闷的会议讨论气氛与室外万物复苏的繁荣景象形成鲜明对比，会议由运营及人力资源中心总监李总主持：“上周经营例会关于通过绩效激励应对市场变化的相关话题，今天继续讨论，请大家分别说说自己的看法。”

营销中心杨总说：“绩效激励是我提出来的，我自然是支持改变原来的绩效管理方式，增加对部门业绩、员工能力的评价，打破‘大锅饭’，提高团队成员的工作积极性。”

制造中心许总说：“如果绩效激励不做额外预算，还要把中心、部门、员工进行绩效排序，分出优、良、中、差，肯定有人拿的多，有人拿的少，这个变化太大了，如果公司为了少发工资多让员工干活而考核，到时候别说提高工作积极性了，能找到人干活就不错了。”

供应链中心岳总说：“供应链的20多位同事做160多亿元的采购合同和采购订单执行，能完成这些工作就不错了，还考核什么？有没有按照需求时间供货、采购价是否合理，这些我们都做不了主，考核的话我们就是躺着中枪的。”

研发技术中心宋总说：“考核必须和激励结合，必须有奖有罚，研发技术人员取得的工作成果通常不是当期可以实现的，财务结果导向的考核要慎用。”

…………

大家七嘴八舌地说了意见，该怎么办呢？曹总总结安排说：“绩效激励需要有公平的绩效考核做支撑，现阶段通过激励促进工作开展也不失为一个新的管理举措，我们可以做些尝试。”

3. 绩效考核的改进

3.1　精挑细选的绩效方法

抱着试一试的态度，以绩效激励为目的的绩效改革开始了，曹总亲自推动绩效改革工作的实施，要求运营及人力资源中心牵头各业务中心组成绩效改革工作小组，管理顾问兼运营副总监王老师整体策划和辅导实施风机单元的绩效改革工作，按照12月正式发布绩效考核方案的计划倒排时间。

在王老师的悉心辅导下，大家很快就拟定出了绩效改革推进工作计划，但是绩效管理方法不计其数，到底哪种适合公司呢？是选择一种方法还是几种方法的组合？绩效改革小组针对绩效管理方法的选择展开了激烈的讨论。

改革小组指导专家王老师主持讨论会："曹总下达改革指令后，我们小组也进一步深入学习了很多企业现行的绩效考核方法，如360度考核法、目标管理法、关键绩效管理法、EVA评价法、平衡计分卡等。今天召集大家一起研讨一下这些方法，共同选择一下适合咱们公司发展实际的考核方法。"

运营及人力资源中心总监李总直截了当地说："公司在2010年之前一直在用360度考核法，从管理者的直观感受而言，我觉得它不能客观评价员工和部门的绩效，主要原因是评价业务实绩少，评价人缘关系多，领导者看好的员工（包括当今WG风电公司总裁）的考核结果都是倒着数的，这种方法先排除，从其他方法里面选。"

研发技术中心宋总说："公司3～5年的发展战略不清楚，年度目标也经常变化，目标管理法能解决什么问题呢？"

服务中心徐总说："目标管理法得先知道目标是什么，目标跟计划有什么关系，管理目标的过程中需要哪些指标支持，如果采用目标管理法，必须要和关键绩效管理法配合着使用。"

财务总监吕总附和道："我也认为目标管理法与关键绩效管理法或者其他方法合起来使用才能发挥效力，公司经营困难时期，建议加大财务指标权重。"

供应链中心岳总说："EVA评价法偏向价值评价，现在连工作完成情况的评估都实现不了，更无法评价产生的价值，这种方法不太合适现在用。"

负责研发、技术管理的宋总又说："企业现阶段战略模糊不清、管理基础薄弱，指导战略落地的地图（平衡计分卡）估计没有用武之地，我觉得目标管理法可以探索下。"

综合各位领导的意见，王老师做出会议总结："从讨论结果来看，大家都认同在企业经营困难、战略还不够清晰的时候引入目标管理法、关键绩效管理法，至于财务指标是否作为重头戏，我们在指标设计阶段再讨论，大家同意吧？"

所有参会的人员都表示认同，迷失的WG风电公司看到了改革的方向，绩效管理体系的设计之旅从此开始。

为了提高绩效管理参与度，公司在设计绩效管理方案之前安排了一场别开生面的绩效改革动员会，各业务负责人、运营管理人员都来参加了，现场座无虚席。王老师、曹总为大家讲解了绩效考核的目的、意义，明确绩效考核为公司的计划体系、为薪酬体系服务的宗旨，以奖励为主、处罚为辅，用数据衡量绩效，事先约定考核标准，即时兑现激励等设计原则，以缓解大家对考核的抵触情绪。

根据王老师和曹总向全员承诺的绩效考核方案设计的基本原则，风机运营绩效改革小组开始了为期半年的绩效改革方案设计。根据公司的发展和经营要求：(1) 6月确定哪些指标可以作为风机业务的一级指标；(2) 结合公司组织机构和业务分工情况，编制以财务指标、运营效率为核心的风机业务的绩效指标树形图；(3) 根据一级指标、指标树形图确定风机单元二级指标及指标体系分配表；(4) 确定月度绩效计划及完成情况模板；(5) 7月完成组织绩效考核激励的方案制定与发布；(6) 8月完成各中心运营、计划、业务管理人员绩效管理制度培训，要求各中心对照年度经营目标，将月度绩效目标重新调整分解到周，通过周经营例会方式汇报工作进展及纠偏措施；(7) 9—11月与过去的绩效考核方式并行3个月，监控新绩效方案的实施效果，解决发生的问题；(8) 12月优化考核方式，形成最终方案，投入应用。

3.2 饱受争议的绩效权重

8月10日，绩效改革小组第一版指标设计出炉，恰逢公司7月绩效评估的时间，运营及人力资源中心总监李总要求绩效管理人员按照新的绩效考核方法测算了各中心的成绩，并召开各中心总监会议一起评审指标体系和指标权重。

会议按时开始，参会的领导没等主持人说完会议主题就迫不及待地翻阅起了指标设计和测算的考核结果，各个瞠目结舌：关键绩效指标占比80%，重点任务占比20%，20%的重点任务也是为财务指标和运营效率指标服务的，产品领先或者其他创新性项目工作的安排也有要求。

制造中心许总说："80%都是定量、数据化的关键指标，有一项关键指标不达标，月度绩效就泡汤，而且完成越有难度的指标权重越高，我感觉努力和不努力结果差不多，怎么考核都是不及格，这是逼着我把影响任务完成的事情都记下来，月底摆证据讨价还价吗？"

供应链中心岳总说："指标要求太高了，感觉扛不住、跑不动啊！能不能增加一些稍微努力一下就能得分的指标，调节一下权重？"

研发技术中心宋总半开玩笑半认真地说："看完这个指标核算结果，我感觉像是赤脚踩在砂石路上，手中捧着烫手的山芋，头上顶着一把随时可能掉下来的刀，稍有不慎，要命啊！以后只做计划内的工作，计划外的就往后放，谁着急谁自己干。"

营销中心杨总说："20%的重点任务就不要与关键绩效指标有什么瓜葛了，

设计一些管理事项，与日常管理相对应。比如，报表提交的准确率、及时率，会议决议、领导临时交办任务的完成情况，早操考勤、内部培训的完成情况等。”

财务总监吕总说：“我觉得财务指标现阶段很重要，权重不能调低，否则大家都忙着服务于其他指标，公司利润会变成负数，一年到头白忙活不说，也没办法向股东交代。”

质量中心万总看着大家七嘴八舌地讨论，赶紧插话：“各位听我说一句，权重设计得是否合理，用了之后才能知道，这样讨论下去不会有结果。”

万总的话果然奏效，大家虽然对于指标你一句我一句地指出了设计方面的考虑不周、管理漏洞，但最后没有形成众人推墙倒的局面，大家就当是先了解指标体系、指标权重的设计思想，后面试运行测算后再看效果。

3.3 势均力敌的考核博弈

2011年9—11月是新绩效考核方案试行阶段，为防止绩效考核权重可能带来的混乱，曹总做出指示：“只模拟考核，不计入实际的月度考评结果。”12月12日，9—11月的绩效考核结果模拟核算完成，运营及人力资源中心总监李总让小组成员向曹总呈报了一份各中心9—11月的绩效考核结果（见表1）。曹总看着感叹道：“各中心月度绩效成绩终于可以计算出来了，绩效系数也有好有差，不知道各中心总监有什么看法，明天开会一起讨论下。”

12月13日，绩效改革小组与各中心领导召开了绩效考核结果沟通会，首先由李总宣布各中心的绩效考核成绩。

表1　各中心9—11月绩效考核拟核算结果

业务中心	9月	10月	11月
营销中心	1.2	0.9	1.0
服务中心	0.98	1.0	1.0
制造中心	1.1	0.95	1.0
供应链中心	1.2	1.1	1.0
质量中心	0.95	1.0	1.1
财务中心	1.1	1.0	1.0
研发技术中心	1.0	1.1	1.0
运营及人力资源中心	1.1	1.0	1.0

服务中心徐总说：“9月零部件质量问题影响设备到货、吊装的指标完成，且这两个指标占30%，有点冤啊！建议增加可独立完成的工作的权重，降低与其他单元协同的指标权重。”

服务中心领导的意见一石激起千层浪，质量中心、财务中心、运营及人力资源中心感触更深，他们对很多指标只能承担管理职责，不是主责部门，绩效成绩自己也做不了主，这个指标分配体系是否合理?

制造中心许总说："十一黄金周，我们加班加点运输，交付齐套率还是不达标，其他各项任务都完成了，绩效系数是 0.95，我再干点啥才能得 1.0 呢? 单考核我一个人没有问题，你这指标还要考核到我们中心的各个部门，然后再到员工个人绩效，与古代的连坐制有什么区别?"

研发技术中心宋总说："我们月度绩效计划外的工作做了不少，但是没有体现在考核结果中，希望能有临时性任务的权重。"

争论了近 2 个小时，终于有停下来的迹象了，曹总提高嗓门说："大家都静一静，关于绩效核算结果的反馈意见都说得差不多了，多数是关于指标分配和指标考核的结果是否可以剔除其他单元的影响因素、多干活能不能加分等，会后绩效改革小组会根据你们的意见做绩效考核细则说明，注释每项指标对应的免责条款，增加业务创新、突破的激励性考核，调整后的方案将组织各中心会签，然后下发执行。"

历时 1 个多月，综合调整后的绩效考核方案在 2011 年 12 月 15 日正式使用，时至 2012 年初，这也成了 WG 风电公司 2012 年度绩效考核的实施文件。

3.4 持续优化的绩效考核

2012 年 2 月 10 日，按照 2012 年度绩效考核文件要求，1 月份的绩效考核结果核算完成，绩效改革小组将各中心绩效考核成绩邮件发送至各中心领导，要求 2 月 11 日下班前完成结果反馈确认，2 月 12 日公司 OA（office automation，办公自动化）平台上公布了各中心的绩效考核结果。

按照绩效管理办法的规定，部门和中心管理人员还需要在 2 月 14 日前与绩效考核系数大于 1 和小于 1 的同事进行绩效面谈，确保优秀员工的工作及时得到认可，待改善员工的工作得到辅导，每月 15 日是公司的工资发放日，大家如期获得了与绩效系数对应的绩效工资，组织绩效考核管理方案实现软着陆。

公司在 2011 年经历了目标管理、绩效管理的阵痛，2012 年开始全面推广新的绩效考核方案，各中心逐步习惯有目标、有计划地完成各项业务，全年实现 252.15 万千瓦装机、国内市场占有率 19.5%的骄人业绩，重回国内风机制造厂家排名第一的位置。

经历痛苦蜕变后，公司迎来了行业逐步回暖的 2013 年，各中心的意识也开始提高，年度指标申报成了考核部门与被考核部门博弈的重点。被考核部门抱着“头戴三尺帽，准备挨两刀，砍掉二尺半，还剩半尺高”的消极抵触态度，考核部门和经营者则认为各中心业务目标有水分，要给大家挤一挤。

2013年7月，公司聘请北大纵横战略咨询团队指导战略管理工作，11月完成战略咨询项目的验收，战略规划得到专业的指导变得相对清晰，公司的绩效考核体系更加专业化，企业开始追求全面发展，平衡计分卡、绩效指标设计和权重分配的优化工作提上日程。

公司开展战略管理咨询的同时，2013年8月同步筹划绩效管理的第二次重大变革，即导入平衡计分卡。非财务指标与财务指标结合是平衡计分卡指标体系设计的关键，公司在前期的基础上引入了非财务指标与财务指标（见表2）。

表2　WG风电公司非财务指标、财务指标分布

项目	非财务指标（绩效驱动因素）	财务指标（成果指标）
目的	衡量中间的过程和活动	聚焦于某一时期完结时的表现结果
应用	销售订单、销售收入、采购成本、质量指标、市场占有率、客户满意度等	年终销售利润率、营业收入、费用率、存货周转率等

2014年是平衡计分卡推广应用的关键时期，公司分析财务指标与非财务指标对企业发展的不同影响，优化平衡计分卡非财务指标影响财务指标的传导模型，并绘制出适应风电行业发展的战略地图（见图1至图4）。

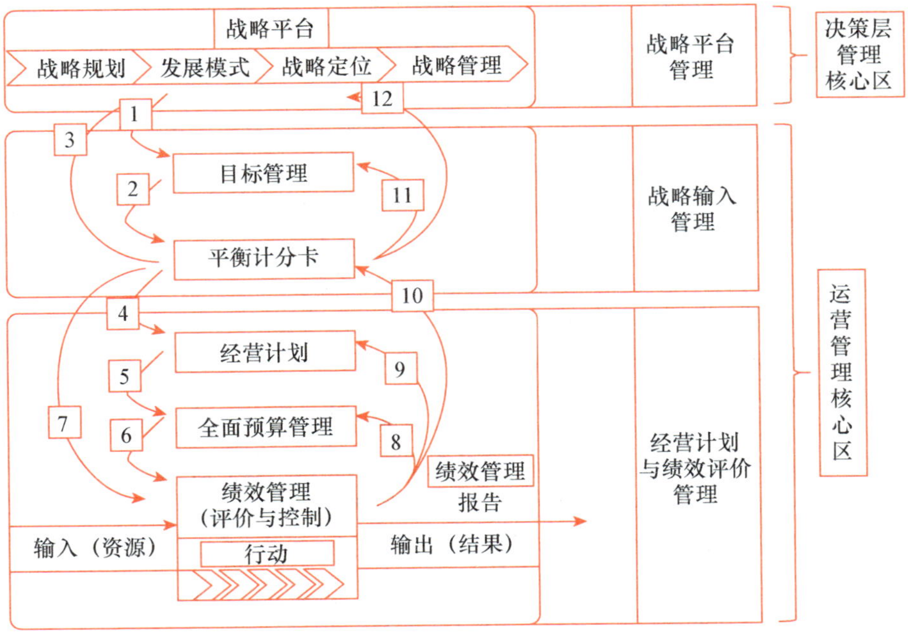

图1　WG风电公司战略管理、经营计划与绩效评价管理逻辑关系及核心要素图

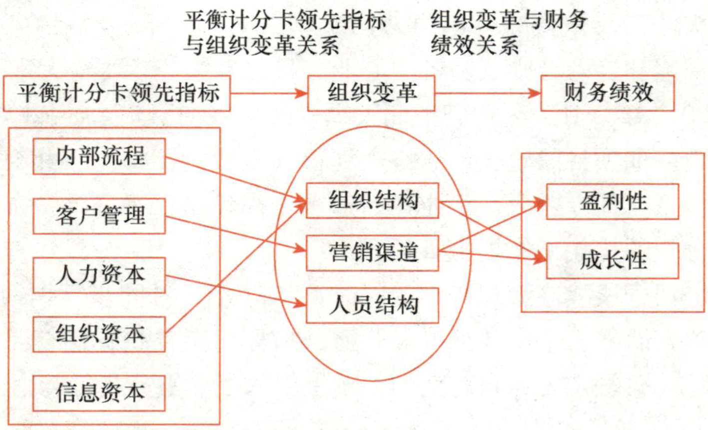

图 2　WG 风电公司平衡计分卡财务指标、非财务指标传导模型

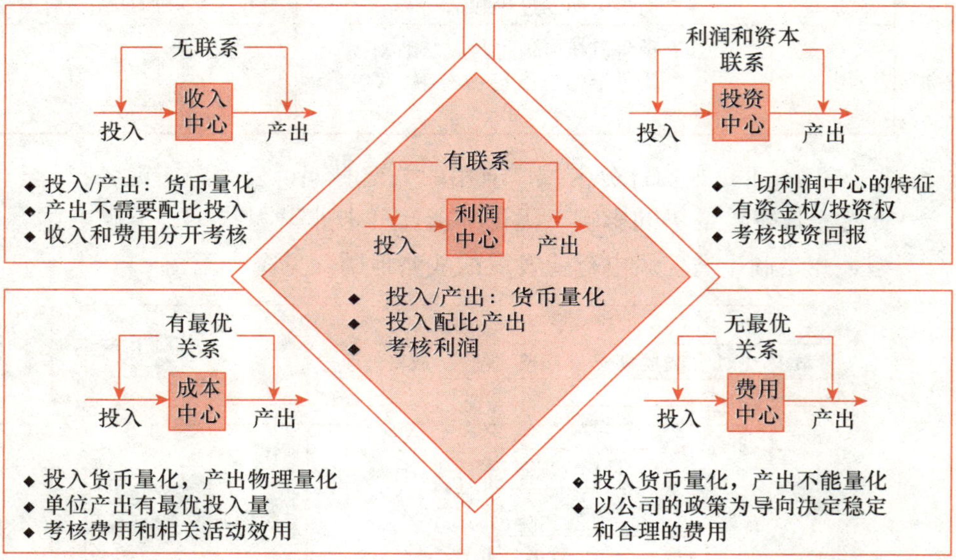

图 3　WG 风电公司各中心的财务定位

场景 1：年年优化的订单指标

获取订单的能力是企业市场竞争能力的基本体现，也是营销中心的关键绩效考核指标之一，2011 年实行组织绩效考核管理办法之初，订单考核以在手订单存量为考核标准，统计口径是历史获取订单总数减已执行订单数。

2012 年市场环境进一步恶化，在手订单存量逐步减少，公司决定调整指标考核为新增合同 390 万千瓦（包含天润、天源 EPC 订单），其中 2012 年执行订单、2013 年及以后的有效订单各占 10%和 5%的权重。

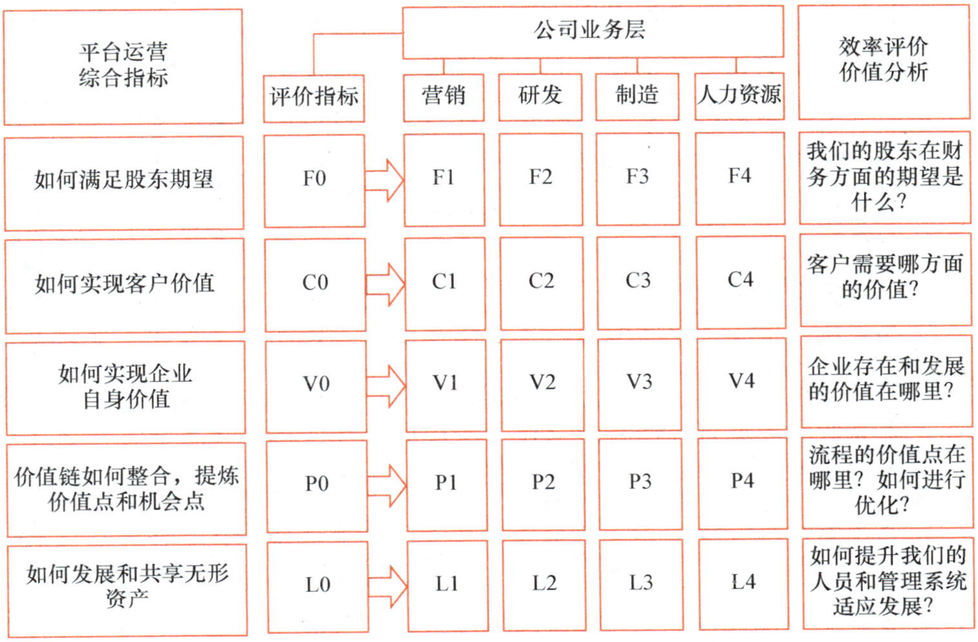

图 4　WG 风电公司战略地图（平衡计分卡）

2013 年公司组织结构发生了重大调整，原隶属于营销中心管理的天润、天源 EPC 订单，划至运营中心内部订单管理范畴，其他客户属于外部订单，仍由营销中心管理。对营销中心的考核修订为新增外部储备订单量，权重也由 2012 年的 15%提升至 30%，随着市场对大型机组的需求加剧，公司开始重点考核新增外部储备订单量和新增 2.0MW 及以上机型储备订单量。

2014 年新增外部储备订单量的考核权重调整为 40%，作为从新疆起家的企业，WC 风电公司在自己的大本营新疆区域有着天然的竞争优势，且 2014 年在内蒙古、甘肃等地开发进度放慢，新疆哈密区域 380 万千瓦的风电基地建设如火如荼。公司对新疆区域内的公开招标中标率进行考核，要求达到 65%以上；对新疆以外区域内公开招标中标率要求达到 12%，对 2.0MW 及以上机型公开招标中标率也有了明确的规定。

由于招标量的统计比较困难，2015 年总的新增外部储备订单考核调整为订单量，新疆区域内新增订单量 15%，新疆以外区域新增订单量 15%。公司订单考核方式的改变对公司的经营也产生了重大影响，截至 2015 年 6 月，公司新增订单存量为 1 000 万千瓦，预计可支持企业平稳发展三年以上。

场景 2：物料供应齐套率考核指标的变化

公司在 2011 年已开始对供应链中心的物料齐套率进行考核，后续每年都做微调，对指标承担部门提出新的管理要求。2015 年的考核方式仍沿用上月

15日至次月15日的考核周期和月度考核的频次，考核的权重和月度的基准值、目标值、挑战值略有调整。经过一个季度的磨合，发现供应链中心和制造中心物料协同不通畅的问题是各自站在自己的角度上保护指标。曹总安排运营中心牵头组织会议解决，计划管理部负责人马文静、殷勤邀请各中心总调度下午2:30到调度中心会议室共同讨论物料供应齐套率指标修订事宜。

负责1.5MW产品的项目经理李伟民说："我们供不齐套物料是有原因的，物料采购是需要周期的，不能今天说需求，明天要求采购到货；物料配送到总装厂后未及时卸车、质检、入库、领用，那么系统就会报缺料，事实上我们已按时完成物料的交付；供应商库存较多、未及时提货，车间工位拥挤、生产效率低下，产能自动减产，这些我们都是按照年度计划、月度计划保障供应的。"

负责2.5MW产品的项目经理石为接着说："2.5MW机组处于批量化生产过程中，问题暴露得比较充分，技术变更文件漫天飞，没有办法在技术变更文件下发的几天内完成物料的供应；生产BOM（bill of material，物料代码）、工程BOM、装配工艺不稳定，经常出现补购工作，对齐套供应的影响比较大。"

负责制造的总调度张奇说："每次第一、二周的物料到货情况比较差，第三、四周我们加班加点生产到25号仍有部分机组不能完工入库。如果物料按时到位，我们就可以按时完成；物料不按工序到货，前面工序的物料经常短缺，后面工序的物料到处都是，库房和总装厂甚至都没有地方堆放这些物料。建议考核物料周到货情况，四周物料齐套率平均值记为月度考核指标，否则没有办法挽救当前的局面。"

供应链中心岳总也不甘示弱："如果按周考核物料齐套率，那也得按周考核生产完工率，不能只考核我们。"

马文静和殷勤听了暗中高兴，觉得要求考核比要求不被考核好解决，赶紧打圆场："大家一起讨论方案，情绪不要激动，为了确保平稳过渡，4—6月的考核频次调整为双周，7月以后调整为按周考核，每个中心都有一个季度的调整时间。大家觉得如何？"

大家一致同意后，就各自按照会议纪要部署工作了，经过4个月的磨合，取得了一些成效。以1.5MW机组物料供应齐套统计结果为例（见表3），2015年4—6月考核频次为双周，因为物料调整的周期约为45天，6月双周考核效果才初步显现。7月是周考核的第一个月，前三周物料齐套供应能力比4月有明显提升，第四周略有下滑，但不影响月度供应齐套率的完成。工作完成情况好，大家之间的抱怨更少了，协同起来也更容易了。

表3 1.5MW机组物料供应齐套率统计结果

周次	月份				齐套趋势
	4月	5月	6月	7月	
第一周	97.06%	64.01%	92.86%	100%	上升
第二周	84.21%	82.68%	96.59%	99.26%	上升
第三周	88.89%	88.64%	100%	100%	上升
第四周	100%	91.84%	100%	90.34%	下滑

场景3：计件工资、质量奖金考核对制造业务工作的牵动作用

为了改变“干好干差、干多干少都一样”的绩效评价误区，强调工作效率和工作质量，实现多劳多得，2014年6月，制造中心在绩效考核中引入计件工资、质量奖金机制。

除了月度计件工资和质量奖金的激励，对全年均能稳定达到高质量等级的，由制造中心于下一年度工资普调时为获得质量荣誉称号的员工增加“浮动质量工资”模块，并以涨薪的方式直接加到员工的基本工资部分，该部分涨薪由中心拨款，不占总装厂加薪额度，不受涨幅限制。

总装厂操作工小李说：“执行计件工资后，我都能算明白自己的绩效工资了，收入也比以前好很多，之前一直想换部门，现在觉得专心做这块也还不错。”

全国劳模张力说：“以前车间师傅对生产多少台不太关注，只完成上班时间内的那些工作，现在计件算工资，大家都争着抢着多干，主动要求加班，撵都撵不走。”

车间质检组长严斌说：“以前机组装配质量还需要派人到车间监控每个工序，整机出厂前做整体检验，现在产品质量等级与员工工资挂钩，班组非常注重产品的实物质量，省心不说，产品质量也上了一层楼。”

4. 尾声

“曹总，快来一起打吧。”李副总的招呼声把曹总从回忆中拉回到现实。WG风电公司经历过野蛮增长，也经历过跌宕起伏。公司战胜困难后，高级管理人员也深刻认识到管理带来的效益，正视内部管理提升对公司经营的影响力，同时也认可了公司绩效管理的价值，追求卓越的 WG 风电公司人员在各项基础管理工作取得成效后，在日常工作中力学笃行。组织绩效管理改革不仅帮助公司走出了困境，也为公司 2013—2014 年健康高效发展奠定了基础。面对 2015 年的新机遇、新挑战，公司在内部管理中需要在精益管理、卓越绩效管理上更上一层楼，建立以客户为中心的目标牵引体系，推进组织协同、提升运营效率，为应对行业未来变化做好准备。

附录

附录 1：WG 风电公司沿革历程

WG 风电公司以为人类奉献白云蓝天，给未来创造更多资源为企业使命。截至 2012 年 12 月 31 日，公司全球累计装机容量超过 15GW，装机台数超过 12 000 台，每年可为社会节约标准煤约 1 200 万吨，减少二氧化碳排放约 2 991 万吨。公司今天辉煌成绩的获得与其一步一步扎实前进的作风息息相关，总结起来，公司的发展经历了以下几个阶段。

第一阶段：1983—1987 年——起步阶段。

在这期间，自离网型小型风机这一中国较早利用风力进行发电的探索在新疆北部农牧区开始推广，到 1986 年新疆水利水电研究所（水电）经批准正式成立，以及 1988 年以新疆水利水电研究所（水电）为基础成立了新疆风能公司，再到利用丹麦政府捐赠的 320 万美元购买丹麦 Bonus 公司 13 台 150kW 机组，最终实现了达坂城风电场的并网发电，在当时装机总容量为中国乃至亚洲最大，这些标志着中国风电从试验阶段逐步转入工业化开发阶段。

第二阶段：1990—2001 年——成长阶段。

在这期间，公司首先遇到了风电电价缺乏政策依据、套用小水电上网电价导致的生存困难局面，之后公司解放思想，开始向适应市场经济要求转变，逐步建立起找市场、求效益、讲效率的新观念，在国家风电场就近上网，收购全部电量，上网电价按发电成本加还本付息、合理利润等政策支持下，公司逐渐走出困境。

之后，公司先后实施完成了德国政府“黄金计划”援助项目，并自主引进了 600kW 风机的制造技术，在中国开启了风机国产化的研制事业，于 1998 年成立新疆新风科工贸有限责任公司，在 2000 年实现从科研向市场的艰难转型和零销售的突破，2001年公司完成股份制改造。

第三阶段：2002—2007年——发展阶段。

在这期间，公司现代化大型风力发电机组总装基地建成投产，在与GE、三菱重工等跨国公司的竞争中中标当时中国风电装机容量最大同时也是我国第一个风电特许权项目——广东粤电10万千瓦项目；之后，公司开始研发大功率风力发电机组，中标北京奥运工程——官厅33台1.5MW风电项目，实现国内市场占有率33%，国内排名第一，世界排名第十。在集团化发展道路上，公司先后注册成立了德国金风风能有限责任公司和北京天润新能投资有限公司，并于2007年12月26日在深交所上市。

第四阶段：2008—2011年——快速发展阶段。

在这期间，公司古巴项目设备装船发运，这是第一个国产成套风力发电设备（含塔架）出口项目，公司实现了国际销售零的突破。成立国家风力发电工程技术研究中心，收购德国VENSYS能源股份公司70%的股权，完成了北京、新疆、德国三地研发中心的建设。2009年金风科技·江苏大丰海上风电产业基地奠基，建成后成为当时国内最大、国际领先的海上风电装备制造基地。

在国际金融危机、风电市场发展不规范等影响之下，公司的发展开始出现停滞，在全体员工的努力下，公司于2010年10月8日登陆港交所，募集资金净额约80亿港元，为公司突破困局、后续发展注入了动力。

第五阶段：2012年至今——成熟发展阶段。

在这期间，公司总结其发展历程，在管理品质和质量品质等方面提出了更高的要求。2012年2月，金风科技再度入选美国《麻省理工科技评论》杂志评选出的“2012年度全球最具创新力企业50强”。2012年3月，公司荣获“非洲能源奖”之“2011年度非洲风能项目奖”。2012年8月，公司GW87/1500系列低风速机组全球首获TUV Nord设计认证。2012年10月，公司GW93/1500系列超低风速直驱永磁机组获得国内领先的认证机构北京鉴衡认证中心授予的设计认证证书。2012年11月，公司2.5MW直驱永磁机组成功通过中国电力科学研究院现场进行的零电压穿越测试。2012年11月，公司海外最大风电项目Gullen Range风电场正式启动建设，项目总容量达165.5MW。2012年12月，公司首次被知识产权媒体集团旗下世界知名行业杂志《知识产权资产管理》（IAM）评为“中国知识产权倡导者”。

附录2：2011—2015年WG风电公司组织结构图

2011—2015年WG风电公司组织结构图如图5至图10所示。

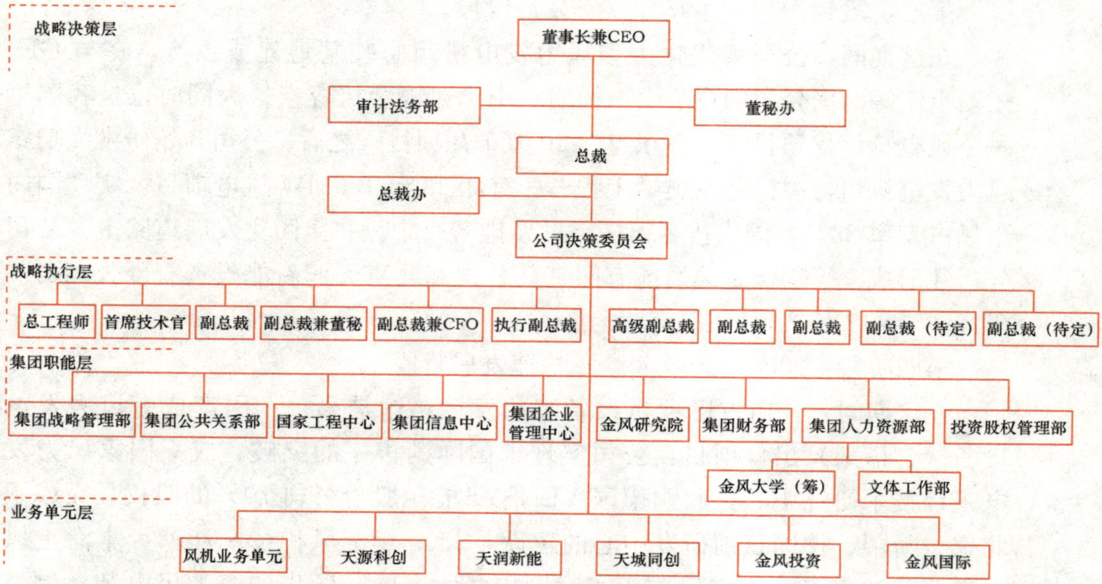

图5　2011年组织结构图

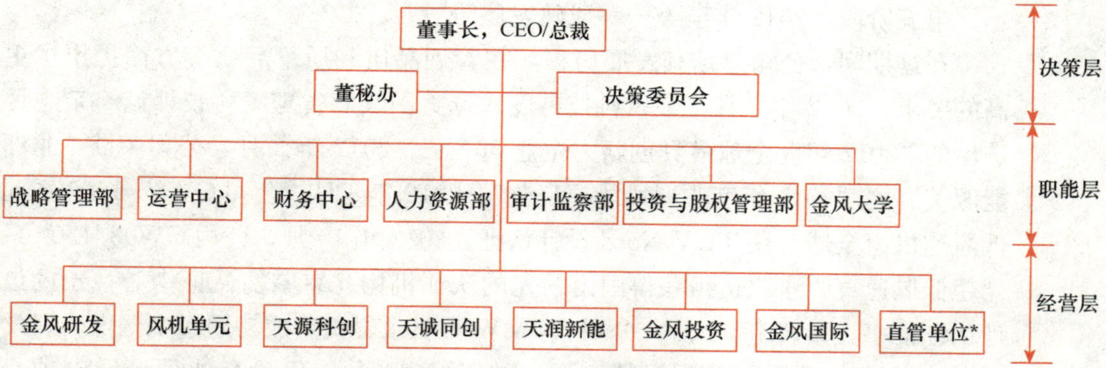

* 直管单位：新疆总部基地、海上风电基地、金风基建、德国金风（Vensys）。

图6　2012年组织结构图

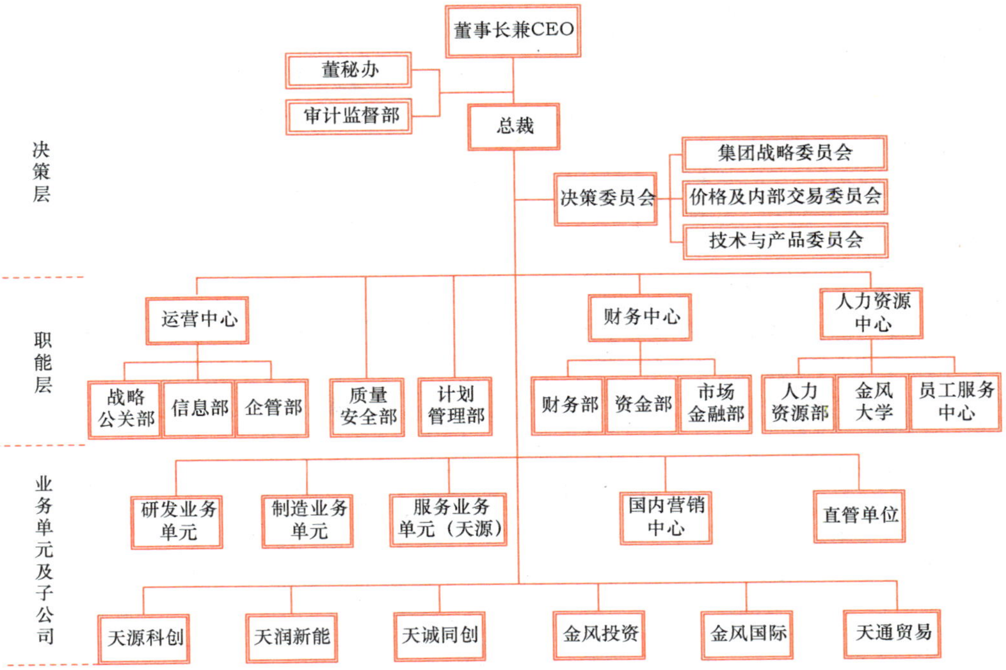

图7　2013年1月组织结构图

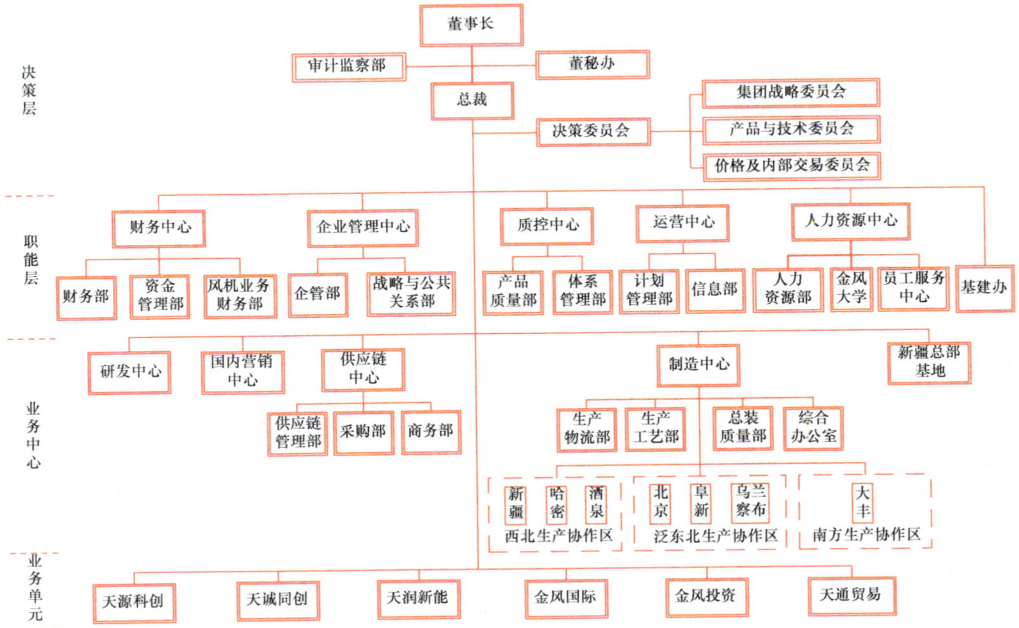

图8　2013年5月组织结构图

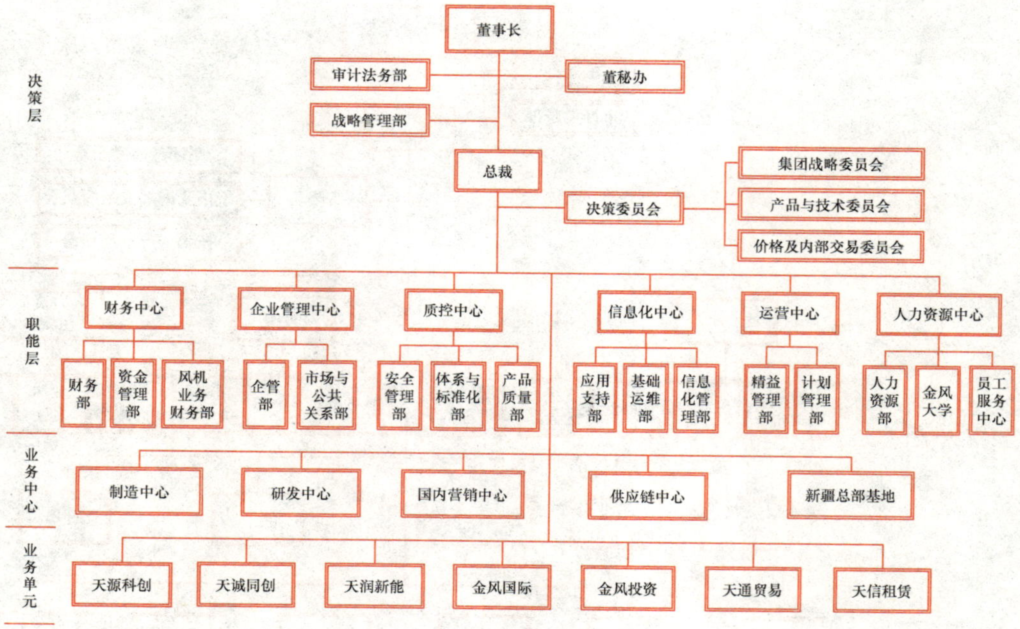

图 9　2014 年组织结构图

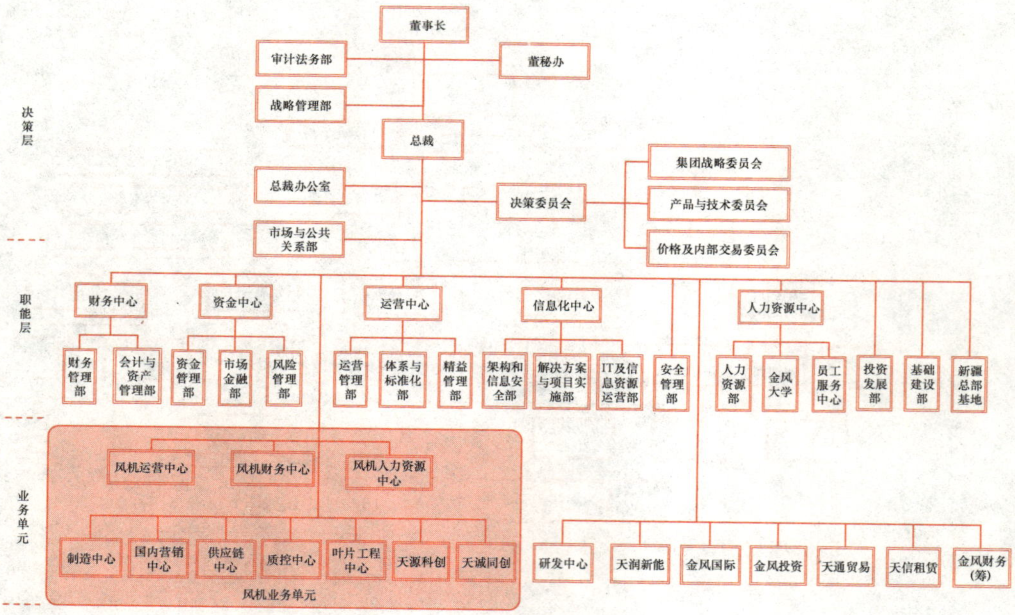

图 10　2015 年组织结构图

附录 3：2011—2014 年 WG 风电公司财务数据

2011—2014 年 WG 风电公司财务数据如表 4 所示。

表 4　2011—2014 年有关财务数据　　单位：万元

项目	2014 年	2013 年	2012 年	2011 年	2010 年
营业收入	1 770 421.80	1 230 847.66	1 132 418.90	1 284 312.79	1 759 552.06
营业利润	205 213.86	47 559.75	13 364 02.00	69 780.93	269 059.29
利润总额	210 898.65	50 555.05	20 685.59	86 443.36	279 971.56
归属于上市公司股东的净利润	182 968.23	47 764.60	15 305.38	60 670.83	228 952.03
管理费用	119 118.90	83 194.73	71 274.13	73 860.12	41 761.55
财务费用	52 178.72	32 075.82	33 031.32	24 879.31	16 286.71
资产减值损失	12 314.49	13 363.48	10 732.36	1 655.57	18 793.40
营业外收入	12 176.86	5 519.17	10 135.16	17 651.50	11 381.18
所得税费用	25 547.33	7 191.54	4 138.75	14 644.64	45 587.80

附录 4：绩效考核、目标管理关键表单

WG 风电公司绩效考核、目标管理关键表单如表 5 至表 11 所示，风机单元因果指标树形图如图 11 所示。

表 5　2011—2015 年 WG 风电公司指标及其权重分配表

指标名称	2011 年	2012 年	2013 年	2014 年	2015 年
在手订单	15%				
疆内投标中标率				10%	5%
疆外投标中标率				5%	7%
2.0MW 机组及以上机组公开投标中标率				5%	
设备完好率	5%				
国内市场装机占有率	3%	5%	5%		
新增装机容量				5%	7%
新增订单量（MW）		15%	20%		
风机设备可利用率		5%	3%		
出质保交接率			5%	4%	6%
在建项目一次交验合格率			2%	3%	2%
2.5MW 机组可利用率					4%
2.5MW 机组故障频次					3%

续表

指标名称	2011 年	2012 年	2013 年	2014 年	2015 年
2.5MW 机组平均排除故障耗时					2%
2.0MW 机组可利用率					5%
合同履约率					7%
监控系统接入台数					2%
产品交付周期					5%
安全生产指标	5%	5%	3%	3%	
风机质量损失				5%	4%
客户满意度	2%	5%	2%	5%	2%
利润率	15%	5%	15%	15%	
归属母公司净利润					12%
销售额	20%				
回款额	10%				
资金周转率	10%				
管理费用	5%				
财务费用	5%				
总收入		20%			
外部收入		5%			
风机毛利率		10%			
费用率		10%	5%	7%	
应收账款回收率		10%	15%		
外部应收账款回收率				4%	6%
外部历史到期应收账款回收率				6%	2%
存货周转率	5%		10%	8%	4%
月均库存总额（万元）		5%			
营业收入			15%	15%	15%

表 6　2012 年目标责任、绩效考核表

序号	指标名称	指标说明	年度目标	权重
1	总收入（万元）	含内部、外部收入	1 329 200	10%
2	外部收入（万元）	来自外部客户的营业收入	1 000 100	5%
3	净利润（万元）	集团并表前的净利润	27 000	5%
4	风机毛利率	风机销售（收入－成本）/收入	≥11.48%	5%
5	费用率	期间费用总额/收入总额	≤9%	5%

续表

序号	指标名称	指标说明	年度目标	权重
6	应收账款回收率	当期回款/到回款节点的应收账款总额	85%	10%
7	存货周转率	营业成本/平均存货余额	≥3.2	5%
8	月均库存总额（万元）	各月库存之和/12月	380 000	5%
9	出质保交接率	当年完成交接的规模/出质保期的应交规模	>70%	3%
10	国内市场装机占有率	当年完成吊装量/全国总吊装量	>20%	7%
11	新增订单量（MW）	2013年及以后的有效外部订单	1 500	15%
12	风机设备可利用率		>98%	10%
13	客户满意度		>85%	5%
14	安全生产指标	重大伤亡事故	0	10%

表7　2015年目标责任、绩效考核表

指标类型	指标名称	单位	权重	2015年目标值	2015年挑战值	管理部门
价值贡献（资本、财务）指标	营业收入	亿元	15%			财务中心
	新增装机容量	万千瓦	7%			市场公共关系部
	归属母公司净利润	亿元	12%			财务中心
	外部应收账款回收率	百分比	6%	60	62	资金中心
	外部历史到期应收账款回收率	百分比	2%	90	100	资金中心
客户价值/体验指标	出质保交接率	百分比	6%	86	90	运营中心
	在建项目一次交验合格率	百分比	2%	85	90	运营中心
	1.5MW机组故障频次	次/台月	监控	2.8	2.2	运营中心
	1.5MW机组平均排除故障耗时	小时/次	监控	9	8	运营中心
	2.5MW机组可利用率	百分比	4%	97.5	98.5	运营中心
	2.5MW机组故障频次	次/台月	3%	5	4	运营中心
	2.5MW机组平均排除故障耗时	小时/次	2%	10	8	运营中心
	2.0MW机组可利用率	百分比	5%	97	98	运营中心
	3.0MW机组可利用率	百分比	2%	90	92	运营中心
	风机设备可利用率	百分比	监控	统计不考核		运营中心
市场价值指标	合同履约率	百分比	7%	100	—	运营中心
	疆内投标中标率	百分比	5%	70	80	市场与公共关系部
	疆外投标中标率	百分比	7%	18	20	市场与公共关系部
	监控系统接入台数	台	2%			运营中心

续表

指标类型	指标名称	单位	权重	2015 年目标值	2015 年挑战值	管理部门
流程与信息化指标	产品交付周期	天	5%	300	280	运营中心
	低效资产降幅	百分比	监控	60	70	财务中心
	存货周转率	次/年	4%	4	5	财务中心
	风机质量损失	亿元	4%			运营中心
学习与成长指标	人均劳效	万元/人	监控			人资中心
	关键人才引进完成率	百分比	监控	90	100	人资中心
	培训完成率	百分比	监控	95	100	人资中心
	员工晋升率	百分比	监控	15	20	人资中心
	人才大通道输送	人	监控	83	92	人资中心
	标准化工作完成率	百分比	监控	85	90	标准化办公室
	专利工作完成率	百分比	监控	85	90	总工办
	参与行业标准制定数量	个	监控	3	5	总工办

表 8　制造系统 X 月经营业绩统计表

一级指标名称	指标额度		二级指标名称	二级指标额度		实际完成情况				基准值进度累计	
						基准值		目标值		计划	实际
	基准值	目标值		基准值	目标值	数量	完成百分比	数量	完成百分比	数量	完成百分比
产量			1.5MW 机组								
			2.5MW 机组								
			3.0MW 机组								
质量											
成本											
安全											

签发人：________　　　　汇报人：________

表 9　影响 XX 的现存问题反馈表

________年____月____日____时____分

现存问题		直接影响	问题原因	自己解决的措施	其他要求和建议	希望的期限
1						
2						
3						
4						
5						

续表

	现存问题	直接影响	问题原因	自己解决的措施	其他要求和建议	希望的期限
6						
7						

填报系统：　　　　　　　签发人：　　　　　　　呈报：______、______、______、______

注：1. 此表由各系统领导签发，可随时发至相关协作系统，抄送计划管理部。“其他要求和建议”可单独添加附件说明。计划管理部跟进工作落实情况或提交周经营例会决策处理。

2. 此表适用范围：影响收入回款、成本、项目进度、项目遗留问题和新增订单的现存问题反馈。

表10　2011年WG风电公司关键指标分配表

指标体系		责任人									
		研发	风机	天诚	天润	天源	国际	投资	财务	运营	人事
产品竞争力	功能	重点	关联							管理	
	质量	重点	重点	重点	重点	重点				管理	
	价格		重点	重点			重点		管理		
企业竞争力	利润		重点	重点	重点	重点	重点	重点	管理	关联	
	销售额	关联	重点	重点	重点	重点	重点		管理		
	销售量		重点	重点	重点	重点	重点			管理	
	回款额	重点	重点	重点	重点	重点	重点		管理		
	市场占有率	重点	重点	重点	重点	重点	重点		关联	管理	
	新增订单量		重点	重点	重点	重点	重点			管理	
	销售费用	重点	重点	重点	重点	重点	重点		管理		
	客户满意度	重点	重点	重点	重点	重点	重点			管理	
	产量		重点	重点	重点					管理	
	设备完好率		重点	重点	重点	重点				管理	
	制造成本		重点	重点	重点				管理		
	安全		重点	重点	重点	重点	重点			管理	
	劳效		重点	重点	重点	重点	重点				管理
	采购量		重点	重点	重点	重点	重点			管理	
	采购费用		重点	重点	重点	重点	重点		管理		
	资金周转率		重点	重点	重点	重点	重点	重点	管理		
	管理费用	重点	重点	重点	重点	重点	重点	重点	管理		
	财务费用		重点	重点	重点	重点	重点	重点	重点	管理	

表 11　2011 年营销中心部门月度绩效考核扣分项目清单

分类	序号	要求提交时间	完成动作	文件名称	备注
指标类	1	—	减少责任库存	责任库存指标	该项指标为加/扣分项。其中完成超过一年期以上遗留库存消纳加 2 分，完成流动库存加 1 分；未完成流动库存，按照账期第一个月扣 1 分，第二个月扣 2 分，每月滚动计划，累加扣分，此项指标每月扣分最多不超过 5 分
文件类	2	月初 5 日前	上月投标分析报告	2012 年×月营销中心销售××部投标分析报告	未按时完成扣 2 分；根据本部门投标情况进行分析，重大错误扣 2 分
	3	月末 25 日前	本月投标信息表	2012 年 1—×月营销中心销售××部投标信息表（12×××）	未按时完成扣 2 分；每月投标信息全面汇总，含议标、直接谈合同项目，重大遗漏与错误扣 2 分
	4	月末 25 日前	本月开标一览表	2012 年 1—×月营销中心销售××部开标一览表（12×××）	未按时完成扣 2 分；项目开标次日发至商务经理，由商务经理发至“开标一览表”共享群，并于月底统一提交，如有缺项、漏项、错项扣 1 分
	5	月末 25 日前	本月投标确认单（签字版）	营销中心销售××部×××项目投标确认单（12×××）	未按时完成扣 1 分；项目开标前提供给商务经理，由商务经理汇总后于每月最后一个工作日前统一提交，如有遗漏扣 1 分
	6	月末 25 日前	本月投标方案（签字版）	营销中心销售××部×××项目投标方案（12×××）	未按时完成扣 1 分；开标前 3 个工作日（异地开标为前 5 个工作日）提交给商务经理，商务经理于月底统一提交，如有遗漏扣 1 分
	7	开标后 3 日	投标文件	以书面、电子版为准	未按时完成扣 1 分；开标后 3 个工作日书面文件归档，每季度由商务经理组织移交给中心档案室，电子版文件上传至办公自动化系统，如有遗漏扣 1 分
	8	提前于需求时间 3 日	合同谈判及协议编制申请表	合同谈判及协议编制申请表	未按时完成扣 1 分；协议起草及修订不少于 3 个工作日，如有遗漏扣 1 分
	9	月初 3 日前	完成文件汇总	—	未按时完成扣 1 分；各部门月度计划完成文件汇总提交至运营管理部

续表

分类	序号	要求提交时间	完成动作	文件名称	备注
计划类	10	月初 3 个工作日内	上月完成情况自评 本月部门计划	2012 年 9 月各部门完成情况—销售××部 2012 年 10 月各部门目标计划—销售××部	未按时完成扣 2 分；指标应提前与各指标人沟通，修改 2 次以上加扣 2 分
	11	月初 5 日前	本月投标计划	2012 年×月营销中心销售××部投标计划（12××××）	其中项目有任何数据变动需将表格提供至运营商务报备，如有缺项、漏项、错项扣 1 分
	12	按时	参加总经理办公会等要求会议	—	如有外出、拜访等，需提前向总经理办公会请假。未按时参加一次扣 0.5 分，月度上限扣 2 分，由运营管理部负责记录
其他类	13	每月 6 日前	SAP 绩效考核	—	在部门全体考核结束之前，未按时完成扣 1 分
重大/临时任务	14	按时	根据实际情况	—	未按时完成扣 1 分，完成质量由运营管理部评定

附录 5：WG 风电公司 360 度考核法

WG 风电公司 360 度考核法指标描述如表 12 所示。

表 12　360 度考核法指标描述

指标维度	优秀	良好	一般	较差	差
工作责任心	能够为完成工作克服困难，尽职尽责，表现始终如一	能够克服困难，完成职责范围内的工作	能够在正常的情况下完成职责内的工作，但需要督促	工作被动，遇到困难就推诿、拖延	工作敷衍了事，遇到困难或挫折就逃避、转嫁责任
工作主动性	主动、及时沟通工作中出现的问题，并提出有效的解决办法	工作比较主动，能通过沟通解决工作中出现的问题	工作的主动性一般，基本能解决工作中出现的问题	工作的主动性较差，只能解决工作中出现的一部分问题	工作不主动、不积极，需要通过督促推进工作开展
协作意识	能够主动与他人团结合作，有效地解决工作中遇到的问题	乐意协调沟通，能积极与他人合作，完成工作任务	能够进行工作协调，达成工作基本要求	协调沟通困难，不愿与他人合作完成工作任务	无法进行协调、沟通，致使工作无法开展
沟通能力	沟通表达能力出色，与上级及同事沟通顺畅	沟通表达能力较好，工作中与上级及同事沟通没有问题	沟通表达能力一般，工作中能理解上级的意图和分配的任务	工作中与上级及同事沟通有时会出现问题，很难理解上级的意图和分配的任务	在工作中与同事沟通困难，不能理解上级的意图和分配的任务
学习能力	能够积极地学习各方面知识，不断提高自己的专业技能	能够认真学习工作所需的专业知识和技能	能够学习工作中所需的专业知识和岗位技能，但是学习的主动性一般	很少参加培训，只学习工作中所需的部分知识和技能	在实际工作中几乎不学习所需的知识和技能

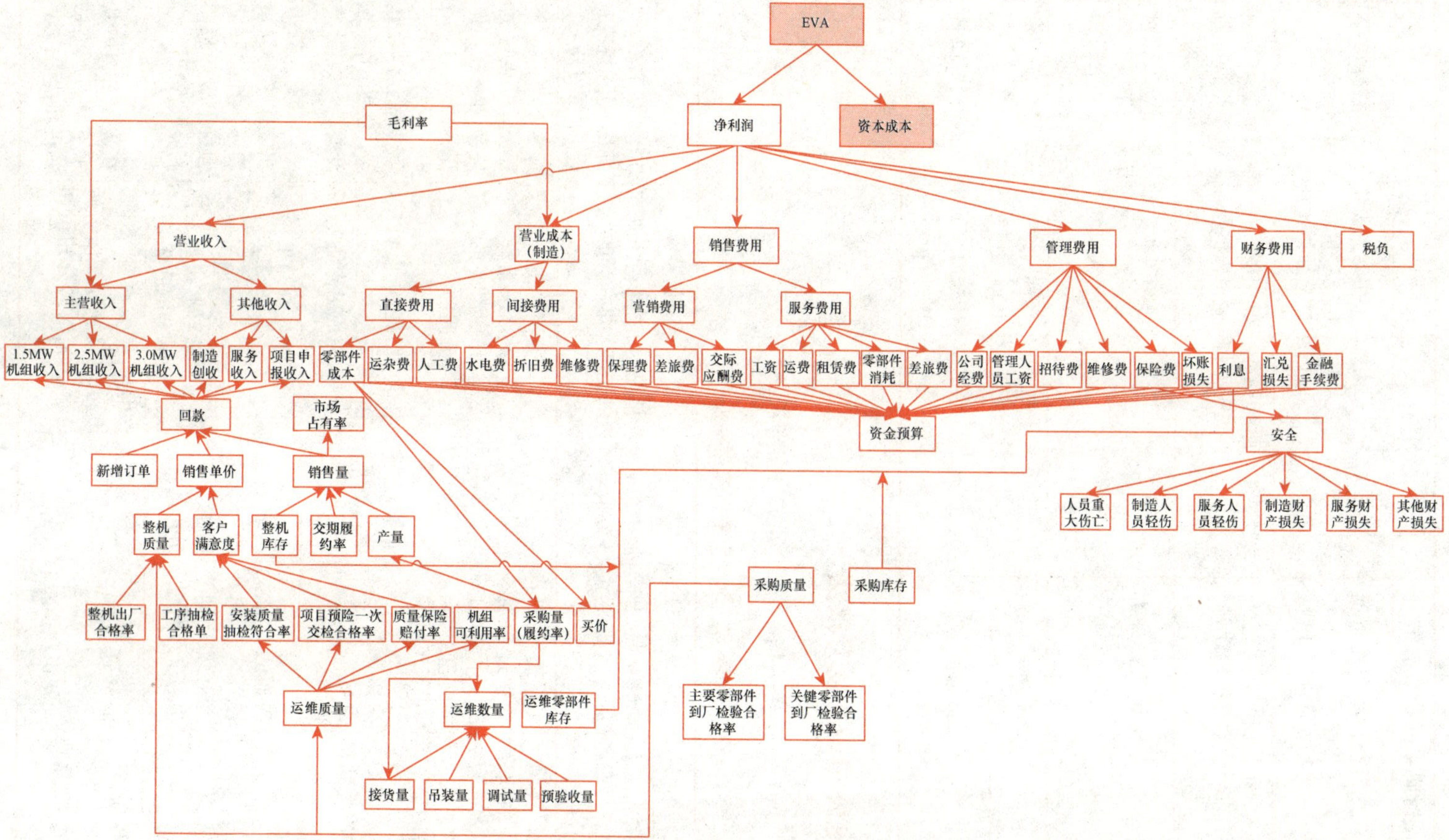

图 11　风机单元因果指标树形图

注：图中指标体系来自《指标体系导入表》，把该表中指标体系放入树形图，就完成了由发散思维到逻辑思维的过渡。本图的作用是为做《指标体系分配表》和《运营计划表》奠定基础。

启发思考题

1. 案例企业是什么类型的企业？行业环境对WG风电公司绩效管理有什么影响？

2. 绩效考核方法都有哪些？它们各自的特点是什么？WG风电公司使用过哪些绩效考核方法？

3. WG风电公司绩效指标设计、权重确定是如何开展的？它们是如何驱动公司产生经营成果的？

4. 绩效管理包括哪些关键环节？WG风电公司是如何进行绩效管理的？

5. WG风电公司绩效改革的启示是什么？类似行业和企业能从中获得哪些借鉴？

教学目的与用途

1. 适用课程：管理会计。

2. 适用对象：本案例主要为EMBA、MBA、MPAcc开发，适合具有一定工作经验的学生和管理者学习，也适合具有一定绩效考核理论知识的企业高管进行深入学习。

3. 教学目的：本案例旨在引导学生理解绩效考核的相关方法在企业发展不同阶段的作用和功效。本案例通过对WG风电公司发展历程中每个时期的绩效管理进行描述和分析，引导学生了解、掌握、思考以下三方面内容，提升学生分析问题、解决问题和思辨的能力：

（1）了解企业发展阶段与绩效变革的关系；

（2）掌握企业不同发展阶段与绩效方法选择的匹配；

（3）理解绩效变革对企业发展战略的推动作用。

理论依据与分析

1. 绩效考核的方法

(1) 目标管理法。

目标管理法是通过将组织的整体目标逐级分解直至个人目标，最后根据被考核人完成工作目标情况进行考核的一种绩效考核方式。在开始工作之前，考核人和被考核人应该对需要完成的工作内容、时间期限、考核的标准达成一致。在时间期限结束时，考核人根据被考核人的工作状况及原先制定的考核标准进行考核。

(2) 关键绩效指标法。

关键绩效指标法是以企业年度目标为依据，通过对员工工作绩效特征的分析，确定反映企业、部门和员工个人一定期限内综合业绩的关键性量化指标，并以此为基础进行绩效考核。

(3) 等级评估法。

等级评估法根据工作分析，将被考核岗位的工作内容划分为相互独立的几个模块，在每个模块中用明确的语言描述完成该模块工作要达到的工作标准。同时，将标准分为几个等级选项，如优、良、合格、不合格等，考核人根据被考核人的实际工作表现，对每个模块的完成情况进行评估，总成绩便为该员工的考核成绩。

(4) 平衡计分卡。

平衡计分卡从企业的财务、客户、内部业务流程和学习与成长四个维度进行评价，并根据战略的要求给予各指标不同的权重，实现对企业的综合测评，管理者能够整体把握和控制企业，最终实现企业的战略目标。

(5) 360 度考核法。

360 度考核法是从多角度进行的比较全面的绩效考核方法，也称全方位考核法或全面评价法。360 度考核法的实施步骤是：首先，听取意见填写调查表；其次，对被考核者的各方面做出评价；最后，在分析讨论考核结果的基础上定出下年度的绩效目标。

2. 绩效管理的环节

(1) 绩效计划。

绩效计划是指被评估者和评估者双方对员工应该实现的工作绩效进行沟通，

并将沟通的结果落实为订立正式书面协议即绩效计划和评估表，它是双方在明晰责、权、利的基础上签订的一个内部协议。绩效计划的设计从公司最高层开始，将绩效目标层层分解到各级子公司及部门，最终落实到个人。对于各子公司而言，这个步骤即为经营业绩计划过程，对于员工而言，则为绩效计划过程。

（2）绩效辅导。

绩效辅导是指管理者与员工讨论有关工作进展情况、潜在的障碍和问题、解决问题的办法措施、员工取得的成绩以及存在的问题、如何帮助员工等信息的过程。

（3）绩效考核。

绩效考核是企业绩效管理中的一个环节，是指考核主体对照工作目标和绩效标准，采用科学的考核方式评定员工的工作任务完成情况、员工的工作职责履行程度和员工的发展情况，并且将评定结果反馈给员工的过程。常见的绩效考核方法包括平衡计分卡、关键绩效指标法及360度考核法等。绩效考核是一项系统工程，也是绩效管理过程中的一种手段。

（4）绩效反馈。

绩效反馈是指企业员工在一定时间内对企业目标的贡献水平，是业绩和效率的统称。绩效评价是指定期考查和评价个人工作业绩的一种正式制度。它通过系统的方法、原理来评定和测量员工在职务上的工作行为和工作成果。而绩效反馈就是将绩效评价的结果反馈给被评估对象，并对被评估对象的行为产生影响。绩效反馈是绩效评估工作的最后一环，也是最关键的一环，能否达到绩效评估的预期目的，取决于绩效反馈的实施。

参考文献

［1］蔡莉，郑美群．中、美企业经营绩效评价的演进及比较研究［J］．经济纵横，2003（9）：40-44.

［2］龚荒．企业战略管理：概念、方法与案例［M］．北京：北京交通大学出版社，2008.

［3］罗伯特·卡普兰，大卫·诺顿．战略地图：化无形资产为有形成果［M］．刘俊勇，孙薇，等译．广州：广东经济出版社，2005.

[4] 刘俊勇，王荣. 浅议平衡计分卡指标体系设计 [J]. 中国总会计师，2007 (2)：40-42.

[5] 刘俊勇，祝钧萍. 平衡计分卡非财务绩效影响财务绩效的机理研究——基于ZZ药业的案例 [J]. 财务研究，2015 (2)：36-47.

[6] 刘岩峰，李春富. 浅谈组织变革与组织绩效的关系 [J]. 北方经贸，2010 (6)：106-107.

[7] 魏钧. 绩效考核指标设计 [M]. 北京：北京大学出版社，2010.

[8] 武欣. 绩效管理实务手册 [M]. 北京：机械工业出版社，2012.

[9] 玉文娟. 基于KPI的企业目标绩效管理探析：以Y公司构建目标绩效管理体系为例 [J]. 生产力研究，2009 (13).

亡羊补牢，为时未晚：Z公司海外EPC项目成本管控艰辛之旅

摘要：随着我国水泥市场饱和与水泥工业大气污染物排放标准的实施，国内水泥建设企业一方面在转型升级中积极推进环保改造，另一方面也纷纷进军海外市场寻求多元化发展。本案例以Z公司首次承接中东工程总承包（engineering procurement construction，EPC）环保改造项目为例，通过描述企业在项目实施过程中面临的隐患和问题，探究海外EPC项目在成本管控进程中应如何开展项目的成本估算、成本预算和成本控制等项目成本管理核心工作，尤其是如何辨识项目前期成本估算和成本预算阶段埋下的隐患，以及如何寻找在项目的成本控制中有效解决成本超支的方法与路径。本案例希望能为同类企业在实施项目成本管理方面提供借鉴。

关键词：项目成本；估算成本；制定预算；控制成本；EPC项目；成本管控

0. 引言

2016年1月1日，难得的元旦假期，本该在家休息的分管公司海外业务的刘杨却早早等候在机场。T3航站楼内熙熙攘攘又井然有序。今天是公司在中东地区执行EPC项目的最后一批测试人员撤离现场回国的日子，刘杨作为这一项目的负责人，在翘首迎接同事们凯旋的同时，心中也是翻涌难平。阿曼水泥厂环保改造项目（简称OCC项目）是公司在海外的“长子”，大家对它所投注的

期待、感情和汗水自与其他项目不同。而由于首次海外总承包经验的不足和项目上马的匆忙，“长子”降生所带来的阵痛也是分外强烈。受竞争形式与自身条件所迫，在项目之初没能准确核实项目范围、设计标准、施工条件等细节，也没有充分了解当地环境政策限制，造成之后该项目在实施过程中成本管控步履艰难……

同事们陆续走了出来，刘杨迎了上去，一把抱住项目现场负责人周栋，从他手里接过业主最终签发的项目正式移交证书，怎么看都看不够。薄薄一张证书似有千斤重，两年多项目成本管控的艰辛顿时涌上心头……

1. 不期而遇

Z公司是国内成立较早的针对工业大气污染治理的环保公司，隶属于国内知名建材集团，致力于集团所属水泥企业排放环保改造项目设计与实施。随着政府愈加重视环保治理，对水泥企业排放标准日益严苛，加之小型环保改造项目企业在市场上的恶性竞争，公司业务的拓展与发展面临极大的挑战。（见附录1和附录2）

2014年3月初，春节刚过不久，公司负责人李总获悉，位于中东地区的阿曼苏丹国（简称阿曼）水泥厂计划进行排放环保改造，该国濒临阿曼湾和阿拉伯海，沙漠覆盖率为82%。厂里的1号生产线于1983年投产，经过多年运行，排放处浓烟滚滚已属重度污染，阿曼的环保部门督促其按照欧洲标准执行环保改造，排放值不得高于20mg/Nm_3，否则将给予停产处罚。（见附录3）

李总随即把国际部的负责人刘杨叫到了办公室：“阿曼水泥厂有一条生产线要以总承包形式进行排放环保改造，需要进行现场勘查后尽快制作技术和商务标书，马上组织一下你们部门与技术部、采购部、物流部、财务部等人员开个会，安排一下分工。”

“您是说我们替总承包方直接与业主签合同，执行国外的总包项目?”刘杨一听愣住了，不解地问。

李总点点头说：“目前，公司虽然在海外总承包项目上是空白，但我认为可以找LK设计院合作，他们有几十年的经验。你赶快去跟阿曼水泥厂联系一下，尽快组队去现场勘查，6月上旬就要截标了。咱们初次过去需要了解的情况还有很多，你带着团队就在现场一直待到投标结束。”

刘杨答应着转身出去安排工作。刘杨与阿曼水泥厂的招标委员会建立联系后，对方表示欢迎公司参与投标。刘杨马上组织外聘的设计院人员，又从公司在国内其他在建项目上抽调了土建与安装经验丰富的周栋和比较精通商务的小余，一起去阿曼水泥厂进行现场勘查，力求在正式进行技术设计前把相关资料掌握全面，与业主敲定方案。为配合此项工作，LK 设计院派出工艺、土建、设备、电气等专业设计人员随行。

此时，中国的水泥生产技术早已跃居国际先进水平，又凭借着公司多年的环保改造经验和设计院专家的鼎力相助，刘杨顿感信心满满，觉得这一项目犹如阿曼当地的传统绣花边大袍，看上去美极了。

2. 急于求成

2014 年 4 月初，怀着对新项目的期待，刘杨一行人到达了中东地区阿曼的首都马斯喀特市，开始了现场勘查与投标之旅。

在看过厂区的实际空间和现有设备状况后，刘杨带领设计团队一头钻进阿曼水泥厂的资料库里翻找出了所有的图纸和档案资料，力求尽快了解水泥厂的运营现状。设计院技术人员发现其现有生产工艺十分落后，且旧厂区可利用的空间十分有限，管道的排布及新增设备所需的空间几乎无法满足，要做到满足业主要求的排放 $20mg/Nm^3$ 的要求绝非易事。

一转眼时间已过去 20 多天，此时室外温度已高达 35℃。这天，刘杨与设计院的范工去中控室查看实际运营数据，在走廊碰到了竞争对手 S 公司的人员。S 公司是全球水泥装备行业中著名的跨国公司，提供全套水泥技术装备及优质工程服务，已有 130 多年的历史，公司业务遍布全球，环保治理方面具有非常强的技术竞争力。看着外面刺眼的阳光，刘杨心里不由得一阵不安，看来要针对 S 公司搞一个出其不意的方案啦！

刘杨边走边琢磨：S 公司的技术特点自己很熟悉，想中标就要做个出其不意的技术方案。他转身对范工说："范工，设计参数还是要再精确，争取做出最完美的气流均布系统。另外，S 公司近几年在市场上强推将电收尘器改造为袋式收尘器，咱们避其锋芒，将其中的窑头设备改造为电袋复合式收尘器，排放不能高于 $10mg/Nm^3$。"

范工听了很惊讶："电袋复合式收尘器虽然结合了两种设备的优势，但对技术要求和设备的制作精密程度要高得多，仅承诺的排放数值就会比阿曼水泥厂要求的值整整降低一半啊!”

刘杨点头说：“我知道，你这几天驻厂勘查也看到了，来厂区里购买水泥的卡车日夜不停地排队，我建议在保质保量的前提下尽量将停窑期设计缩短到40天内，总工期不要超过11个月，按照这个进度，项目成本要抓紧估算出来。”

范工点头答道：“改造项目的总包设计我们做过很多，我手头上有一个国内水泥厂项目规模相似的项目成本估算表，时间紧急，你先参考一下吧。”说完两人走进了中控室。

晚餐后，刘杨叫上周栋和小余，去办公室打开了范工发来的项目成本估算表说道：“咱们根据范工的估算表把报价做出来，考虑到采购成本和制作周期，主机设备和材料还是以国内采购与加工为主；辅材等在当地购买，价格暂时计为国内价格的1.2倍；海运走集装箱稳妥一些，船期也可以保证。”

刘杨又问周栋：“周工，根据经验来看，施工时人员顶峰预计500人，低峰200人左右，这里有很多的施工人力外包公司，你看要不要雇佣他们?”

周栋沉默了一下说：“当地多为印度和巴基斯坦劳工，人员费用虽低，但他们操作技术不达标。咱们设备的安装精度要求很高，既然要在排放和工期上做亮点，还是从国内派遣熟练的施工队来现场有保障。”三人又反复讨论后，小余算出了项目成本估算表（见表1）。

表1　OCC项目成本估算表

序号	名称	数量	单位	价格（万元）	备注
1	机械设备	170	件	8 500	
2	电气设备	150	件	5 300	
3	土建	30 000	方	1 700	
4	安装	3 000	吨	700	
5	海运	1 600	个	195	40英尺集装箱为单位计算
6	人工	350	个	600	交替进场
7	管理费			300	
8	不可预见费			300	
合计				17 595	

看完价格，刘杨苦笑说：“这个价格，能在国内做两个同样规模的项目了。”说完，他让小余按照美元兑人民币1∶6的汇率，快速地换算出了美元价格，在商务投标报价书里，填上了总额为29 325 600美元的最终报价。

3. 变故初生

投标结束后，阿曼水泥厂将与咨询公司进行为期4个月的评标，在此期间，刘杨多次带领团队前往阿曼进行项目技术和商务澄清。

3.1 执行标准之争

2014年7月，第一次三方技术澄清会在阿曼水泥厂会议室召开。首先由水泥厂CEO Salim表达了对Z公司团队的欢迎，之后就请印度咨询公司提出了需要总承包方澄清的技术问题。

咨询公司的工程师Mohan提出："我们要求的钢材供货与钢结构标准为DIN标准，但我在你们的材料说明表中发现所报材料标准为GB标准，钢结构和收尘器外壳材料为Q235，而且没有提供相应的转换依据。要知道，我们要求的材料与构件的截面选择应该采用欧标钢材和型钢，这样强度才可以满足要求，所以请你们采购欧标钢材为原料加工制作，我们不接受GB标准钢材。"

对此范工首先进行阐述："我们的设计符合欧标设计规范，标书中要求的钢材标准为DIN标准，设计时所选用替换材料是遵循了等强和接近等强的原则，这样最大限度地保证了与原设计一致，所以材料替换后可以基本保证结构安全，也最大限度减少了贵方重新验算的工作量。"

刘杨接着解释道："Mohan先生，就如同范工所说，我们所选用的GB标准材料强度完全可以满足项目要求，而且从国外购买材料运至国内工厂加工周期长、成本高。咱们这个项目里也会用到很多规格的型钢，如H型钢、角钢、槽钢和不同厚度的钢板等，短期内提供如此众多规模的欧标型钢也确实存在难度。转换成国内钢材对应型号，材料采购周期短，也便于国内加工运输等，对整个项目的工期也是一种保障，还请您和Salim先生考虑一下。"

不料Mohan摆了摆手说："我们不接受这样的解释，以前也遇到过许多中国公司进行了所谓的标准转换，结果材料根本不能满足项目要求，如果你们坚持使用GB标准进行设计和材料加工，那么我们要求将钢材板厚加大，由现在的6mm厚度提高到8mm。"

"那么我们要求进行二次报价。"刘杨回答道："既然材料标准提高，我们的投标价格也要进行合理修改。"

这时 Salim 和 Mohan 对视了一眼，说道："刘先生，我们认为你增加报价的要求是不合理的，标书中明确写着所有设计和材料要遵循咨询公司的要求，也就是使用 DIN 标准，我们同意使用中国标准已经做出了让步，相应地增加板厚也是为了满足标书要求，你们的报价应该以标书中要求的标准为基础，所以我不同意增加报价，请你们慎重考虑。"

范工见状，连忙起身进行现场计算来证明材料替换的可行性，却被刘杨按住了肩膀，说："Salim 先生，Mohan 先生，既然如此，那我们只同意增加收尘器外壳的厚度，钢结构和型钢的材料按照我们替换后的设计标准执行。"

3.2 付款比例之争

商务会议上，咨询公司的 Mohan 指出偏离表中的一项说："刘先生，你们的价格虽然很诱人，但是我认为你们没有仔细研究招标资料里的付款条件。我们要求签约后总承包方同时开具合同额 10%的预付款保函和 10%的履约保函，但是你们将预付款保函的比例提高到了 20%，也就是说，我们在签订合同后要在 5 个工作日内付 20%的预付款，后面的进度款比例也是每笔都提高了 5%，这太高了!"

"一点都不高，Mohan 先生，这个项目采取的是即期信用证付款方式，虽然确实有'见到合规材料 5 个工作日内即付'的条款，但是单证和发票需要贵方与水泥厂负责人手签后将原件邮寄到国内，再加上需要阿曼驻华大使馆、外交部和银行的材料认证手续，整个过程走下来将近 50 天，这样我们在资金上承担的风险就很高了，项目进度与收款间隔时间太长，所以我们要求提高预付款和进度款付款比例是合理的。"

见 Mohan 要开口说话，刘杨赶紧说道："Salim 先生，我们技术标的保证值应该是所有投标方中最高的，那么您也必然知道在各工艺点的设计、设备和材料使用上，我们的精细化程度会更高。排放值的承诺比你们要求的提高了一倍，价格却并没有提高，这难道不是最大的诚意吗?"

Salim 点点头说："刘先生，只要你们保证达到你们投标资料中的排放值，且在执行过程中不会无故提价，我们水泥厂就愿意与你们合作。"

4. 风波不断

2014 年 10 月，凭借着排放不高于 10mg/Nm^3 的保证值与商务标第一的排名，Z 公司得到了 OCC 项目的签约意向书。经过与咨询公司的后期讨论，对一些条款做出调整后，于 2014 年 12 月 15 日 Z 公司与阿曼水泥厂正式签订了合同额为 29 325 600 美元的 OCC 项目，总工期为 10 个月。刘杨带着海外的 EPC 项目合同凯旋而归，这对于此时的公司无疑是一个十分振奋人心的消息，大家都鼓足了干劲儿，要在海外做自己的“长子”样板工程。

4.1 意见纷纷

2015 年元旦之后，公司在北京召开 EPC 项目沟通会。会上，财务部、技术部、工程部和商务部经过对合同的拆解和范围的重新界定，发现了不少问题，各个部门叫苦连连。

财务部曹鑫一脸幽怨地看着刘杨说：“虽然预付款高达合同额的 20%，且将在签订合同后 5 个工作日内支付，但同时也约定了等额的预付款保函开立。可以开具项目信用证的建设银行是我们的长期合作伙伴，但由于我们在海外项目上是空白状态，授信金额仅达合同额的 5%，剩余的 15%需要现金汇至银行方才可开具预付款保函。这样一来，业主付来的钱可以动用的不到 900 万元，反倒需要给银行 2 600 多万元才能开立等额保函，而且设计费马上也要付了，这可是一笔不小的数目。”

工程部毛经理也忍不住了：“这项目的工程量我们重新拆分了一下，工作量清单（bill of quantities，BOQ）虽然还没出来，但是你们在进度计划上提出的人员需求我可满足不了，工期短活又多，让我上哪找几百号熟练工同时出国啊！”

“先别说人员配置，为了达到合同的排放保证值，主机设备的制作要以最高标准执行，精细化程度非常高，要调动工厂里各班次的熟手干活，他们的工资都比普通工人高，而且辅材费用也会增加。”负责生产的乔厂长也紧跟着提了意见。

采购部李经理叹了口气说：“招标文件里的供应商名单大多都是欧美品牌厂家，需要重新确定分包商招标技术资料，就算现在它们都有国内的合资公司，但是核心部件都需要进口，时间紧不说，价格也高得多。”

物流部杜经理苦笑道：“刘杨，你们这签的可是整体设备走集装箱，很多部件都不是常规件，是不能叠放的，浪费了很多空间；操作是方便了，可是这得多花多少钱啊！再说了，焊机、卷板机、折弯机等加工设备也要运去施工现场，这可都是有去无回的，都是需要银子的呀。”

此时，曹鑫叹了口气说：“你们在现场做的太简单了，BOQ 与相应的价格也不匹配，我根据项目的工作分解和进度计划，把每个任务需要用到的材料、设备和人力进行了估算，重新汇总整理了估算表（见表2），你们大家都看看。”

表2　项目估算表（详见附录5）

序号	任务名称	数量	价格（万元）	序号	任务名称	数量	价格（万元）
1	总图确认			5	土建工程		
2	施工图设计				5.1 地平施工	450	270
	2.1 基础	1	30		5.2 基础开挖	370	340
	2.2 总图	1	30		5.3 基础垫层	400	260
	2.3 建筑	1	30		5.4 筏板基础	290	80
	2.4 结构	1	30		5.5 独立基础	300	120
	2.5 工艺	1	30		5.6 ±0 以上基础	50	82
	2.6 给排水	1	30		5.7 屋面系统	70	80
	2.7 暖通	1	30		5.8 二次结构	78	110
	2.8 电气	1	30		5.9 收尘基础	160	187
	2.9 仪表、自动化控制	1	30		5.10 急冷处理系统	47	28
	2.10 旁路放风系统	1	30		5.11 消防水泵房	14	30
	2.11 收尘器	1	30		5.12 旁路处理系统	35	68
3					5.13 道路、挡墙	20	20
	收尘器制造及安装	700	3 500	6	设备安装		
	3.1 订货、生产制造	68	390		6.1 灰斗安装	180	172
	3.2 窑尾结构加固停窑前	82	450		6.2 均布系统	55	37
	3.3 窑尾结构加固停窑后	380	900		6.3 喷吹系统	96	60
	3.4 现有设备拆除	700	750		6.4 定量给料系统	20	33
	3.5 线下预组装	950	900		6.5 送料通廊及皮带安装	50	70
	3.6 停窑收尘器安装				6.6 急冷系统	20	23
					6.7 旁路放风系统	20	30
4	设备采购				6.8 收尘系统	66	98
	4.1 滤袋	3 350	1 300		6.9 电气安装	40	70
	4.2 袋笼	3 350	1 100		6.10 分解炉上升烟道拆除	150	140
	4.3 切割机	3	76		6.11 管道、非标、耐火材料	170	190
	4.4 卷板机	3	300		6.12 消防系统	2	30
	4.5 定量给料机	2	50	7	发运		
	4.6 U 型胶带输送机	2	90		7.1 钢材和机具	1 280	164
	4.7 电气、自动化、仪表	30	230		7.2 钢材和非标	1 100	150
	4.8 管道	60	500		7.3 机具及辅材	1 490	188
	4.9 旁路系统	1	280		7.4 外购件及辅材	95	125
	4.10 轴承	25	340	8	调试竣工验收		
	4.11 阀门	40	230		8.1 单机调试	3	25
	4.12 喷吹系统	4	700		8.2 联机空载调试	3	10
	4.13 高温风机	2	236		8.3 联机负载调试	3	10
	4.14 其他设备	40	330		8.4 竣工验收	1	10
	小计		12 982		小计		3 310
	总计				16 292		

4.2 始料未及

经过一个多月邮件沟通和反复修改，业主、咨询公司和 Z 公司三方终于将设计图都审批通过了。公司总部在阿曼当地成立的分公司也顺利获批，紧接着业主帮忙从阿曼移民局申请了劳工签证，项目部紧锣密鼓地安排了土建和安拆队伍赴阿曼现场安营扎寨。

2015 年 2 月，在驻阿曼水泥厂的项目现场办公室，刘杨听完周栋的汇报，心情犹如室外被正午阳光炙烤着的地面，异常焦灼。原来土建施工队的小班长在施工过程中发现实际地理条件与招标文件的地勘资料不符，完全承载不了设计的设备重量载荷，为了设备安装的基础稳固，必须进行地下打桩。

刘杨眉头紧锁说："当初投标时，我记得标书里有地勘报告啊，旧设备都拆完了，地面也开挖了，你现在才告诉我满足不了荷载?!"

"标书里只有初勘资料，我以为是业主和咨询公司为了这次项目新做的勘察，就没有细看，谁知道这整条生产线的地基居然这么浅，水泥厂的人的心也真够大的，也不怕设备下沉。"周栋一脸郁闷地辩解道。

"他们能不知道荷载不够么，整个国家都建在沙漠上！我估计是咨询公司提出的歪主意，想借着这次机会做免费的桩基吧！既然必须要打桩，那么在明天的三方项目沟通会上提出变更吧，这部分工作量你核算过费用吗?"

"我看过了，按照这个地质情况，要用直径 800mm 的桩，每根长 36.1 米，钢筋笼分 4 节制作，最少 100 根，在国内这个工程量做下来少说也要 300 万。"周栋一脸担忧地看着刘杨说，"另外，当地劳工都吃不了苦，不肯干，咱们工期也紧，只能从国内雇专门的人进行人力挖桩，人工、签证、机票、食宿、设备、材料我都按作业量计算完了，你看看预算表吧（见表 3），这部分钱业主能给不?"

表 3 桩基施工预算表

序号	项目名称	计量单位	工程量	单价（元）	合计（元）
1	人工挖土方	$100m^3$	37	1 260	46 620
2	人工挖沟槽	$100m^3$	33	1 260	41 580
3	钢筋笼制造、安装	T	100	6 875	687 500
4	成孔与灌注砼	$10m^3$	340	9 470	3 219 800
5	泥浆运输	$10m^3$	340	2 460	836 400
6	钢筋笼吊焊	T	198	980	194 040
7	设备安拆	台次	15	4 730	70 950
8	设备场外运输	台次	15	4 000	60 000

续表

序号	项目名称	计量单位	工程量	单价（元）	合计（元）
9	大型设备租赁	台次	10	50 000	500 000
10	其他				100 000
总计					5 656 890

刘杨看完叹了口气说："这可完全都是新增加的预算啊，先写一份土建工作量变更申请说明吧，在明天的项目沟通会上提出来，主要强调桩基的重要性，不打桩后面一切工作都白费，就算设备到了荷载不够也不能安装。现在不是跟他们起争执的时候，明天跟他们好好谈谈，看看能否争取让他们认可变更。"

第二天早上的三方项目沟通会如期举行，刘杨提出土建工作量变更要求之后，咨询公司和业主一边倒地认为在投标偏离表中，Z公司对于招标文件中的地勘报告并未提出异议或申请进行地勘复核工作，也就说明了Z公司对施工地荷载可满足将来设备的承重是无异议的，所以为保障工程质量而进行的桩基工程，属于Z公司的工作范围，所发生的费用理应由Z公司承担，变更不予通过。

会后刘杨将此事与在国内的李总通过电话进行了简短汇报与商议，做出下面的解决措施：桩基工作虽然不在预算之内，但是为了设备的稳固和工程质量，决定尽快进行打桩，费用由公司来承担；国内项目部毛经理负责安排桩基人员在最短时间内到场；小张负责在当地建材市场上采购符合要求的施工材料；小袁在一周内提供桩基施工图（见附录4）；小余负责与分公司负责办签证的当地人老P，去移民局申请劳工签证；公司调派国内项目部工程经理刘平和财务部曹鑫来现场协助工作。

4.3　层层分析

曹鑫和刘平在几天前接到通知之后，就做好了到阿曼项目现场的准备。到现场忙碌了几天，又与刘杨商议后召集大家开会。曹鑫先给大家展示了2014年12月到2015年2月各项费用统计情况，如表4所示。

表4　2014年12月至2015年2月费用统计表

序号	项目	计划完成工作预算费用（万元）	已完工作量（%）	实际发生费用（万元）	挣值（万元）	备注
1	国内商务	2 500	100	2 550	2 500	
2	设计费等	115	80	114	92	预付款
3	阿曼现场办公室购买及建设	180	105	190	189	含办公用品

续表

序号	项目	计划完成工作预算费用（万元）	已完工作量（%）	实际发生费用（万元）	挣值（万元）	备注
4	阿曼现场营地购买及建设	90	110	120	99	含改造及添置
5	交通工具采购	120	100	90	200	
6	行政及差旅	20	120	24	24	
7	阿曼现场	10	100	18	10	材料
8	工人工资及劳工签证	50	110	90	55	
9	国内采购	1 300	100	1 500	1 300	预付款
合计		4 385		4 696	4 469	

“大家请看统计表，虽然桩基施工的费用不在预算内，但是前期的人员签证费等准备工作的费用也要分摊在里面的，咱们已经超支不少了。”曹鑫解释道。

“进度方面还不错，说明前期工作没耽误，但是我看到周栋给我的桩基预算大约为 570 万元，这个窟窿有点大，必须想办法控制成本。”刘平也发表了意见。（见附录 5 和附录 6）

“控制？怎么控制？单是一个打桩就超出预算这么多，再怎么做也堵不上这个窟窿！”周栋忍不住插话，“这是我的失误造成的损失，我辞职吧！”

“老周你别激动，没有人怪你，大家要想办法解决问题。”曹鑫赶紧说道，“别着急，让刘平想想办法，再说把你卖了也堵不上窟窿啊。”说完朝着刘杨眨了眨眼。

刘杨会意道：“大家先按照现有进度计划推进工作，3 天后项目沟通会将宣布具体的控制措施，各部门、工程队、班组负责人无故不得缺席，没什么事大家就忙去吧。”

4.4　亡羊补牢

新的项目沟通会如期召开，还没到开会时间人都已经到齐了，坐满了整个会议室。会议一开始，刘平阐述道：“我们要实行成本和目标相结合的管理措施。首先，从刘杨到周栋、曹鑫、小张和我，再到各工程队长和各班组长都要有成本控制意识与责任，要进行逐级控制；刘杨要对各部门、各工程队、各班组定期进行成本检查和考评，并与工资和奖金分配紧密挂钩，实行有奖有罚。其次，由各班组长进行施工人员与工作量的分配，各工程队长负责制定具体考核标准，逐级汇总，重点在人工费、材料量、机械费、施工费和采购费的控制。

刘杨和我会随时进行抽查，每周通报考核结果。最后，大家不能盲目求快，要确保质量达标。”

曹鑫接着解释道：“大家也知道现场增加了桩基施工，这部分资金业主已经明确表示不会承担，为了尽量降低损失，咱们要在其他未完工的工作上，在保证质量的前提下，精打细算、降低成本、提高效率，所以咱们现场项目部要进行绩效考核，推行奖惩制度。以后项目现场具体的工作量、工作内容和时长，将与每个执行人员进行绑定，由小组长进行监督和记录，汇报给工程队长，审核后再汇报给各部门经理，最后发给刘杨。干得又好又快的人员，将会得到奖励，对落后于标准10%的人员，就要进行罚款，每月工资发放结算一次。请各工程队和班组负责人在明天上午将BOQ、执行人员和考核标准发送给各部门负责人，审核无误后发送给刘杨。为了配合大家提高工作效率，我们现场的财务人员也会尽量简化审批流程，全力支持大家的工作。”

曹鑫的话还没落音，大家就开始交头接耳，议论纷纷。

刘杨摆了摆手让大家安静下来：“考核办法会在下周执行，主要目的还是为了激励大家按时按量按质地完成项目。当然也需要咱们大家集思广益，比如，大到塔吊工作时长的合理使用，小到乙炔和焊条的节约，要在降低项目成本上绞尽脑汁。”

他又接着说：“希望大家能鼓足精神，共同做好咱们在海外的第一个样板项目，有问题咱们随时沟通。”

转眼间到了6月初，阿曼水泥厂项目现场的工作有条不紊地进行了3个多月，当地已是炎热难耐，现场施工进行得如火如荼，各工程队和班组也对各自负责的工作量和施工人员按规定进行每周考核评比。这样一来，耗材用量、废品率和重工率不仅大大降低，质量也提高了不少，每个班组中的不少人都能拿到绩效奖金。尤其是周栋带领的土建与结构两大部分工作人员，仿佛铆足了劲要将桩基的费用给追回来。周栋亲自负责每天的打桩施工，除了对施工区域和邻近区域的地下管线和构筑物等进行详细勘察，还仔细研究了适用桩型，并对钻孔深度、土层情况、泥浆排放等各项进行把控，与负责桩基设计的小袁和材料经理小张，跑了多次当地的市场，最终确定了采用混凝土预制和打入式钢管桩。

在项目沟通会上，刘杨对周栋和小张的工作给予了充分肯定，并指出为使现场各项工作顺利执行，公司已为各项工作多支付了900多万元，但工期仍有延误。

4.5 接踵而至

北京的7月初已经入夏，骄阳似火。曹鑫和杜经理正在整理3天后由上海港发出的第三批货的议付单据，不料却接到采购部拟挪用原定支付阿曼项目钢材采购款的申请。原来是公司广西项目出了问题，滤袋存放不善全部受潮，需要重新采购后马上安装，否则业主将一次性扣除合同额的30%作为罚款。

曹鑫抓紧为采购部办理了采购滤袋付款，小杜则苦着脸在电话里跟刘杨解释了半天没能及时购买钢材的缘由。最后两人商定，抓紧采购钢材之后，工厂尽快加工成半成品，再把卷板机、侧弯机等加工设备一起走散货船运送到国外现场。

看着挂在办公室的项目进度表，刘杨一脸无奈，设备和材料到场后只能让工人加班加点制作了，希望能一切顺利吧。

谁知天有不测风云。2015年7月15日，最后一批材料由上海港搭乘散货船发出，岂料不仅在海上遇到了风浪，船只不得不在港口停靠多日避险，又赶上了中东地区的斋月和开斋节，港口装卸工人和清关人员的工作效率低下，原定60天就可到达阿曼苏哈尔港口的货船，到了10月初都未接到清关通知。

这下可把刘杨急坏了，在既定工期内无法完工，就要面临高达合同额10%的违约罚款；材料不到，工人和大小型设备都在现场停着，每天都会产生费用；印度咨询公司天天派人到现场催进度，阿曼环保部的人也三五不时地来转悠，业主一开会就要计算因为项目延期耽误的水泥销售损失……

曹鑫的项目季度分析总结按时发到了刘杨的邮箱，他用醒目的红色标出累计到这个季度各项花费超了1 000多万元。天气炎热，室外温度已达42℃，又加上心急，刘杨的嗓子和牙龈很快发炎了，嘴边起了火泡，咽口唾沫都费劲，他恨不能插上翅膀，把材料从船上搬到现场！

10月15日，船终于到港了，大家刚松了一口气又抓紧联系清关公司进行货物清关，材料到达现场后，刘杨和周栋组织工人三班倒地制作……

5. 艰难玉成

最终，OCC项目于2015年11月7日安装完成并具备空载调试条件，这比合同约定的完工日期整整晚了25天，公司也面临被扣除项目全额履约保函的违约罚款。

刘杨和周栋在中控室查看生产线的调试运行数据，系统和设备均显示运行正常，刘杨稍稍松了一口气："看来调试期问题不大，但是咱们也不能掉以轻心，还是要预防试运行期内可能出现的任何故障，这个时候不能掉链子。"

周栋点点头："你放心，我一定会注意每天排查故障，要是排放检测不达标，S公司准得笑话咱们。"

"是啊，老话说得好，行百里者半九十，还是各方面要多加注意，不能让他们看咱们笑话。你联系一下业主指定的德国检测公司，让他们先做测试准备，7天后正式进行排放测试。"

接下来的生产线20天试运行期内，运行状况良好，期间德国检测公司的三轮取样测试均顺利完成，最终取得了平均排放值低于5mg/Nm^{3}的优异成绩。得知这一结果后，公司现场项目部的人都高兴坏了，赶紧通知国内这个好消息；S公司的人员听说排放成绩这么优异后十分诧异，特意跑到水泥厂拉着项目部的人连连请教，周栋自豪地向他们介绍了公司的技术优势；业主拿着第三方的检测合格报告，也是连连称赞，对项目质量非常满意。看着辛苦近3个月没有休息的项目团队，与咨询公司商议后，业主决定只扣除10 000美元作为延期处罚金额。

6. 尾声

在从机场回市区的路上，周栋向刘杨汇报说："你是没亲眼看见，昨天我们撤离现场的时候，业主和咨询公司都对我们竖大拇指呢！他们列队欢送，对咱们公司过硬的技术大加赞叹！总算是挽回了在项目成本与项目进度管理方面可能造成的损失。"

周栋接着说："还有一个好消息告诉你，阿曼水泥厂2号线项目计划今年年中启动环保改造的招标工作，他们的CEO昨天亲自给了我投标邀请函。如果我们中标，一定要汲取这次的教训，千万要在项目成本管理方面做好项目成本估算、预算和控制等工作。"车上的同事们也附和着。

同事们对项目的反省讨论让刘杨暗自思量：公司在OCC项目中虽然高标准地完成了合同内容，技术成果也得到了国外业主的高度认可，但在项目成本和进度整合管理过程中经历的曲折和艰辛使他深刻意识到，公司海外EPC项目在项目成本和进度整合管理方面还需要尽快提升，年轻的项目团队也需要认真总结宝贵的"长子"经验教训尽快成长。想到这儿，刘杨对接下来投标和承接阿曼水泥厂2号线项目充满了信心。

附录

附录1：Z公司简介

Z公司为国内成立较早的针对工业大气污染治理的环保公司，隶属于国内知名建材集团，公司总部设在北京，生产基地位于江苏省徐州市高新区。该公司是环保技术开发和工程总包领域知名的运营商、管理商、服务商，业务范围有工业除尘、水泥窑协同处置危险废弃物和固体废弃物、脱硫脱硝、水泥厂运营管理等。在美国和加拿大，公司成立了技术研发中心，并与多个知名大学和企业建立战略合作关系，为公司发展提供最新的、强大的技术支持。2000—2015年，依托集团下属的水泥公司，Z公司凭借自身的技术优势，开始为客户提供量身定制的烟气粉尘整体解决方案，主要提供咨询设计、设备制造、建设安装、运营管理全方位服务。Z公司的相关信息如图1、表5和图2所示。

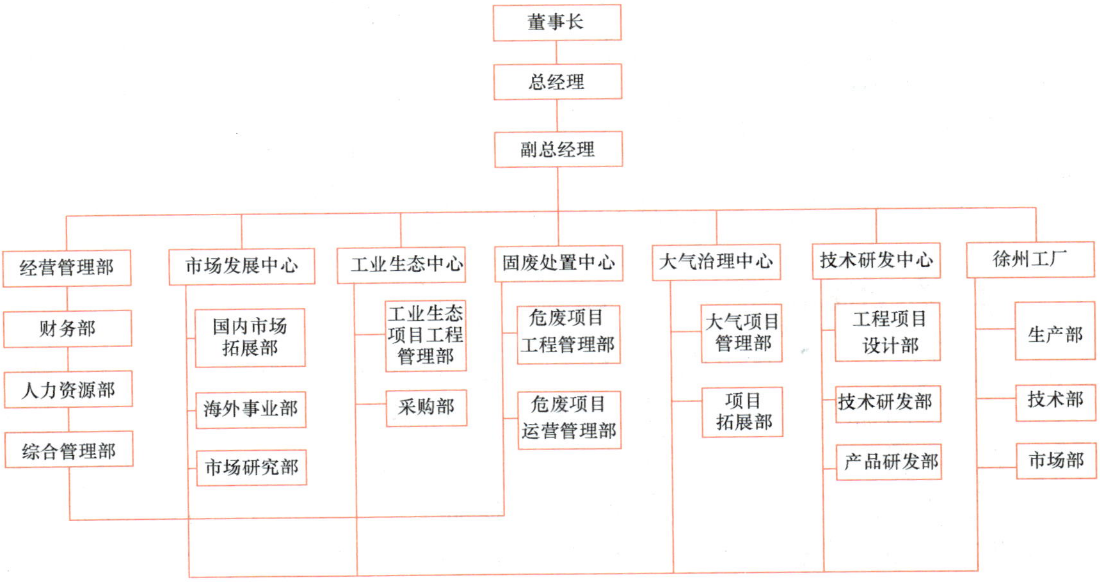

图1　Z公司的组织架构图（部分）

表 5　Z 公司特点

项目	内容
业务领域	国内外设备供货、工程总承包和运营管理
业务类型	政策依赖性强；公司主要客户所在行业为水泥行业，产品相对单一
客户集中度高	目前主要的客户群是各大水泥集团，主要的市场份额在国内
业务特点	每个项目和设备均需单独设计和定制
发展情况	基础弱但发展快。自 2000 年成立以来，借助政策支持和集团平台，经过十几年的发展由最初的 300 多人，发展到 1 200 多人，到 2011 年，销售额由 2 亿元猛增到了 9 亿元
自成立以来完成各类项目	1 700 余项

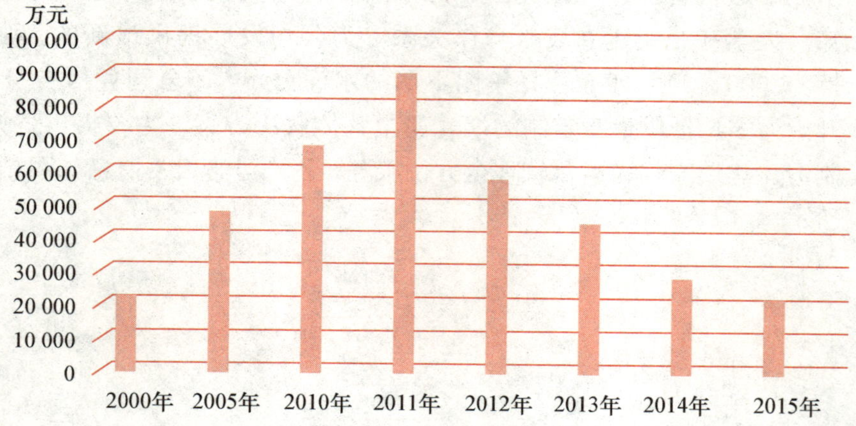

图 2　Z 公司水泥业大气治理国内市场销售额

附录 2：水泥环保治理行业简介

水泥是国民经济的基础原材料，水泥工业与经济建设密切相关，且在未来相当长的时期内，水泥仍将是人类社会的主要建筑材料。通常水泥厂产出的是熟料，一般情况下，95％熟料＋5％石膏混合粉磨生产出纯熟料或纯硅酸盐水泥。日常生产使用时，在纯熟料水泥中掺加 5％～20％矿物混合材（矿渣、粉煤灰、火山灰质混合材或石灰石），生产的是普通硅酸盐水泥；掺加 20％～50％矿渣，生产的是 A 型矿渣硅酸盐水泥。我国水泥产量从 1985 年起已连续 21 年居世界第一，以 2015 年为例，熟料的产量达到 17.91 亿吨（见图 3）。但水泥行业是国家重点污染行业，排放的粉尘是有害我国大气安全的重要因素。据环保部门相关统计，水泥工业的粉尘排放占到工业排放总量的 30％，氮氧化物排放量约占全国总量的10%～12%，同时还是我国重金属汞污染的主要工业排放源之一。

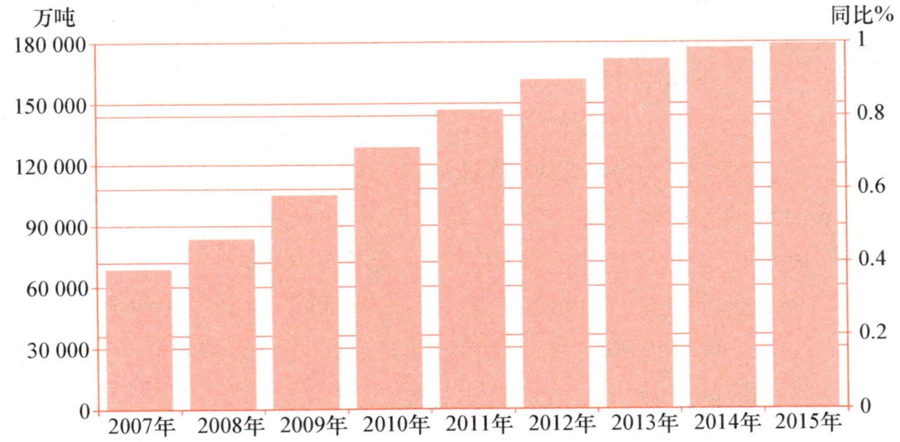

图3　我国新型干法熟料产能图

资料来源：中国水泥网。

随着空气质量不断恶化，社会上对环境污染治理的呼声日盛，国家也不断地修订各项法律法规和行业标准，为贯彻《中华人民共和国环境保护法》《中华人民共和国大气污染防治法》等法律法规，保护环境、防止污染，促进水泥工业生产工艺和污染治理技术进步，国家制定了《水泥工业大气污染物排放标准》(GB 4915—2013)，如表6所示。在针对水泥生产过程排放的主要大气污染物烟(粉)尘的控制上，经过历次修订，颗粒物排放标准不断提高。

表6　现有与新建企业大气污染物排放限值　单位：mg/m^3

生产过程	生产设备	颗粒物	二氧化硫	氮氧化物（以 NO_2 计）	氟化物（以总F计）	汞及其化合物	氨
矿山开采	破碎机及其他通风生产设备	20	—	—	—	—	—
水泥制造	水泥窑及窑尾余热利用系统	30	200	400	5	0.05	10①
	烘干机、烘干磨、煤磨及冷却机	30	600②	400②	—	—	—
	破碎机、磨机，包装机及其他通风生产设备	20	—	—	—	—	—
散装水泥中转站及水泥制品生产	水泥仓及其他通风生产设备	20	—	—	—	—	—

注：①适用于使用氨水、尿素等含氨物质作为还原剂，去除烟气中氮氧化物。
②适用于采用独立热源的烘干设备。

附录 3：阿曼苏丹国简介

阿曼苏丹国，简称阿曼，是伊斯兰国家，阿拉伯半岛最古老的国家之一。位于阿拉伯半岛东南部，东北与东南濒临阿曼湾和阿拉伯海，国土面积 309 501 平方公里，全国总人口约为 440 万（2016 年），其中本国人口约 240 万，外籍常住人口约 200 万，以印度人、巴基斯坦人、伊朗人等居多。经济于 20 世纪 60 年代起步。2016 年 GDP 总计 662.93 亿美元，人均 GDP14 982 美元。除东北部山地外，均属热带沙漠气候。全年分两季，5—10 月为热季，气温高达 40℃以上；11 月至翌年 4 月为凉季，气温约为 24℃。

阿曼全国仅有 20 世纪 80 年代建立的两个水泥厂：一个位于首都马斯喀特市，另一个位于南部旅游城市萨拉拉市。阿曼水泥厂作为历史悠久的水泥供应商，在该地区极具影响力，其 1 号生产线于 1983 年投产，日产熟料 2 000 吨，由德国伯利休斯公司总承包建设。这条生产线原窑头窑尾收尘器均为德国鲁奇电收尘器，经过多年的使用，已失去正常的收尘能力，烟囱出口处浓烟滚滚，排放浓度至少超过 500mg/Nm³，属于重度污染，阿曼环保部门督促其按照欧洲标准执行环保改造，排放值不得高于 20mg/Nm³，否则将给予停产处罚。

附录 4：钻孔灌注桩示意图

钻孔灌注桩如图 4 所示。

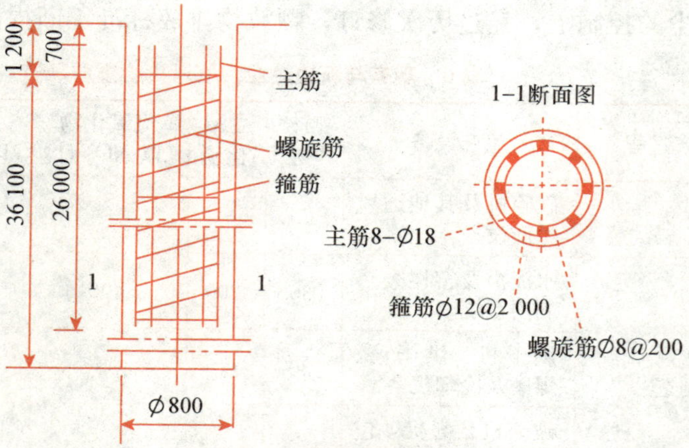

图 4　钻孔灌注桩示意图

附录 5：OCC 项目整体预算及施工计划表

OCC 项目整体预算及施工计划表如表 7 所示。

表 7　OCC 项目整体预算及施工计划表

序号	任务名称	数量	价格（万元）	开始时间	完成时间
1	**总图确认**			**2014年12月20日**	**2015年1月5日**
2	**施工图设计**			**2014年1月5日**	**2015年5月20日**
	2.1 基础	1	30.00	2015年1月1日	2015年3月20日
	2.2 总图	1	30.00	2014年12月20日	2015年4月5日
	2.3 建筑	1	30.00	2015年3月1日	2015年4月5日
	2.4 结构	1	30.00	2015年3月20日	2015年4月15日
	2.5 工艺	1	30.00	2015年2月10日	2015年4月10日
	2.6 给排水	1	30.00	2015年3月10日	2015年4月10日
	2.7 暖通	1	30.00	2015年3月10日	2015年4月15日
	2.8 电气	1	30.00	2015年3月10日	2015年4月10日
	2.9 仪表、自动化控制	1	30.00	2015年3月10日	2015年4月10日
	2.10旁路放风系统	1	30.00	2015年1月15日	2015年5月20日
	2.11收尘器	1	30.00	2015年1月15日	2015年4月20日
3	**收尘器制造及安装**			**2015年1月12日**	**2015年8月30日**
	3.1 订货、生产制造	700	3 500.00	2015年1月12日	2015年4月20日
	3.2 窑尾结构加固停窑前	68	390.00	2015年5月20日	2015年7月30日
	3.3 窑尾结构加固停窑后	82	450.00	2015年8月1日	2015年8月30日
	3.4 现有设备拆除	380	900.00	2015年6月7日	2015年6月13日
	3.5 线下预组装	700	750.00	2015年6月14日	2015年7月31日
	3.6 停窑收尘器安装	950	900.00	2015年8月1日	2015年8月30日
4	**设备采购**			**2015年1月18日**	**2015年7月30日**
	4.1 滤袋	3350	1 300.00	2015年1月18日	2015年5月15日
	4.2 袋笼	3350	1 100.00	2015年4月1日	2015年4月30日
	4.3 切割机	3	76.00	2015年3月20日	2015年5月15日
	4.4 卷板机	3	300.00	2015年2月27日	2015年6月30日
	4.5 定量给料机	2	50.00	2015年5月15日	2015年6月15日
	4.6 U型胶带输送机	2	90.00	2015年1月20日	2015年4月20日
	4.7 电气、自动化、仪表	30	230.00	2015年4月30日	2015年7月10日
	4.8 管道	60	500.00	2015年4月15日	2015年6月15日
	4.9 旁路系统	1	280.00	2015年1月20日	2015年5月5日
	4.10轴承	25	340.00	2015年1月20日	2015年5月15日
	4.11阀门	40	230.00	2015年4月15日	2015年6月5日
	4.12喷吹系统	4	700.00	2015年3月1日	2015年7月20日
	4.13高温风机	2	236.00	2015年5月10日	2015年7月10日
	4.14其他设备	40	330.00	2015年1月20日	2015年9月30日
5	**土建工程**			**2015年1月20日**	**2015年10月1日**
	5.1 地平施工	450	270.00	2015年1月20日	2015年2月10日
	5.2 基础开挖	370	340.00	2015年2月2日	2015年3月22日
	5.3 基础垫层	400	260.00	2015年3月23日	2015年3月29日
	5.4 筏板基础	290	80.00	2015年3月20日	2015年4月15日
	5.5 独立基础	300	120.00	2015年2月25日	2015年3月25日
	5.6 ±0以上基础	50	82.00	2015年5月1日	2015年7月20日
	5.7 屋面系统	70	80.00	2015年7月21日	2015年9月8日
	5.8 二次结构	78	110.00	2015年7月1日	2015年8月30日
	5.9 收尘基础	160	187.00	2015年5月13日	2015年5月25日
	5.10急冷处理系统	47	28.00	2015年4月26日	2015年6月30日
	5.11消防水泵房	14	30.00	2015年7月1日	2015年8月20日
	5.12旁路处理系统	35	68.00	2015年7月1日	2015年8月1日
	5.13道路、挡墙	20	20.00	2015年8月1日	2015年10月1日
6	**设备安装**			**2015年3月1日**	**2015年9月20日**
	6.1 灰斗安装	180	172.00	2015年6月25日	2015年7月8日
	6.2 均布系统	55	37.00	2015年6月15日	2015年7月20日
	6.3 喷吹系统	96	60.00	2015年6月20日	2015年7月25日
	6.4 定量给料系统	20	33.00	2015年7月15日	2015年8月6日
	6.5 送料通廊及皮带安装	50	70.00	2015年5月20日	2015年7月30日
	6.6 急冷系统	20	23.00	2015年6月10日	2015年9月10日
	6.7 旁路放风系统	20	30.00	2015年7月1日	2015年8月15日
	6.8 收尘系统	66	98.00	2015年5月15日	2015年6月25日
	6.9 电气安装	40	70.00	2015年3月1日	2015年9月20日
	6.10分解炉上升烟道拆除	150	140.00	2015年8月1日	2015年8月30日
	6.11管道、非标、耐火材	170	190.00	2015年8月1日	2015年8月30日
	6.12消防系统	2	30.00	2015年6月10日	2015年9月1日
7	**发运**			**2015年2月**	**2015年7月30日**
	7.1 钢材和机具	1280	164.00	2015年2月6日	2015年3月5日
	7.2 钢材和非标	1100	150.00	2015年3月23	2015年4月30
	7.3 机具及辅材	1490	188.00	2015年5月10日	2015年6月10日
	7.4 外购件及辅材	95	125.00	2015年6月20	2015年7月30
8	**调试竣工验收**			**2015年9月15日**	**2015年11月7日**
	8.1 单机调试	3	25.00	2015年9月21日	2015年9月25日
	8.2 联机空载调试	3	10.00	2015年9月26日	2015年10月3日
	8.3 联机负载调试	3	10.00	2015年10月3日	2015年10月17日
	8.4 竣工验收	1	10.00	2015年10月17日	2015年11月7日

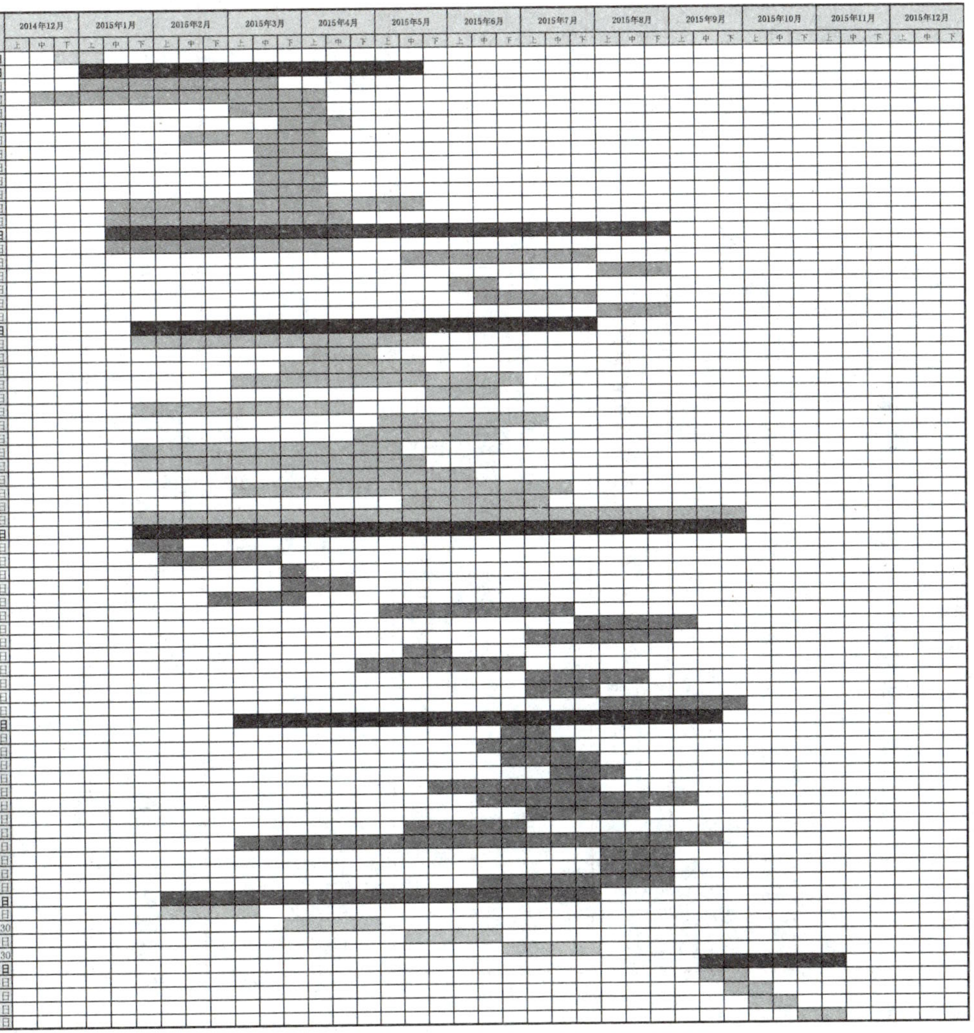

附录 6：项目计划与执行情况

项目计划与执行情况如表 8 至表 14 所示。

表 8　OCC 项目成本季度对比表

指标	2014.12—2015.3	2015.4—2015.6	2015.7—2015.9	2015.10—2015.11
计划价值（元）	43 850 000	83 080 000	115 670 000	162 9200 000
实际成本（元）	46 960 000	85 860 000	114 460 000	171 066 000

表 9　OCC 项目桩基工作费用表

项目	2015.2	2015.3	2015.4	2015.5
计划费用（元）	874 800	2 105 820	4 005 150	5 656 890
实际费用（元）	793 700	2 471 340	4 119 290	4 665 000

表 10　OCC 项目桩基工作进度表

项目	2015.2	2015.3	2015.4	2015.5
计划进度	15%	37%	71%	100%
实际进度	17%	52%	83%	100%

表 11　OCC 项目计划成本与实际费用对比表（增加桩基）

项目	2015.2	2015.3	2015.4	2015.5
计划费用（元）	25 380 000	50 760 000	81 216 000	93 060 000
实际费用（元）	25 435 900	52 353 870	83 817 370	101 553 970

表 12　OCC 项目计划进度与实际进度对比表（增加桩基）

项目	2015.2	2015.3	2015.4	2015.5
计划进度	15%	30%	48%	55%
实际进度	13%	23%	39%	47%

表 13　OCC 项目发运工作费用表

项目	2015.3	2015.4	2015.5	2015.7
计划费用（元）	1 567 500	3 573 900	5 454 900	6 270 000
实际费用（元）	1 593 700	3 171 340	4 919 290	1 769 000

表 14　OCC 项目发运工作进度表

项目	2015.3	2015.4	2015.5	2015.7
计划进度	25%	57%	87%	100%
实际进度	26%	52%	83%	83%

启发思考题

1. Z公司是一家什么样的企业？该公司为何要开展海外EPC项目？

2. 什么是EPC项目管理模式？OCC项目面临何种困难？

3. 项目成本管理包括哪些内容和过程？OCC项目是如何运用的？

4. 什么是估算成本？OCC项目是如何估算成本的？

5. 什么是制定预算和控制成本？OCC项目是如何进行成本管控的？又是如何解决问题的？

6. 海外工程建设项目的实施面临哪些挑战？从项目成本管理的角度应如何应对？

教学目的与用途

1. 适用课程：管理会计、战略管理会计、项目成本管理。

2. 适用对象：本案例主要为MEM、EMBA、MBA、MPAcc开发，适合具有一定工作经验的学生和管理者学习，也适合具有一定项目管理经验的企业高管进行深入学习。

3. 教学目的：本案例以Z公司承接的海外EPC工程——阿曼水泥厂1号线环保改造项目为案例对象，通过描述该项目管理过程中面临的一系列成本管理问题和难题，引导学生了解、掌握、思考以下三方面内容，提升学生分析问题、解决问题和思辨的能力。

（1）了解项目成本管理的过程及对项目实施的重要性；

（2）掌握项目成本管理中的估算成本、制定预算和控制成本的流程、方法和内容，以及项目成本与进度的整合管理；

（3）探讨海外EPC项目成本管控的有效方法与路径。

理论依据与分析

1. EPC 项目管理模式

EPC 是英文 Engineering-Procurement-Construction 的缩写，即设计、采购和施工管理总承包，在这种合同模式下，业主要求承包商不仅要承担项目施工工作，还要承担设计、采购、试运行工作。EPC 项目管理模式如图 5 所示。

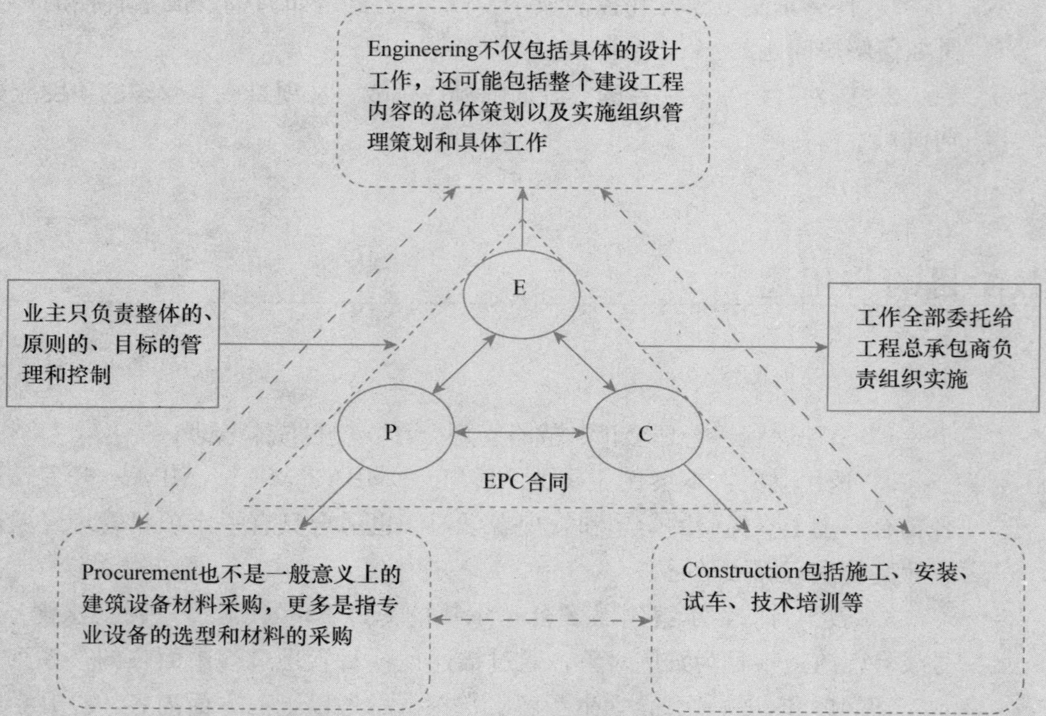

图 5　EPC 项目管理模式

2. 项目成本管理内容和过程

项目成本管理包含为使项目在批准的预算内完成而对成本进行规划、估算、预算、融资、筹资、管理和控制的各个过程，从而确保项目在批准的预算内完工。具体包括规划成本管理、估算成本、制定预算、控制成本。项目成本管理的内容和过程如图 6 所示。

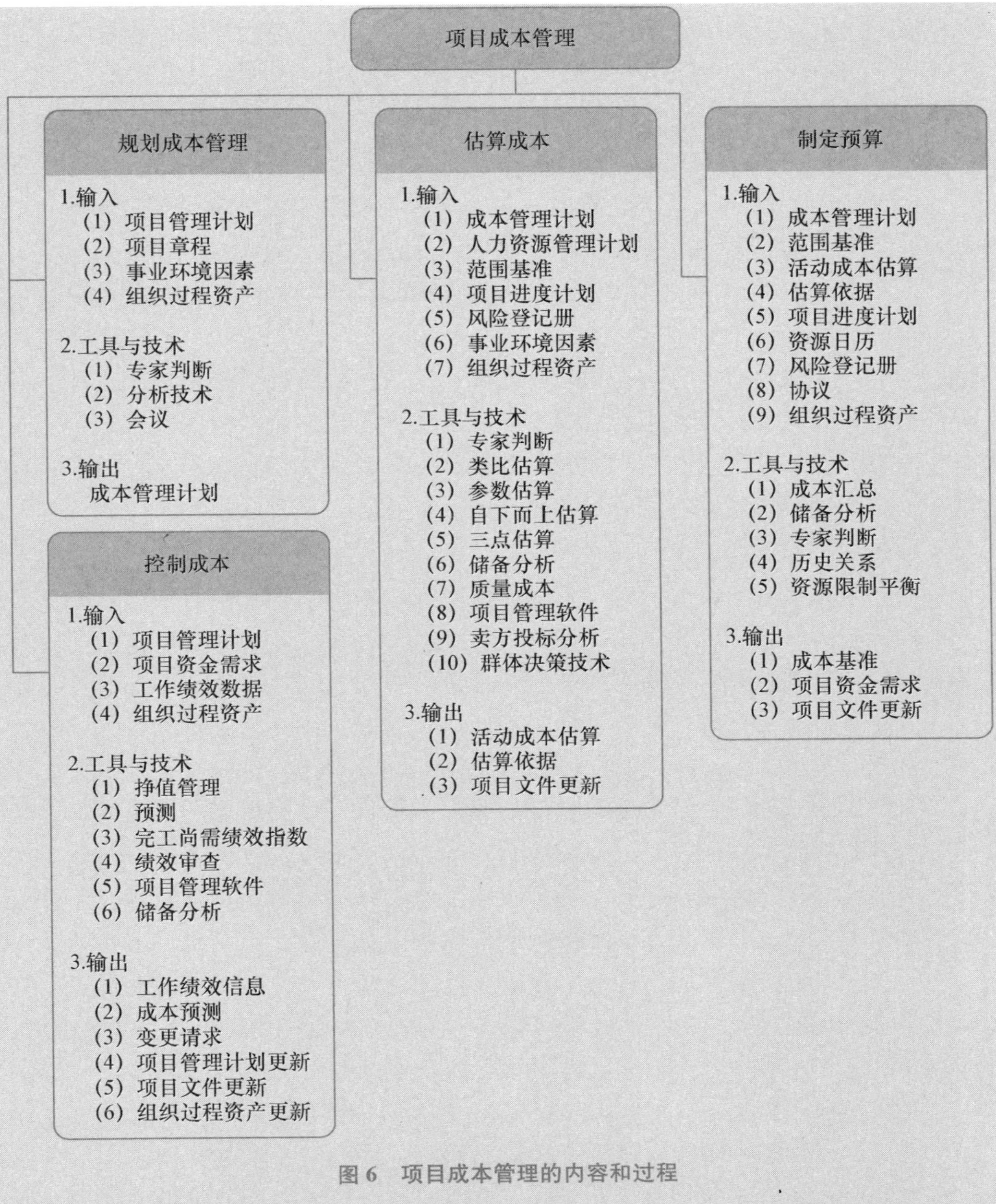
项目成本管理
规划成本管理
1.输入
(1) 项目管理计划
(2) 项目章程
(3) 事业环境因素
(4) 组织过程资产
2.工具与技术
(1) 专家判断
(2) 分析技术
(3) 会议
3.输出
成本管理计划
控制成本
1.输入
(1) 项目管理计划
(2) 项目资金需求
(3) 工作绩效数据
(4) 组织过程资产
2.工具与技术
(1) 挣值管理
(2) 预测
(3) 完工尚需绩效指数
(4) 绩效审查
(5) 项目管理软件
(6) 储备分析
3.输出
(1) 工作绩效信息
(2) 成本预测
(3) 变更请求
(4) 项目管理计划更新
(5) 项目文件更新
(6) 组织过程资产更新
估算成本
1.输入
(1) 成本管理计划
(2) 人力资源管理计划
(3) 范围基准
(4) 项目进度计划
(5) 风险登记册
(6) 事业环境因素
(7) 组织过程资产
2.工具与技术
(1) 专家判断
(2) 类比估算
(3) 参数估算
(4) 自下而上估算
(5) 三点估算
(6) 储备分析
(7) 质量成本
(8) 项目管理软件
(9) 卖方投标分析
(10) 群体决策技术
3.输出
(1) 活动成本估算
(2) 估算依据
(3) 项目文件更新
制定预算
1.输入
(1) 成本管理计划
(2) 范围基准
(3) 活动成本估算
(4) 估算依据
(5) 项目进度计划
(6) 资源日历
(7) 风险登记册
(8) 协议
(9) 组织过程资产
2.工具与技术
(1) 成本汇总
(2) 储备分析
(3) 专家判断
(4) 历史关系
(5) 资源限制平衡
3.输出
(1) 成本基准
(2) 项目资金需求
(3) 项目文件更新

图 6　项目成本管理的内容和过程

(1) 项目成本估算。项目成本估算是项目成本管理中的一个基础性工作，需要通过收集相关信息，对项目成本进行必要的预测，最终做出项目的成本估算。成本估算是后续成本预算及成本控制工作的依据，具有举足轻重的地位，科学的成本估算是项目成本管理取得成功的基础。估算成本是对完成项目活动所需资金近似估算的过程。本过程的主要作用是确定完成项目工作所需的成本数额。

Akintoye对项目成本估算的影响因素进行了研究，通过比较分析非常小、小、中和大型企业等四类不同企业承包商成本估算的影响因素，按重要性对项目成本估算的影响因素进行分类，其中重要的影响因素首先是项目的复杂性、建设规模及范围、市场条件、建设方法、场地的限制、客户的财务状况、项目的可建造性及建设位置；其次是技术要求、项目信息、项目小组的要求、合同要求、项目工期；最后是分组项目的复杂性、市场的需求。项目管理人员只有重视这些影响因素并加以区分，才能更好地进行项目成本估算。

（2）项目成本预算。项目成本预算是指汇总所有单个活动或工作包的估算成本，建立一个经批准的成本基准的过程。施工企业中的项目成本预算通常就是预算成本，与它对应的是实际成本，是对项目成本制定的计划，用来对成本实施的情况进行测量和监控的一种预算。项目成本预算中的成本包括施工过程中的直接成本和间接成本两大类。当发生由于市场价格客观变动导致预算价格与实际市场价格相背离成本失去控制时，要本着“以收定支”的原则，及时调整施工预算成本，实现对施工项目的动态管理。

（3）项目成本控制。控制成本是监督项目状态，以更新项目成本，管理成本基准变更的过程。本过程的主要作用是发现实际与计划的差异，以便采取纠正措施，降低风险。项目成本控制包括：对造成成本基准变更的因素施加影响；确保所有变更请求都得到及时处理；当变更实际发生时，管理这些变更；确保成本支出不超过批准的资金限额，既不超出按时段、按 工作分解结构（WBS）组件、按活动分配的限额，也不超出项目总限额；监督成本绩效，找出并分析与成本基准间的偏差；对照资金支出，监督工作绩效；防止在成本或资源使用报告中出现未经批准的变更；向有关干系人报告所有经批准的变更及其相关成本；设法把预期的成本超支控制在可接受的范围内。

3. 挣值分析

挣值（budgeted cost of work performed，BCWP）方法是对项目进度和费用进行综合控制的一种有效方法。挣值管理是用与进度计划、成本预算和实际成本相联系的三个独立的变量，进行项目绩效测量的一种方法。它比较计划工作量、工作分解结构的实际完成量（挣值）与实际成本花费，以决定成本和进度绩效是否符合原定计划。所以，相对于其他方法，它是更适合项目成本管理的测量与评价方法。挣值管理可以在项目某一特定时间点上，实现从范围、时间、成本三项目标上评价项目所处的状态。挣值偏差分析与应对措施如表15所示。

表 15　挣值偏差分析与应对措施表

序号	图形	参数关系	分析	措施
1	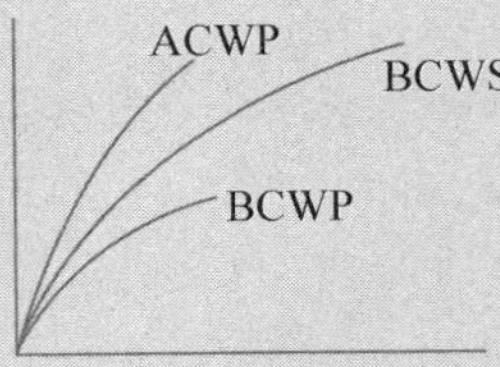	ACWP>BCWS>BCWP SV<0 CV<0	效率低，进度较慢，投入超前	用工作效率高的人员替换一批工作效率低的人员
2	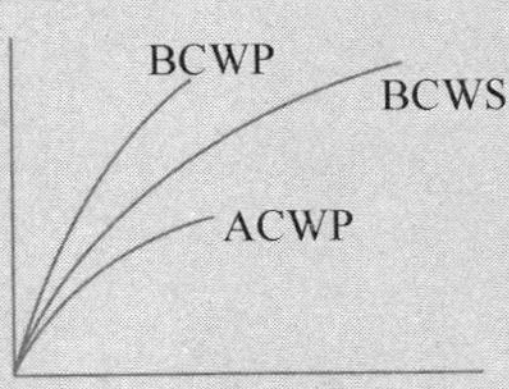	BCWP>BCWS>ACWP SV>0 CV>0	效率高，进度较快，投入延后	若偏离不大，维持现状
3	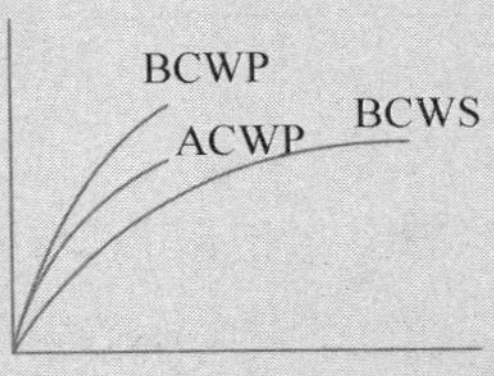	BCWS>ACWP>BCWP SV>0 CV>0	效率较高，进度较快，投入超前	抽出部分人员，放慢进度
4	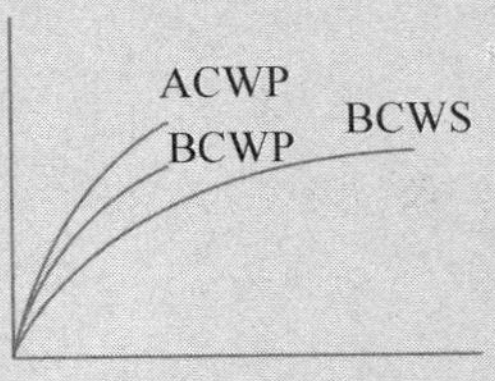	ACWP>BCWP>CWS SV>0 CV<0	效率较低，进度较快，投入超前	抽出部分人员，增加少量骨干人员
5	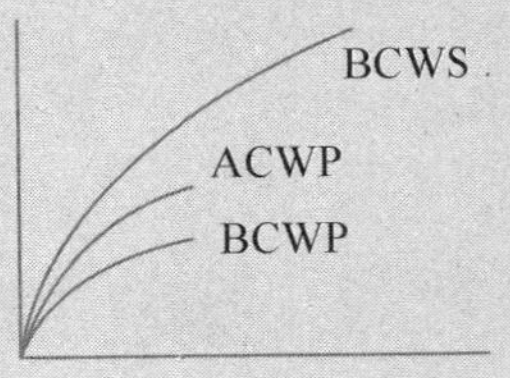	BCWS>ACWP>BCWP SV<0 CV<0	效率较低，进度较慢，投入延后	增加效率高的人员投入
6	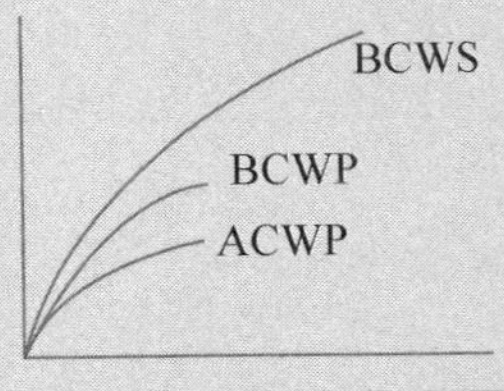	BCWS>BCWP>ACWP SV<0 CV>0	效率较高，进度较慢，投入延后	迅速增加人员投入

注：①BCWP 指已完成工作预算成本，即挣值。
②ACWP 指已完成工作实际成本。
③BCWS 指计划工作预算成本。
④SV 指进度偏差。
⑤CV 指成本偏差。

4. 项目管理其他知识领域可用于本案例分析的内容

（1）项目范围管理：需充分界定及明确项目范围。范围界定不清晰容易造成范围蔓延，给 EPC 项目成本管控造成困难。

（2）项目质量管理：严格控制项目建设质量，把控国内外质量和材料标准的转换，防止因为质量不合格造成项目成本的增加。

（3）项目干系人管理：识别关键干系人，及时做好与业主、咨询公司的期望值管理，干系人沟通不到位可能会给项目成本管控带来难度。

（4）项目风险管理：充分了解项目所属地域的文化及自然背景因素，中外文化冲突，地域和文化的差异会给项目带来一定的经济风险。

参考文献

[1] 张水波，陈勇强. 国际工程总承包 EPC 交钥匙合同与管理 [M]. 北京：中国电力出版社，2009.

[2] 李改莲. 施工企业项目成本预算实施与控制 [J]. 会计之友，2011 (35)：39-40.

[3] 郭涛，程铁信. 滨城 BT 房建施工总承包项目系列案例之三——项目成本管理 [D]. 天津：天津工业大学，2016.

[4] Project Management Institute. 项目管理知识体系指南（PMBOK 指南）：第 5 版 [M]. 许江林，等译. 北京：电子工业出版社，2013.

[5] Akintoye A. Analysis of factors influencing project cost estimating practice [J]. Construction Management and Economics，2000，18 (1)：77-89.

以绿色发展之道，筑城市生命线：隆科兴的战略性企业社会责任

摘要：面对日趋激烈的市场竞争，如何破解企业与社会关系中商业利益与社会利益相互冲突的难题，实现企业可持续发展愈发重要。作为一家以城市地下管网全过程综合服务为核心业务的国家高新技术企业，隆科兴连续十多年自发持续地践行战略性企业社会责任，实现了企业价值和社会环境价值的共创。本案例以隆科兴履行战略性企业社会责任进程中面临的种种困惑为背景，重点描述其如何将企业社会责任融入企业战略，如何基于企业内部价值链活动与外部竞争环境识别，履行战略性企业社会责任，实现企业价值共创、助力城市发展更健康。本案例旨在引导学生对价值共创的战略性企业社会责任履行模式进行深入思考，探讨企业如何通过践行战略性企业社会责任实现经济价值和社会环境价值共创，以及掌握利益相关者管理及责任绩效评价等。

关键词：城市地下管网；战略性企业社会责任；利益相关者；绩效评价

0. 引言

2020 年 5 月 18 日，随着深圳市福田区白石路污水压力管修复工程单线管道通水仪式在福田水质净化厂的举行，北京隆科兴科技集团股份有限公司（以下简称隆科兴）疫情期间最大的工程项目宣告顺利完成。白石路管道项目是深圳市市政管网设施及系统升级改造的重要组成部分，工程难度大，实施中又遭遇了突如其来的新冠肺炎疫情。虽然困难重重，但是不畏难、勇担当的隆科兴

人，积极应对，攻坚克难，大胆创新，最大限度减少疫情对项目的影响，最终确保了深圳福田这一民生工程高质量完成，获得社会高度认可。

能取得今天这样的成效实属不易，副董事长李方军不禁思绪万千。近年来，隆科兴引入战略性企业社会责任，践行水惠民生，承建的玉树援建、池州黑臭水体治理、苏州老城区管网修复等项目浮现在眼前……隆科兴始终坚持责任与担当，以坚实的步伐推进绿色发展，见证一个又一个城市实现水碧、河畅、湖美、岸绿的美丽场景，在打造城市生命线、让城市地下管网更健康的同时，也实现了企业自身价值的提高。在这个特殊的时期，隆科兴更要秉承“厚道、创新、担当”的核心价值观，将企业经营发展与承担企业社会责任紧密融合，以匠心之作创建城市美好环境，推动经济、社会与环境的共创共生……

1. 问渠哪得清如许，责任担当建企业

1.1 污水治理，重在管网

地下管网如同城市的血脉，经纬纵横，维系着城市的循环与健康。随着我国经济的飞速发展以及城市空间不断扩大，地下管网的重要性也愈加突出。城市地下管网肩负着城市地上建筑、人口、设施等的排水排污等需求，还要为城市的运行供水供电，是保证城市正常运行的关键设施和“生命线”。随着我国城市化进程的加快以及单位人口密度的提升，地下管网建设规模不足和管理水平不高等问题日益凸显，大雨内涝、管线泄漏爆炸、路面塌陷等事件屡见不鲜。黑臭水体的消灭、城市排污管道网的治理核心在地下管网。国家也通过一系列的指导意见来规范和促进地下管网市场的健康发展。

然而，地下管网的建设目前国内大部分地区仍采用人工下井清淤和管道开挖方法，这些旧方法和旧模式在排除管网疑难杂症上可以起到作用，但会对环境造成较大的影响，并且存在费用高、效率低等弊端，更重要的是会给施工人员带来人身安全隐患。这些旧方法和旧模式已难以适应现代管网维护的工作需要。同时，现阶段管网建设质量普遍较差，地下管网公司对于新技术应用不足，行业内经常同个项目多次施工，技术研发投入不足使得施工验收规范不能及时制定并执行，密闭性验收把关不严，质量无法保障。当初作为行业内技术骨干的李方军，对于地下管网行业存在的问题了如指掌。

1.2 初心不改，建立企业

2000 年 10 月，李方军与合伙人一起创办隆科兴时就力求在经营发展中杜绝这些行业问题重复上演。2005 年，隆科兴提出“促非开挖行业，树隆科兴品牌”的发展目标，尝试通过技术创新，改善地下管网的渗透设计，提高污水处理质量，力求在社会中做出自己应有的贡献，更好地实现污水治理的可持续发展，为我国整体的降污减排出一份力。

隆科兴坚持以“质量第一、客户至上、稳健创新、永续经营”为经营理念，以持续提升水环境质量、解决水安全复杂问题的信念，布局城市地下管网服务、黑臭水体治理、海绵城市建设、市政设施建设和城市生态修复等各业务领域。在业务发展中，积极推广使用管道维修非开挖技术和管道成像系统，使用先进的维护设备——高压清洗车、风机吸污车、特种管道检测机器人等，在不影响道路交通的情况下，有效开展城市地下管网的修复、检测和施工等业务。除此之外，李方军与管理层对于企业发展提出更高的要求，要求改变设计思路，“以建设美丽中国为己任”，因地制宜地设计、建设污水管网，狠抓工程质量严格接管制度，实施全程控制管理；要以“打造国内城市小口径非开挖行业具有综合竞争优势的名优品牌”为战略目标，打造隆科兴的品牌，创造行业引领地位，实现水惠民生。通过多年不断努力，目前隆科兴以国内领先的技术能力为依托，加大研发、技术创新，逐步处于国内外领先水平，形成了城市雨污水管道铺设施工方面的优势，业务逐步向材料设备生产制造方向拓展。

2. 勇于创新，打造民族品牌

2.1 援建玉树，困难重重

2014 年，玉树地震后的第 4 年，许多当时未显现的地下管网问题随着时间的推移逐渐出现，而玉树情况较为特殊，地下水位较高，施工难度大，路途较远，材料运输不便，运输费用高昂。那天，招标部和项目部的同事们坐在会议室中一起讨论是否应该对此进行投标。施工难度大、管网复杂，再加上玉树远距离、高海拔、温差大的高原环境，让项目实施部产生了放弃的念头。招标部和项目部的负责人达成了一致意见，决定暂时搁浅这个项目，不参与此次竞标。

按照公司惯例，在周末总结会上，部门负责人向上级汇报本周工作时也对此项目做了说明。李方军听到他们的决议后，眉头紧锁，抬头看了看会议室墙上的企业文化标语，说道："这个项目是不是真的无法实施？如果确实是技术上我们无法达到要求，那么我们可以放弃。但如果只是担心经济收益没有那么大，我建议还是应该实施。我们做企业不应仅仅把经济收益放到第一位，尤其是我们作为关系群众生活的企业，畏难思想要不得啊，在国家发展中能贡献出自己一份力就应该使出双倍力。"李方军站起来指了指墙上的标语说道："让城市更健康，不仅仅是维修工程让基础设施健康，更重要的是，通过我们的努力让当地群众安居乐业，社会和谐健康。"大家都默默点了点头：是啊，怎么能忘记公司的初心呢？

2.2 研发材料，打破垄断

项目实施过程中遇到的困难比当初预想中的还要多。玉树交通不便，当时所需的紫外光修复材料全部是由国外的供货材料商掌握核心技术，由此造成供货方市场材料价格高、供货周期长。更重要的是，材料体积大的还需要从国外空运过来，运输成本大大提高。被国外厂商掌控命脉，牵着鼻子走，原材料处处受制于人的困境，让公司在项目建设中处于被动地位。这一困局更是加强了李方军决定开发自主品牌的决心。

通过一番调研和走访，李方军与管理层最终商量决定，隆科兴要建设自己的研发中心，研发施工中所需的原材料，力争做到让设备、材料国产化，不再受制于人。"企业的成功与否不仅仅应该看到经济收益，还有一个重要的考核标准在于是否可以引领行业，承担起民族精神，打造民族工业品牌。我们应该发扬大国工匠精神，力争创建自己国家的民族品牌。"李方军在技术研讨会上一番热血澎湃的话鼓舞着公司的每位技术开发人员。

"成了，咱们研发的新材料成了！"当李方军接到研发部打来的电话时，不免有些激动，不仅仅是因为李方军知道高原材料成本和高运输成本的进口材料已经成为过去式，更重要的是，此举也将开启行业内设备材料国有化的新篇章。2015 年对于隆科兴来说也是意义重大的一年。在这一年隆科兴建立了紫外光修复材料厂址，而在 2016 年，该厂就开始投产进行原材料的生产。手握材料研发技术，原来受制于人，材料难求的局面逐渐被打破，隆科兴成为 A 材料商的唯一客户。拿到了材料话语权后的隆科兴无疑是如虎添翼，也为自己降成本、创新产业技术增加了新的筹码。

对于隆科兴来说，研发成功的意义不仅仅在于通过了国家科学技术部审核，成为非开挖行业内为数不多的高新技术企业之一，更重要的是，打破了国外垄断材料的局面。国产化后的设备材料不仅没有降低技术含量，还使得价格下降1/3，供货周期也由原来的2个月缩短为7天，隆科兴由原来的100%进口材料变成100%国产材料。打造民族工业品牌，打破国外材料垄断，国内管道修复行业不再处处受制于人。通过多年的研究开发与技术成果转化，隆科兴拥有多项核心自主知识产权和专利技术。以此为基础，隆科兴为城市地下管网开展了质量可靠的综合服务。

3. 厚道为先，建设清水绿岸

3.1 因地制宜，美化百荷

2016年，安徽池州招标进行黑臭水体整治，隆科兴得到消息后立即设立项目组对项目进行调查研究。安徽池州是典型的“城在山水中，山水在城中”的景观型城市，而以前的百荷公园是古池州十大风景地之一，坐落于市主城区中心地带，有“百牙荷风”的美誉。不过近年来随着岁月的流逝，古景风貌逐渐衰落。在对公园进行开发建设以前，山上杂草丛生，山下污水藏污纳垢，原先的美景成为城市中一片大的纳污湖泊。近年来，池州市委市政府决定治理污水问题，并且启动改造公园工程，力求恢复古景原貌。首先，搬迁遍山坟冢；其次，截流排入公园污水；最后，改善南部水体环境，配套建造相应景观。一系列措施使南部景观整体上得到改善，但由于湖体生态系统不健全，水生动植物和微生物系统缺失，北片湖体常年处于地表水劣V类水。到夏季问题更严重，水体发绿恶臭难闻，蓝绿藻问题较大，水体局部区域会浮萍泛滥。更为严重的是，每当夏季下大雨，百荷公园黑臭水体溢出的水会随雨水流入清溪河，流入长江，对长江污水治理产生负面影响。

面对这一棘手的难题，隆科兴项目部人员对于实施方案有些许疑虑，“这个黑臭水体说好治理也好治理，咱们疏通管道，加大排水基本上就能达到效果。”“这样做会不会过于简单粗暴啊？这个黑臭水最难的就是根治，这影响的可不仅仅是公园管道，附近的居民都不能好好生活了，好好的公园就这么浪费了。”“是啊，对长江流域的影响也较大，如果只是增加排水设施，只能解决一时问题，但是无法根治长江流域的问题。”大家在研讨会上七嘴八舌地讨论着。百荷公园以前可是池州市最大的开放性城市公园，历史文化底蕴深厚，但由于园内塘水湖水常年是黑臭水体，园区景观单一，不仅不能吸引市民游览观赏，反而带来了环境问题。

为从根本上消除黑臭水体，解决百荷公园的种种问题，隆科兴专门组织研讨会设计方案。根据池州当地特点，李方军和多位经验丰富的施工工程师因地制宜，制定了科学合理的百荷公园结合调蓄池建设计划。一方面，采取“调蓄池＋潜流湿地＋表流湿地＋跌水曝气”的方式来增加水体流动性，促进水体循环；另一方面，采取池塘清淤、垃圾清理和岸线修复等生态修复手段对百荷公园的水体进行改造，实现水体提质，控制内外水体污染源，改变黑臭现象。隆科兴的项目团队因地制宜，运用建筑物构建起一个小生态，在施工过程中，直面困难，一一制定对策，最终克服重重困难，按期完工，在解决黑臭水体问题的同时，还提高了园区的观赏度，最终百荷公园建设成了当地一道靓丽的风景性地标建筑。

作为一个政府招投标项目，百荷公园项目开始实施至完工前，住房和城乡建设部、安徽省政府等多个部门和相关海绵城市单位的领导多次来到池州对百荷公园进行视察，获得一致好评。在首批海绵城市考评中，百荷公园被当地政府当作主打考核项目进行推荐。伴随着顺江而下的“大江奔流——来自长江经济带的报道”主题采访团抵达安徽池州，隆科兴承建的百荷公园改造工程项目，也在众多项目中脱颖而出。改造后的百荷公园以全新面貌呈现在大家面前，得到广大市民的高度认可，也宣告着隆科兴此次项目的成功，隆科兴项目部人员也成就满满。

3.2 池州建厂，绿色共赢

隆科兴虽然在北京起家，但是近年来随着企业规模的扩大、业务的扩展和生产链条的延长，需要寻求新址建立基地。池州工程实施过程中，通过对池州项目的分析及工作调研，公司决定在池州建立分厂。一方面，建设池州项目期间，恰逢国家推动长江经济带建设。长江经济带发展走的是生态优先、绿色发展之路，长江经济带进行经济活动是以保护长江经济带生态环境为前提，建成生态优美、经济协调、市场繁荣的黄金经济发展流域。而隆科兴的技术发展和环境修复工程工作都满足国家对于发展长江经济带的要求。另一方面，池州是董事长的家乡，企业家情怀让他对这片土地有更深的感情。隆科兴积极响应国家政策，在安徽池州建立高新技术产业基地，拉动当地就业，享受财税政策优惠的同时，也能对长江经济带的发展贡献自己一份微薄力量。

2018 年，隆科兴在安徽的下属子公司安徽普洛兰管道修复技术有限公司（简称安徽普洛兰）举行了隆重的开工仪式。池州市管委会招商局局长和隆科兴副董事长李方军出席开工仪式。该项目位于江南产业集中区 D32 地块内，规划总占地面积 60 亩，包括 4 座厂房和 1 座研发综合楼，计划投资 2 亿元，于 2020 年 12 月竣工验收。项目建成后，隆科兴可以更好地利用产研一体的技术平台拓展业务，将供应链辐射到华东、华南、华中地区，快速、高效修复城市生态，助力长江经济带绿色发展。

4. 人文精神，创新助力民生

4.1 以人为本，创新技术

2018 年底，隆科兴接到了关于苏州老城区城市地下管网改造的新项目的通知。项目中标后，大家在喜悦之余还有一丝丝的担忧。“李总，不是我跟您叫苦，这个项目标的大、跨度长、周期短，不好做啊……”项目研讨会上项目部先将问题抛了出来。苏州是国家历史文化名城和风景旅游城市，享有上有天堂、下有苏杭的美誉。全市常住人口为 1 059.1 万人。苏州城市排水管道老化，汛期到来时，市区内的多数小区排水不通畅，不仅影响到市容市貌，更是给居民出行造成诸多不便。为了改善苏州城市排水排污状况，市政府特意开展了苏州城市中心区污水管网完善及修复工程。

隆科兴中标承接的第一批工程就涉及苏州老城区的北园新村、兰亭苑、木杏新村等 16 个区域，而总工期只有 120 天。此工程包含小区、小巷、小胡同、次干道、主干道等多元化复杂路段管网。管道因年久失修、管线淤堵严重、污水运行水位高，存在坍塌的隐患；管网地下水渗漏严重，污水渗漏入河，造成河道污染；作为一级旅游城市，苏州车流量大、人口密度高，而修复管网地理位置复杂，主干道窨井较深（部分井深达到 8 米），有毒有害气体严重……这些都对管网修复作业提出了更高的要求。

为了更好地做到水惠民生，项目实施前，项目组对泄漏管网附近的居民进行了走访和问卷调查，发现这些居民中很多是孤寡老人。余老伯是土生土长的本地人，在调研中余老伯向他们倒出了多年受水害的苦水，一进入雨季就不能出行，不单是雨水淤积，河水倒灌的臭水严重影响了当地的水质，更是让附近居民深受其害。余老伯希望隆科兴能帮助他们解决雨季出行难的问题，同时也改善一下水质。

“采用新技术怎么样？机器人修复、紫外光原位固化法，这些新的技术我们都可以采用嘛。”根据苏州管网及道路特点，项目组建议对现有管网及窨井同时采用三种不同的非开挖修新技术和工艺，即紫外光原位固化法、点状原位固化修复法、离心喷涂修复法，来完善及修复中心区污水管网，改善当地污水水质。这样既能使苏州城市居民再也不用受雨天出行不便的影响，也将使游客更好地体会江南小镇的雨时美景。

4.2 水惠民生，收获好评

针对人流车流密集、施工环境比较复杂的状况，项目组定期召开会议，每次项目结束后，李方军都会到现场考察一番，检查已完工的项目是否真的解决了切实问题。看到周边市民对于隆科兴施工的景观提升工程都非常赞赏，李方军也更加坚定了自己以民生为先的经营理念。在项目进入尾声，李方军进行项目现场考察时，刚好遇上了一场大雨，这像是提前对苏州项目的切实检验。窗外下着大雨，李方军站在窗前失神。

咚咚咚，伴随着敲门声项目一部的负责人敲开李方军办公室的门，颇为神秘地递上了一张纸，“李总，项目上的同事收到一份特殊的信件，拿过来让您看看。”看着他脸上有些神秘的笑容，李方军满腹疑惑地打开手中的纸张，映入眼帘的是苍劲有力的字体：“北京隆科兴股份有限公司：领导们、工友同志们，你们好！辛苦了！……未受到水害，多亏了你们的功劳……”这是苏州的余老伯特意让人捎来的感谢信（见附录 4）。看着手中那片薄薄的纸，李方军感慨万千，不仅仅是因为公司项目的成功实施，更是因为项目切实帮助居民解决了生活中的困扰，满足了居民对城市环境的基本需求。回望窗外路上顺畅流走的雨水，李方军脸上露出了欣慰的笑容。

自创立以来，隆科兴始终致力于服务地下管网、水环境综合治理工作，坚持责任担当，水惠民生，持续对现有技术和设备进行长期更新与研发，授权专利数达到 37 项，多年来的努力得到了多方的认可与肯定。2019 年 12 月，隆科兴被北京市门头沟区总工会授予“劳模创新工作室”称号。隆科兴的营业收入和营业利润也较李方军刚出任总经理的 2015 年提升了 58.62%和 103.91%。这坚定了李方军及公司管理层坚持践行战略性企业社会责任、追求价值共创的信心，在创新工作室的引导下，隆科兴坚持以建设美丽中国为己任，以继续进行创新研发为先，注重员工利益，在确保质量过硬、创新技术的同时，最大化客户及人民的利益。

5. 迎难复工，助力城市健康

2020 年的这场疫情使得企业与往常有些不一样。疫情面前，涉及民生的地下管网修复的紧急任务无法推迟，但对于员工安全措施的保护无疑也是重中之重，如何在推动复工、不耽误项目进程的同时对员工进行最好的保护是公司的重要任务。

隆科兴一直很重视保障员工的切身利益，公司在成立初期便成立了党团支部和工会。“踏踏实实做工作，开开心心游玩乐’一直是隆科兴对员工所倡导的理念。不仅如此，公司以感恩文化作为公司文化理念之一，每年举办公司内部的感恩节，公司全体成员都会参加，目的是让员工向陪伴在自己身边的同事、家人道出感恩之情，更是让公司向员工表示感谢之意，正是每位员工的辛苦付出才可以让公司更好地蓬勃发展，心怀感恩方能行远，这是隆科兴人一直坚持的文化信念。

疫情初期，员工还未意识到此次疫情的严重性，隆科兴就积极开展了相关工作。2 月 3 日是国家法定上班的第一天，隆科兴通过视频召开了普洛兰春节后的第一次例会，当时疫情形势复杂，李方军和各位管理者综合研判达成重要共识，除财务有特殊业务必须到现场处理外，公司员工一律在家办公，延期复工。根据疫情发展变化情况，管理层果断决策隆科兴从 2 月 17 日开始复工不复产，所有部门负责人正常上班，线上定期召开会议，及时沟通疫情期间公司的复工注意事项及在进行中的深圳项目的进展。职能人员根据工作需要倒班，但工资不会受到任何影响。这个消息一出，员工在这个倍感严寒的冬天顿时感受到了公司满满的暖意。

由于涉及民生工程，深圳仍有项目正在进行中。2 月 9 日，深圳项目复工，为了做好复工的准备，公司早早就为员工制定了相关的防护措施，及时对员工进行心理疏导，让大家降低恐慌心理，正确认识疫情并指导员工积极做好自身防护。与此同时，隆科兴也采购了一批防护用品运送到工地，让员工身心都有依靠。在严格落实疫情防控主体责任，确保员工身体健康安全的前提下，隆科兴积极推动复工复产，加快项目建设，力争将疫情的影响减到最小。

深圳项目实施过程中，隆科兴从探查管道到管道修复不断攻坚克难，大胆创新施工工艺，实现多个国内第一。白石路管道自 1995 年建成使用，已历时 25 年，管道建设基础资料缺失，加之深圳迅速的城市化建设，地理地貌变化巨大，导致管道具体走向、位置及埋深不明，隆科兴多方查找管网相关资料，结合大埋深管线探测仪、探地雷达等多项措施综合分析，成功探明管道准确位置。工程最长井段达到640米，大大超过了传统管道修复长度的100～120米的极限，隆科兴通过固化设备的分体、小型化研发和管道内内衬管连接的技术创新，成功实现了长距离管道管内分段修复技术的应用。工程待修复管道由于距离较长，多处受管道敷设方向、标高和地形等影响，存在许多水平方向和竖直方向上的转折和起伏，以及管道内部分区段存在变径。针对这些技术难题，隆科兴深圳项目部通过现场精确测绘，联合普洛兰实现了管道特殊节段的专属化定制生产，完成了国内首次弯头整体UV固化的技术创新应用。隆科兴众志成城，高水准、高效率地推进工程进度，最终圆满完成深圳项目，彰显了隆科兴人勇于担当的精神及完善的修复实力。

6. 尾声

以往的点点滴滴历历在目，李方军看着自己写给全体员工的信，望着在疫情期间历经困难最终圆满成功的深圳项目，他坚信，地下管网行业作为一个公共事业性的项目，是维护城市运行的生命线，是会直接影响群众基本生活的行业，只有主动承担社会责任，将社会责任融入战略和运营实践中，以人民群众的基础利益为首，切实对利益相关者进行履责，在价值共创的过程中，才能使企业自身取得长足的发展。

"以科技之名，以匠心之作！勇于担当、厚道为先，助力城市更健康！"未来任重道远！

附录

附录1：隆科兴简介及核心价值观

北京隆科兴科技集团股份有限公司，是一家以城市地下管网全过程综合服务为核心业务的国家高新技术企业。公司创建于2000年10月16日，前身为北京隆科兴非开挖工程股份有限公司，现拥有管网技术服务、工程咨询服务、设备仪器研发与生产、材料研发与生产、工程建设等子公司、分公司10家。

公司在管网普查与检测、管线探测、管道诊断与评估、管道非开挖铺设、管道非开挖修复、管道养护方面拥有核心技术和多年管理经验，服务于城市地下管网建设、海绵城市建设、黑臭水体治理、村镇污水治理、市政设施建设、工程勘察测量等领域。公司以科技为引领，以创新为驱动，实现发明专利21项、实用新型专利32项，参编国家、行业与地方标准9项，拥有企业标准6项、国家级或省部级工法2项，获得省级科技立项2项、省级科技进步奖1项、中国地质学会非开挖专业委员会优秀产品或优秀工程奖16项、软件著作权1项，公开发表论文130余篇，并与国内外多家知名高校、设计院、研究机构开展科技合作。

隆科兴秉承持续提升水环境质量、解决水安全复杂问题的理念，以技术为依托，结合施工、材料、设备等全方位一体化的服务，奋勇拼搏，锐意进取，以坚实的步伐承担推进绿色发展、建设美丽中国的社会责任，以更加优质的服务和产品推动隆科兴品牌的高质量发展。

“厚道、创新、担当”是隆科兴的核心价值观（见图1），是隆科兴人日常行为的标准，也是隆科兴人思想行为规范的根本。每一位隆科兴人须铭记于心、身体力行。

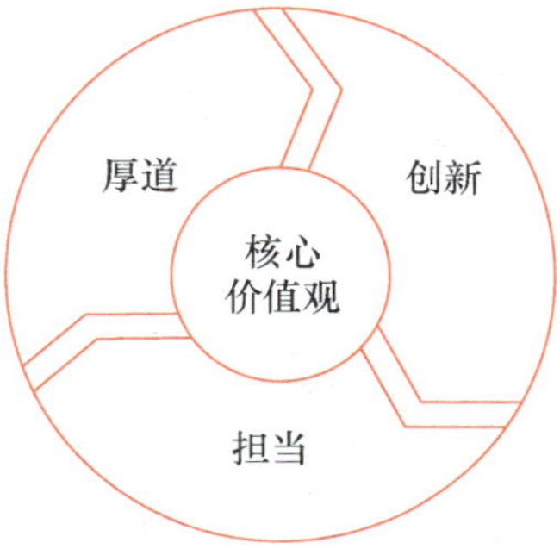

图1 隆科兴核心价值观

附录2：地下管网行业背景

城市地下管网行业受到国家的大力支持，国家“十三五”规划纲要提出，加强市政管网等地下基础设施改造与建设。2014年，财政部发布《关于开展中央财政支持地下综合管廊试点工作的通知》；2018年，《中共中央国务院关于全面加强生态环境保护 坚决打好污染防治攻坚战的意见》指出，地下管网行业开始追求绿色和创新发展。自党的十八大和十八届三中全会以来，城市地下管网管理能力成为衡量政府职能履行情况的重要指标，要求全面统筹、合理规划地下管线建设，综合运用各项政策措施，增强创新能力和技术水平，加强对城市地下管网的规划管理。党的十九大报告中更是明确指出，加快水污染防治。习近平总书记在全国生态环境保护大会上强调，要深入实施水污染防治行动计划，保障饮用水安全，基本消灭城市黑臭水体。而治理黑臭水体对于地下管网提出了更高的要求，因为往往是黑臭在水里、根源在岸上、关键在排口、核心在管网。

附录 3：2014—2019 年隆科兴主要会计数据和财务指标

2014—2019 年隆科兴主要会计数据和财务指标如表 1 所示。

表 1　2014—2019 年隆科兴主要会计数据和财务指标

财务指标		2014 年	2015 年	2016 年	2017 年	2018 年	2019 年
盈利能力	营业收入（万元）	17 209.85	16 526.59	13 085.78	23 922.58	23 337.63	26 213.90
	营业利润（万元）	1 479.83	1 126.67	925.84	1 789.89	1 990.73	2 297.34
	毛利率	24.20%	29.68%	36.08%	25.01%	27.98%	31.05%
偿债能力	资产负债率	46.63%	54.83%	51.73%	58.79%	58.06%	45.27%
	流动比率	1.81	1.48	1.40	1.38	1.48	1.63
营运能力	应收账款周转率	3.07	2.69	2.05	4.00	3.09	3.27
	存货周转率	3.83	2.38	1.24	1.82	1.29	1.22
成长能力	总资产增长率	24.71%	36.39%	2.28%	36.40%	9.97%	26.73%
	净利润增长率	471.92%	−26.32%	5.27%	59.98%	8.66%	4.03%

附录 4：群众写给隆科兴的感谢信

群众写给隆科兴的感谢信如图 2 所示。

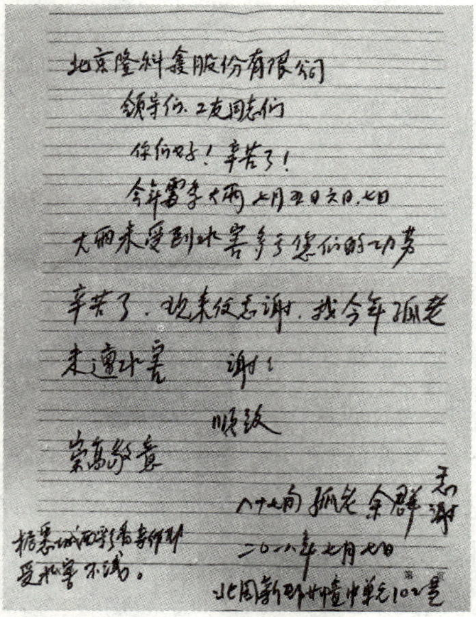
北京隆科鑫股份有限公司
领导们、工友同志们
你们好！辛苦了！
今年雾季大雨 七月五日六日、七日
大雨未受到水害 多亏您们的功劳
辛苦了，现来信志谢，我今年孤老
未遭水害　谢谢
顺致
崇高敬意
八十七岁孤老 余群 志谢
二〇一八年七月七日
北関新那帅道中单元102号
据悉城西影响多部份
受水害不浅。

图 2　群众写给隆科兴的感谢信

附录 5：疫情期间隆科兴管理者给全体员工的一封信

给普洛兰全体员工的一封信

普洛兰全体员工：

“碧玉妆成一树高，万条垂下绿丝绦。不知细叶谁裁出，二月春风似剪刀”。贺知章的这首《咏柳》描绘了万物复苏的早春景色。一天之计在于晨，一年之计在于春。春天也是播种的季节，好的播种才能有好的收获。

今年的这个春天是一个特别的春天。从 2020 年春节开始持续至今的这场疫情来势汹汹，所有人都措手不及。幸运的是我们所有员工及家属都健健康康，平安度过这场疫情。从 1 月 23 日武汉封城开始，到今天应该是 56 天，所有人都为这场疫情付出了代价和努力，特别是我们湖北籍员工陈佳、周佳佳，河南籍员工王党辉，现在还在隔离中。

疫情严重，对个人以及企业的影响都很大，但是我们普洛兰员工在关键时刻体现了企业核心价值观“担当”的精神。正月初七，软管生产中心生产经理边治强、营销中心总监王宏伟、财务部部长李玉梅就从外地赶回北京，加上一直在平谷的综办主任高晓虎，就开始为复工复产做准备。2 月 3 日上班的第一天，我们就通过视频召开了普洛兰春节后的第一次例会，当时疫情形势复杂，综合研判达成共识，除财务有特殊业务必须到现场处理外。公司员工一律在家办公，延期复工。根据疫情发展变化情况，我们果断决策普洛兰从 2 月 17 日开始复工不复产，所有部门负责人正常上班，职能人员根据工作需要倒班。也就是从这一天开始，我们普洛兰员工逐步恢复到原来的工作状态，营销中心依然充当先锋，利用电话营销、线上客户拜访，率先拿到订单，安徽普洛兰于 2 月 24 日正式复工复产，保证普洛兰率先在国内同行中复工复产。随着北京普洛兰在 3 月 19 日正式举行开工仪式，标志着我们普洛兰在这次特别的疫情影响下，全部恢复正常。这是我们普洛兰所有员工共同努力的结果，在此我对大家的辛勤努力工作表示感谢，对为复工复产做了大量准备工作的管理人员提出表扬。

从 2020 年 3 月 23 日星期一开始，普洛兰恢复正常的作息时间，所有工作恢复正常，在此我还想强调几点，希望大家重视。

1. 虽然我们普洛兰复工复产恢复正常，但是新冠肺炎疫情还在全世界蔓延，据相关科研报告，本次疫情可能延续到 2021 年；加上北京作为首都，政治稳定是第一位的，所有防控措施都是国内最严格的；国外疫情大爆发，输入性病例增多。综合研判，我们认为本次疫情将会是一种常态，我们要做好长期战斗准备，复工复产的同时要严格落实公司的防疫措施，保证专人负责不松懈，一手抓防疫，一手抓生产。

2. 针对本次疫情，我提出了新开工模式下的组织方法：三在、三补、三提前、三转变。要求大家反复研读、认真落实。在疫情期间，上下游产业链都会受影响，我们要做的就是不抱怨，积极面对，想办法克服困难，加班加点，把影响降到最低。

3. 质量是企业的生命线，我们全体员工要高度重视，在各个环节中落实。要求软管生产中心架构设置合理、流程清晰、责任明确、检查到位、工艺先进、操作熟练；要求我们的干部深刻反思产品质量好一阵坏一阵的根源是什么，如何解决；要求质量管理措施治标治本。

4. 2020 年普洛兰经营生产管理要遵循的四项基本原则：

（1）合理、合法、合规经营，为客户提供高品质产品；
（2）规范管理，打通职业晋升通道，建立人才培养机制，实行轮岗制度；
（3）建立学习型组织，传递正能量；
（4）核心价值观：厚道、创新、担当。

最近我在读弘一法师的演讲稿《青年佛徒应注意的四项》，“惜福、习劳、持戒、自尊”，我认为对我们普通人也有教诲意义，在此分享给大家。我的理解是，惜福就是要珍惜现在拥有的东西，习劳就是要勤快、勤奋，不要懒惰，持戒就是要遵守道德底线及自律，自尊就是要坚定信念做体面高尚的事情。人的一生如果真能够做到这四点，应该就是积德、幸福、平安的一生吧！

希望大家在工作中牢记并遵循普洛兰的四项基本原则，在生活中牢记并遵循青年佛徒应注意的四项，认真努力地工作、幸福快乐地生活。“一个人在5年时间内是否发生了变化以及发生了怎样的变化，取决于这5年内你和什么样的人在一起，听了哪些不一样的课程或者读了哪些不一样的书”。我接手管理普洛兰已经2年了，今年是第3个年头，你们感觉到变化了吗？

启发思考题

1. 我国城市地下管网状况如何？隆科兴在创立之初为何聚焦于城市地下管网非开挖领域？
2. 隆科兴是如何将企业社会责任融入企业战略的？
3. 隆科兴企业社会责任的履责对象有哪些？
4. 围绕履责对象，隆科兴开展了哪些履责活动？
5. 隆科兴是否通过履责活动实现了企业经济价值与社会环境价值的共创？你如何评价？
6. 公共事业项目的承接商应如何有效践行战略性企业社会责任？

教学目的与用途

1. 适用课程：企业社会责任、管理会计。
2. 适用对象：本案例主要为MBA、EMBA和MPAcc开发，也适用于有一定工作经验的学员和管理者参加的企业培训。

3. 教学目的：本案例聚焦隆科兴将战略性企业社会责任融入地下管网项目建设和经营管理活动中的履责实践过程，通过深入分析，引导学生理解、掌握、思考以下三方面内容，帮助学生运用战略性企业社会责任理论与工具识别社会问题，锻炼学生寻求有效践行企业社会责任的方式，开展责任评价与管理能力：

（1）理解我国地下管网建设企业如何引入战略性企业社会责任并将其融入企业战略；

（2）掌握战略性企业社会责任的内涵、以利益相关者为导向的履责活动，以及履责绩效评价；

（3）思考企业如何通过践行战略性企业社会责任实现经济价值和社会环境价值共创。

理论依据与分析

1. 利益相关者理论

利益相关者理论将企业的利益相关者划分为外部利益相关者（上游供应商、下游零售商、顾客、政府与环境等）和内部利益相关者（组织中的员工）。根据利益相关者理论，企业社会责任应该被定义为企业在对股东承担经济上的责任的同时，还要承担对政府、债权人、供应商、客户、员工等其他利益相关者和环境应尽的或者一定要尽的责任。这些利益相关者与企业的生存和发展密切相关，有的分担了企业的经营风险，有的为企业的经营活动付出了代价，有的对企业进行监督和制约，企业的经营决策必须要考虑他们的利益或接受他们的约束。从这个意义上讲，企业是一种智力和管理专业化投资的制度安排，企业的生存和发展依赖于企业对各利益相关者利益要求的回应的质量，而不仅仅取决于股东。

2. 战略性企业社会责任的内涵与维度

Carroll and Hoy（1984）提出应从企业战略层面审视企业社会责任。Porter and Kramer（2006）则认为，战略性企业社会责任（strategic corporate social responsibility，SCSR），不仅指那些能利用企业能力来改善重要竞争背景的战略性慈善活动，还指那些能产生社会利益并同时强化企业战略的价值链转型活动。战略性企业社会责任，是一种主动的战略行为，企业主动将社会问题纳入企业经营的考虑范围之内，从社会问题中寻找市场机会并试图同时实现经济目标和社会目标。

最早明确提出“战略性企业社会责任”这一术语的学者 Burke and Logsdon（1996）认为，只要企业社会责任（政策、项目或流程）能给企业带来大量商业利益，就是战略性的。他们提出了战略性企业社会责任的五个维度——一致性、专用性、前瞻性、自愿性和可见性。Husted 和 Allen（2007）修正了 Burke 和 Logsdon 的“五维度”模型。他们认为，履行强制性企业社会责任也可以使企业获得竞争优势，自愿性对于战略性企业社会责任并非必要。因此，他们将战略性企业社会责任定义为四种能力：一是为企业的资源和资产组合设置一致目标的能力（一致性能力）；二是先于竞争对手获得战略性要素的能力（前瞻性能力）；三是通过顾客对企业行为的感知来建立声誉优势的能力（可见性能力）；四是确保企业创造的价值增值为企业所独占的能力（专用性能力）。

3. 战略性企业社会责任的履行

战略意味着精心挑选能实现企业价值目标的行为，并以异于竞争对手的方式来实施（Porter，1996）。战略性企业社会责任要求企业不仅确立与社会共生的理念，而且把社会利益纳入自己的核心价值主张，并且把自己的社会影响视为自身战略的重要组成部分。履行战略性企业社会责任不只是做一个良好的企业公民，也不只是减轻价值链活动所造成的不利社会影响，而是要推出能产生显著且独特的社会价值和企业价值的重大举措。

企业有效履行战略性企业社会责任的关键是如何选择和解决与企业能力相匹配的社会问题。《全球管理会计原则》要求在组织的商业计划中融入社会责任，将企业商业模式、战略规划与社会责任相结合。战略性企业社会责任的履行过程分为理念融合、维度识别、活动履行、收益共享四个阶段（陈爽英等，2012）。各阶段的具体内容体现为：企业战略性社会责任的理念阶段，企业应将社会责任融入其核心价值中；理念层面到执行层面，企业应基于企业内部价值链活动与外部竞争环境，识别战略性企业社会责任的维度，并履行战略性社会责任；最终持续实现经济收益与社会收益的共享。如图 3 所示。

4. 战略性企业社会责任绩效评价

管理会计的目的是在考虑多元化目标的同时，获得能够满足企业长远规划的最佳收益，增大或创造企业价值（冯巧根，2009）。战略性企业社会责任

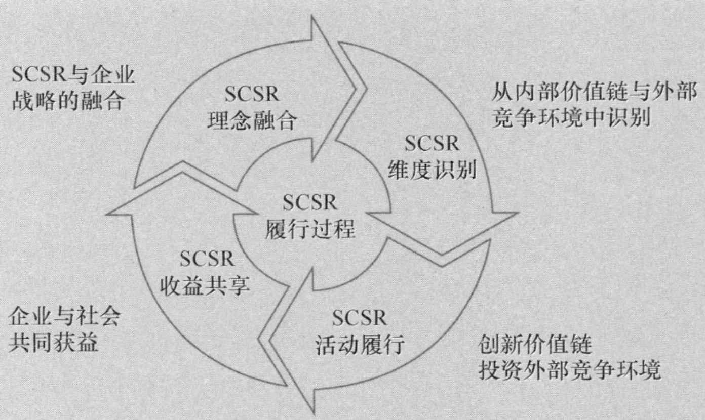

图 3　战略性企业社会责任的履行过程

是以社会问题为导向、以价值创造为目标的产品和服务创新。战略性社会责任有助于创新企业价值链活动，并实现企业与社会的价值共赢（Porter and Kramer，2011）。Elkington（1998）指出企业行为要满足经济底线、社会底线与环境底线。全球报告倡议组织（global reporting initiative，GRI）基于三重底线模式发布了《可持续发展报告指南》，要求从经济、环境、社会三个方面来考察企业的业绩。可见，企业要建立一套具备经济价值与社会价值双重引导的绩效考核系统，应对经济、社会、环境的综合贡献度予以全面、客观的反映。

参考文献

［1］奥利弗·拉什，罗杰·N. 康纳威. 责任管理原理：全球本土化过程中企业的可持续发展、责任和伦理［M］. 北京：北京大学出版社，2017.

［2］陈爽英，井润田，刘德山. 企业战略性社会责任过程机制的案例研究——以四川宏达集团为例［J］. 管理案例研究与评论，2012（3）：146-156.

［3］冯巧根. 基于企业社会责任的管理会计框架重构［J］. 会计研究，2009（8）：80-87.

［4］彭华岗，钟宏武，张蒽，等. 企业社会责任基础教材［M］. 北京：经济管理出版社，2013.

[5] Bryan W H, David B A. Strategic corporate social responsibility and value creation among large firms: lessons from the Spanish experience [J]. long Range Planning, 2007, 40 (6): 594-610.

[6] Burke L, Logsdon J M. How corporate social responsibility pays off [J]. Long Range Planning, 1996, 29 (4): 495-502.

[7] Carroll A B, Hoy F. Integrating corporate social policy into strategic management [J]. Journal of Business Strategy, 1984, 4 (3): 48-57.

[8] Elkington J. Accounting for the triple bottom line [J]. Measuring Business Excellence, 1998, 2 (3): 18-22.

[9] Porter M E, Kramer M R. Strategy and society: the link between competitive advantage and corporate social responsibility [J]. Harvard Business Review, 2006, 84 (12): 78-92.

[10] Porter M E, Kramer M R. The big idea: creating shared value [J]. Harvard Business Review, 2011, 89 (1-2): 62-77.

[11] Poter M E. What is strategy [J]. Harvard Business Review, 1996, 74 (6): 61-78.

[12] Husted B W, Allen D B. Corporate social strategy in multinational enterprises: antecedents and value creation [J]. Journal of Business Ethics, 2007 (4): 345-361.

谁才是明星产品：转包产品成本核算的陷阱

摘要：中航飞机股份有限公司（简称中航飞机）是中国特大型航空工业企业、大中型军民用飞机的重要研制基地。本案例重点描述了中航飞机产品成本核算所面临的问题。公司利用传统成本法计算产品成本，并依此进行企业经营决策和绩效评价，结果却遭到了质疑和不满，看似盈利的明星产品不能给企业带来预期的收益。为准确了解企业产品的成本构成，提高经营决策效率，寻找新的利润增长点，公司财务部部长拟采用作业成本法代替传统成本法对企业产品的成本重新进行核算。传统成本法和作业成本法有什么本质区别？分别适用于什么类型的产品？企业到底应该采用何种方法进行产品成本核算？又应该运用什么样的成本信息为经营决策提供依据？

关键词：作业成本法；传统成本法；成本核算；航空制造业

0. 引言

2013 年 1 月 25 日中午，中航飞机的全体员工刚刚结束 2012 年度表彰总结大会，公司财务部部长罗和平却满怀心事。会上总经理王强在总结中说："2012 年度，公司利润稳步增长，这是值得表扬的。但我们离自己的目标以及其他竞争对手还是有一定的差距，需要再接再厉！"这句话引起了罗部长的注意，按照他了解的信息，公司销售部门一直在紧抓明星产品——D 导管的销售，财务数据也显示该产品取得了较高的利润，结果怎么只取得平平的成绩呢？联想到之前国际合作部和生产部门的抱怨，难道是财务部的成本核算出了问题？

1. 公司发展之路

中航飞机于2013年1月6日在西安阎良区揭牌，其前身为1997年6月26日在深交所挂牌上市的西安飞机国际航空制造股份有限公司（简称西飞国际），是中国航空制造业首家上市公司。西飞国际在2012年12月底召开的临时股东大会上审议通过变更公司名称的提案，上市公司简称也由西飞国际变更为中航飞机。

作为中国特大型航空工业企业、大中型军民用飞机的重要研制基地，近十年来，中航飞机依托上市公司资源整合优势，大力推进以“市场化改革，专业化整合，资本化运作，产业化发展，国际化开拓”为重点的战略目标，通过国际合作，使产品研制能力和生产管理水平都得到了显著提高，航空制造的核心能力不断增强，成为集飞机、汽车、建材、电子、进出口贸易等于一体的高科技产业集团。

中航飞机先后研制生产了30余种型号的军民用飞机。其中，新舟60民用飞机是我国首次严格按照与国际标准接轨的CCAR-25进行设计、生产和试飞验证的飞机，在安全性、可靠性、舒适性、经济性、维护性等方面已接近或达到当今世界同类先进支线客机水平。

未来，在中航工业“两融、三新、五化、万亿”的战略部署下，中航飞机的目标是：构建先进的产业与技术平台，形成具有核心竞争力的产品研制、总装集成、供应商控制、市场营销、服务保障的能力体系；构建先进的企业运营模式和商业网络，持续提升公司管理水平，经济效益、经济规模保持行业领先，使公司发展成为带动地方经济发展、区域影响力较强的企业集团，初步具备国内领先、世界一流航空工业企业的综合实力。

2. 走出国门，转包生产

1980年中航飞机在行业内率先走出国门，先后与美国波音公司、欧洲空客公司、意大利阿莱尼亚公司等世界著名航空公司进行航空产品合作生产，主要合作产品有A平尾、B机身尾段、C襟翼、D导管、E舱门、F组合件、G地板梁、H 机身 16 段和 18 段等。同时其天津公司以 I 机翼总装为主业，与空客天津总装有限公司实现了门对门产品交付，成为在欧洲以外地区的首家空客公司 I 系列飞机机翼供应商。

中航飞机的转包项目主要分为三个阶段：合同洽谈阶段、生产阶段和交货阶段。其中，生产阶段包括生产计划下达、零部件生产和总装配，如图 1 所示。

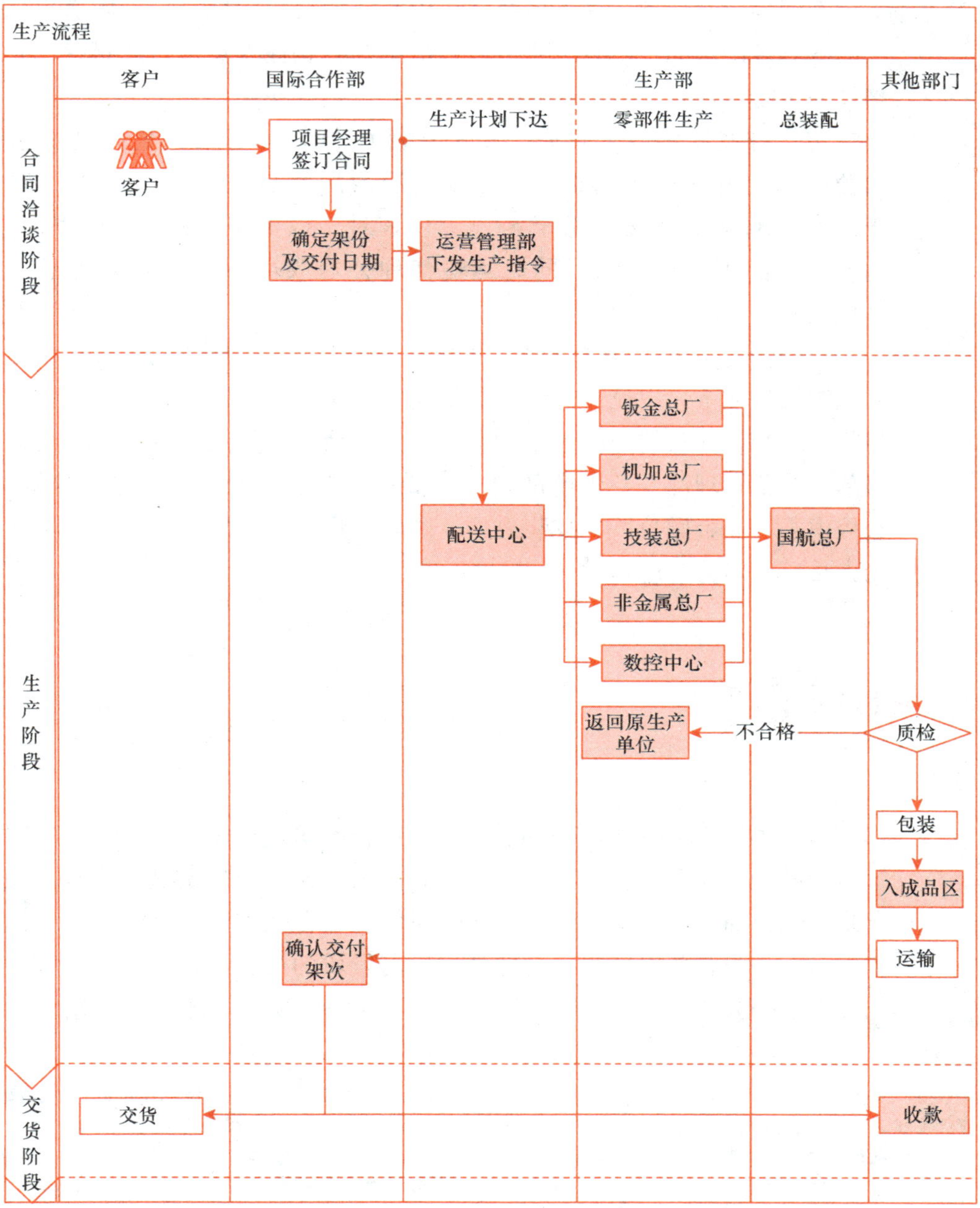

图 1　中航飞机转包项目生产流程图

合同洽谈阶段：国际合作部与客户洽谈转包生产项目。项目负责人与波音、空客等客户洽谈转包零部件生产合同，并由项目经理根据合同签订内容负责该项目从生产至交付及回款的相关事宜。

生产阶段：运营管理部根据合同规定的交付架份、架次及交付时间通过ERP系统下发生产指令至各零部件生产厂，零部件生产厂根据生产指令向工人下达生产零部件任务，完工后经配送中心协调交付国航总厂；国航总厂为转包产品的总装配车间，总装配完工后，由中外方质检人员进行质量鉴定，对不合格产品进行返修及补救。

交货阶段：总装后质检合格的产品由包装车间或包装厂进行包装，并由公司指定的运输代理商根据与客户洽谈的贸易规则运送至指定地点，对于门对门的交易直接运送至客户单位，对于以FOB① 及FCA② 为贸易规则的转包产品则交承运人，同时运输代理公司取得相应的交货凭据，返回给中航飞机。

结合转包项目的整体流程，可确定其在销售、生产及交付过程中主要涉及的组织结构如下：中航飞机的企业最高权力机构股东大会、由股东大会选举产生的董事会。涉及的部门包括财务部、人力资源部、运营部、国际合作部、销售部、质量管理部及各生产部门（主要包括配送中心、钣金总厂、机加总厂、数控中心、非金属总厂、技装总厂、国航总厂、包装发送厂，辅助车间主要有动力总厂、热力总厂），组织结构如图2所示。

3. 寻找明星产品

2011年9月，中航飞机财务部发生两件大事：一是引进了一套新的信息系统。中航飞机原有信息系统引进时间较早，部门间数据割裂，核算不便；新信息系统的界面简洁，操作简单，部门间信息融合完善。二是录用了一批专业财务人员。公司各部门新招了一批高学历高素质的员工，财务部也不例外，新来的几个年轻人均毕业于财经院校，虽说实战经验少，但理论功底扎实。几个年

① FOB（free on board）为船上交货价，是国际贸易中常用的贸易术语之一。按离岸价进行的交易，买方负责派船接运货物，卖方应在合同规定的装运港和规定的期限内将货物装上买方指定的船只，并及时通知买方。货物在装运港被装上指定船时，风险即由卖方转移至买方。

② FCA（free carrier）为货交承运人（指定地点），是指卖方只要将货物在指定的地点交给买方指定的承运人，并办理了出口清关手续，即完成交货。

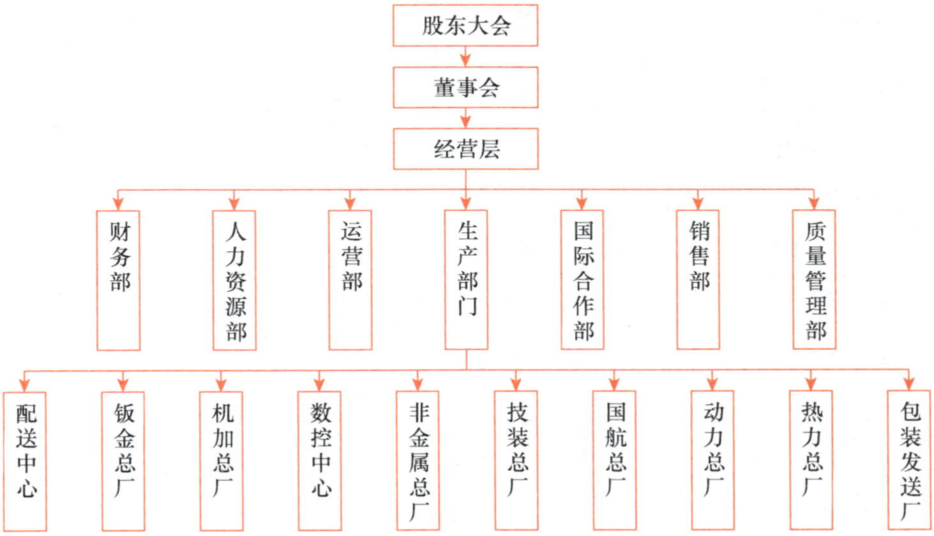

图 2　中航飞机转包生产组织结构图

轻人朝气蓬勃，干劲十足，争先恐后地要求财务部罗部长给他们分配任务，以大展拳脚。

现在有了新信息系统的支撑和专业财务人员的支持，原来因多品种、小批量、大数据造成的单个产品数据分析与跟踪困难现在有了解决的可能，罗部长开始考虑财务部新的计划，何不具体分析一下转包生产中每项产品的利润呢？利润率最高的不正是公司最应该发展的明星产品吗？

寻找明星产品，说干就干！罗部长吩咐几个年轻人：“寻找明星产品就像寻找未来明星一样，星探寻找明星肯定要经常去一些时尚场所，而像晨练的广场、比较杂乱的菜市场明星肯定是很少去的。我们寻找明星产品也是一样，一定要抓住公司的主要转包产品，一些销售量不大、销售金额不多的转包产品可以忽略，力求快速、高效地找出公司转包生产的明星产品，为公司转包生产经营决策、寻找新的利润增长点提供有力支持。”

2011 年 10 月，几个年轻人开始了寻找明星产品之路。中航飞机转包生产产品品种较多，经过近一周的数据收集、整理与统计计算，他们找出了占转包生产交付数量较多且金额占比较大的产品，包括 A 平尾、B 机身尾段、C 襟翼、D 导管、E 舱门，这 5 种产品收入总计占中航飞机转包生产全部销售收入的 97.63%，在转包生产产品中具有代表性，正如罗部长所说，它们确实是公司的主要转包产品。各个转包产品的销售数据如表 1 所示。

确定了核算对象，接下来的任务就是成本核算和分析了。罗部长把公司核算产品成本使用的传统成本法告诉几个年轻人，让他们据此核算转包产品成本。5 种产品各自的成本等于产品的实际直接材料成本、实际直接人工成本与已经分配的制造费用之和。同时，各专业总厂制造费用根据全公司的固有原则按照各自的人工工时进行分配，公司制造费用根据所有产品额定生产总工时确定的费用分配率进行分配。经过近一周的数据收集、整理计算，寻找明星产品的任务终于大功告成，最终的计算结果如表 2 所示。

表 1　中航飞机 2012 年转包产品销售数据

项目名称	年销售数量（件）	销售单价（元）	销售金额（元）	结构比
A 平尾	264	1 250 000	330 000 000	72.34%
B 机身尾段	12	1 200 000	14 400 000	3.16%
C 襟翼	12	7 800 000	93 600 000	20.52%
D 导管	96	34 000	3 264 000	0.72%
E 舱门	96	43 000	4 128 000	0.90%
其他			10 800 300	2.36%
合计			456 192 300	100%

表 2　传统成本法下产品成本核算和利润分析表

项目名称	实际直接材料成本（元）	实际直接人工成本（元）	制造费用（元）	总成本（元）	交付架份（件）	平均成本（元）	毛利率
A 平尾	114 388 616	44 112 010	112 156 906	270 657 532	264	1 025 218	17.98%
B 机身尾段	6 054 080	2 245 695	3 781 717	12 081 492	12	1 006 791	16.10%
C 襟翼	66 796 481	6 674 808	9 652 556	83 123 845	12	6 926 987	20.38%
D 导管	1 455 871	284 553	613 320	2 353 744	96	24 518	27.89%
E 舱门	1 555 138	686 821	1 618 953	3 860 912	96	40 218	6.47%
合计	190 250 186	54 003 887	127 823 452	372 077 525	480		
比例	51.13%	14.51%	34.36%	100.00%			

罗部长看到几个年轻人提交的《产品成本分析和利润分析报告》十分兴奋，努力没有白费，这场“战役”打得漂亮！从结果来看，D 导管从毛利率来讲是名副其实的明星产品，如果能将 D 导管做大，做到像 A 平尾那样的数量，岂不是可以获得极为可观的利润？罗部长立即提笔写下了《关于公司重点关注 D 导管产品的建议》，其中也提到了 A 平尾等其他几项产品应该适当提价的建议，并于 2011 年 11 月底提交给了公司上级管理层。

4. 艰难的讨价还价

2012 年 4 月，在公司国际合作部与 A 平尾客户的商务谈判中，中航飞机差点错失A平尾的订单。原因是中航飞机希望将A平尾的毛利率控制在19%以上，但是按照现行价格和成本计算，A平尾的毛利率是17.98%，已经没有降价的空间。公司本打算在这次谈判中按照罗部长提出的建议进行适当提价，但是在谈判中无论国际合作部李部长如何运用罗部长报告中的财务数据进行解释，购买商就是不同意涨价，还希望适当降价，而且提出如果涨价，他们就会与一家报价略低的中航飞机的竞争对手签约。双方各持己见，你说我辩，谈判进入中场休息……

国际合作部李部长赶紧与公司主管领导商议，A平尾虽然没有D导管的毛利率高，但销售量最大，占转包产品销售收入的70%以上，是销售冠军，无论如何不能失去这个成熟的订单！干脆不理财务部的报告，谈判的第一个策略是不降价，以双方已取得的合作成果以及产品的质量获得购买商的新订单。第二个策略就是在购买商提出的小幅降价标准之上确定一个合同价格，确保毛利率在17.5%以上。回到谈判桌前，李部长首先按照第一个策略与对方商谈，在谈合作、讲质量、诉友谊之后，终于打动购买商，艰难地以原合同价签约。李部长和主管领导对视了一下，两人脸上紧绷的肌肉总算放松了下来。购买商也当场表示，之所以与中航飞机进行谈判和签约是看中已有合作的成果及产品质量的保证，但希望中航飞机下一年的转包合同价与竞争对手相比能够更具竞争力。

“为什么我们的产品没有降价空间，到底是我们的生产工艺、技术存在问题，还是你们财务部的成本核算有问题？我们这次差点因竞争对手略低的报价失掉一笔大订单，如果明年不能报出一个具有竞争力的价格，我们可能就会失去订单，以至于可能会失去整个市场！”国际合作部李部长想着明年要面对的价格战，谈判刚一结束，就风风火火地来找罗部长讨要“说法”。

“李部长，A平尾经过计算是有涨价空间的，既然D导管可以做到毛利率25%以上，A平尾也是航空产品，适当提高它的利润率在行业内应该不过分，怎么结果会是这样呢？竟然还会有竞争对手能够报出比我们还低的价格？”罗部长看着李部长火气冲天的样子，自己心里也不禁疑惑起来。

“是啊，行业内能做这个产品的就只有2～3家，咱们相互之间都比较熟悉，各家拥有的设备、人员和采用的制造工艺都差不多，为什么竞争对手可以将价格压低一点呢？丢掉A平尾这个大单可不是闹着玩的，现在还没有一个转包产品能替代它，你们财务部再好好算算吧，到底是你们成本算错了，还是竞争对手压低价格抢占市场，这决定我们的谈判立场，否则我们明年就惨了。”李部长说完就赶着回去落实签约后的各项具体事宜了。

望着李部长的背影，罗部长心想：这产品成本包括直接材料、直接人工和制造费用，样样都不少，几个年轻人也很专业，数据统计分析是借助新系统完成的，成本核算应该不会出错啊？按照17.98%的毛利率，A平尾明明没有降价空间了，怎么购买方还是希望价格能够适当降低呢？难道真是计算方法出了问题？

5. 让人抱怨的绩效考核

2012年12月，一年一度的绩效考核如期而至，与往年一样，考核结果公布后，总有一些部门对考核结果不满，碰到罗部长会忍不住抱怨几句。

负责转包产品总装后质量检验的王部长到财务部办事时遇到罗部长，便发起了牢骚：“你们财务部计算的绩效考核结果有什么依据啊？我们是做质检的，是飞机产品的质检，而不是什么灯泡、家具的质检，每件产品都需要我们花费大量的时间和精力，你们用产品的人工工时进行制造费用的分摊，这完全低估了有些转包产品耗费的质检资源，也就低估了我们的工作量，造成我们付出的工作得不到相应的绩效奖励。”

负责产品包装的张厂长在下班路上碰到罗部长也抱怨道：“我们包装发送厂是与一件一件的产品打交道的，有些转包产品的包装客户要求还非常高，特别耗时，有的倒是和咱们厂生产的普通航空零部件一样简单，而你们一直允许各专业总厂用它们的人工工时分摊间接费用来计算我们的工作量，搞得我们厂的工人累得要死，可年终一算工作量好像与我们实际付出的有较大差异，造成我们在付出时间较多的产品的工作量上没有得到应有的绩效奖励，你们财务部应该想办法好好解决一下这种怪象。”

罗部长走在回家的路上，回想着王部长和张厂长的话：是呀，质检部干的是查漏补缺的精细活，关系到产品上天的问题，一点儿也马虎不得，和一些生产部门不一样，用相同的标准分配工作量确实不太合理。想着第二天是周六要去学校上EMBA的课程，并约好了与自己的论文指导老师见面，何不把这种状况与老师沟通一下呢？说不定从事会计领域研究的导师能够给自己提供解决思路。

6. 明星产品的真相

周六一大早，罗部长便来到每月底必来一次的国内著名商学院进行 EMBA 课程学习，这次进校学习的是最后一门课程了，正好与论文导师约了要见面商谈下一步论文的撰写工作，带着工作中的困惑，罗部长敲开了导师研究室的门。

罗部长将自己遇到的情景以及心中的困惑逐一道来，导师静静地听着。

“导师，请问我们现有的成本核算方法有问题吗？为什么计算没有利润下降空间的产品遭到竞争对手和购买方的压价？而且增加了高盈利性产品的销售后，转包生产销售总利润没有明显上升，好像由此也带来了绩效考核工作量计算的不合理。”罗部长讲完后接着问。

导师听了罗部长的困惑，并没有马上正面回答他的问题，而是问道：“你认为你们公司的产品，或者说航空产品和其他制造业的产品相比有什么差异吗？”

罗部长思考片刻回答道：“航空产品结构复杂，工艺流程一般差异较大，人工成本较低而制造费用相对较高，而且对于转包产品来说，客户的定制需求越来越高，航空产品之间的差异化特点也就越来越明显。”

“那么使用传统成本法的前提条件是什么？”导师接着问。

“应该是产品生产差异不大，这样采用人工工时去分摊制造费用应该是简单可行的成本核算方法，我们企业也一直是这样用的，只是现在各专业总厂都有自己厂的制造费用分配率，比原来全厂只用一个分配率要准确多了。”罗部长答道。

导师答道：“对了，你们原来产品差异不大，具备了使用传统成本法核算的同质性前提。可是你们现在的转包产品客户定制要求高不高？差异大不大呢？”

罗部长答道：“据我了解目前转包产品差异确实很大，比如，有的耗用数控机床时间长，有的质检要求高，还有的包装比较特殊等。”

导师马上点道：“那问题就出在这里了，你采用的传统成本法忽略了差异较大的产品在工艺流程中消耗不等量的作业和不同质的资源，由此可能带来了产品成本的扭曲。”

“哦，那是不是该用您以前在‘管理会计’课程里面教我们的作业成本法？以前我们企业信息系统不太给力，又缺少专业财务人员，现在应该能够满足采用这种方法的要求了！”

导师回应道：“对了，你回去后好好收集数据，根据目前企业的生产组织结构构建好成本库，对每一个同质性的成本库找出最符合的成本动因，将这5种产品采用作业成本法重新计算一下各自的成本，将结果与已有的传统成本法下计算的结果进行对比，找出是否有差异。如果有，想想造成差异的原因是什么。然后看看如果坚持传统的做法，会给企业带来什么样的经营决策，后果如何。你就以此做硕士论文吧，我们已经把论文的初步结构讨论出来了。”

“好的，导师！我回去后马上就做！”罗部长从导师的研究室出来后，深呼了一口气，心想真是一举两得：不仅问题有了解决思路，自己的论文研究内容也确定了下来，太好了！

回到公司，罗部长立即行动，亲自率领财务部骨干和几个年轻人组成成本核算团队，深入各专业总厂和部门，对运用作业成本法所需的成本数据进行收集、整理，团队经过7天的“走基层”，依据公司生产组织结构，按照单件层次、批别层次、产品支持层次、整体运营层次确立了11个同质性的成本库，特别是对原来隐含在公司制造费用中的质检和包装建立了独立的成本库。又经过近5天的奋战，成本核算团队在与各专业总厂和部门进行深入探讨的基础上确定了11个作业成本库的成本动因。终于，依据作业成本法计算的5种主要转包产品的成本出来了，结果出人意料。5种转包产品中的3种——B机身尾段、D导管和E舱门，在传统成本法下是盈利产品，但在作业成本法下都是亏损的。A平尾在此方法下的毛利率是19.31%，而不是传统成本法下的17.98%，由此看来，A平尾的确是有小幅降价空间的，这让团队成员的心情一下跌入了谷底。原来找出来的明星产品是错误的，根据财务部提供的建议报告，一年多来公司重点关注的高盈利性产品如果真的大量生产并销售是会给企业带来利润损失的，大家都在心里庆幸国际合作部在签订A平尾新订单的时候没有遵照财务报告的数据，也庆幸D导管没有签订更大的订单……

傍晚时分，华灯初上，员工陆陆续续地下班了，中航飞机的办公楼显得异常安静，两眼紧紧盯着采用两种成本核算方法得出的结果，罗部长的心情久久不能平静，白天的事情还在脑海里浮现，以往的一幕幕场景又在罗部长的脑海里回放。原来一直以来指导产品定价和产销战略的成本竟然是不准确的，也难怪有些部门对绩效考核产生抱怨！看来改变成本核算方法，导入作业成本法已迫在眉睫……

附录　产品成本数据资料

1. 直接材料成本

转包项目原材料来源主要为国外进口材料，属于保税材料。各项目所耗用原材料包括原材料、标准件，根据成本系统数据，全年耗用原材料共190 250 185.40元。根据物料配送中心、各专业总厂领用及消耗材料的成本数据，2012年5类产品的材料成本构成明细如表3至表7所示。

表3　A平尾材料成本明细　　单位：元

单位名称	原材料费	标准件费	直接材料成本
钣金总厂	9 340 468.45	0	9 340 468.45
非金属总厂	13 046 531.24	0	13 046 531.24
国航总厂	32 498 340.20	2 897 254.80	35 395 595.00
机加总厂	27 798 275.69	3 033 710.40	30 831 986.09
配送中心	18 636 206.73	67 351.80	18 703 558.53
数控中心	7 055 455.36	15 021.24	7 070 476.60
合计	108 375 277.67	6 013 338.24	114 388 615.91

表4　B机身尾段材料成本明细　　单位：元

单位名称	直接材料成本
钣金总厂	1 263 453.14
非金属总厂	12 475.80
国航总厂	4 504 487.49
配送中心	273 663.54
合计	6 054 079.96

表5　C襟翼材料成本明细　　单位：元

单位名称	原材料费	标准件费	直接材料成本
钣金总厂	974 455.05	0	974 455.05
非金属总厂	162 879.53	0	162 879.53
国航总厂	58 866 085.36	6 493 143.84	65 359 229.20
机加总厂	59 110.95	0	59 110.95
配送中心	240 805.91	0	240 805.91
合计	60 303 336.81	6 493 143.84	66 796 480.65

表 6　D 导管材料成本明细　　单位：元

单位名称	直接材料成本
钣金总厂	51 103.73
非金属总厂	1 404 767.50
合计	1 455 871.23

表 7　E 舱门材料成本明细　　单位：元

单位名称	直接材料成本
钣金总厂	229 501.58
非金属总厂	55 731.72
国航总厂	772 836.91
机加总厂	247 969.22
配送中心	245 916.70
数控中心	3 181.54
合计	1 555 137.66

2. 直接人工成本

产品成本中的直接人工成本是按照各总厂工人上交的工时卡片所统计的工时乘以人工工资率计算得出的，但各车间人工工资率不同。具体数据如表 8 所示。

表 8　人工成本明细表

总厂	产品名称	工时（小时）	工资率（元/小时）
钣金总厂	A 平尾	661 101.60	18.58
	B 机身尾段	5 461.14	
	C 襟翼	32 894.40	
	D 导管	5 844.00	
	E 舱门	10 130.76	
非金属总厂	A 平尾	74 676.00	28.97
	B 机身尾段	36.00	
	C 襟翼	1 272.00	
	D 导管	5 381.33	
	E 舱门	651.48	
国航总厂	A 平尾	714 384.00	18.85
	B 机身尾段	88 984.32	
	C 襟翼	314 952.62	
	E 舱门	12 576.00	

续表

总厂	产品名称	工时（小时）	工资率（元/小时）
机加总厂	A 平尾	659 248.80	12.76
	B 机身尾段	3 288.00	
	C 襟翼	5 234.88	
	D 导管	1 144.00	
	E 舱门	8 691.25	
技装总厂	A 平尾	2 280.00	11.11
	B 机身尾段	34 140.00	
	D 导管	64.00	
配送中心	A 平尾	44 088.00	19.08
	B 机身尾段	1 140.00	
	C 襟翼	854.40	
	E 舱门	2 127.24	
数控中心	A 平尾	511 129.68	13.54
	B 机身尾段	1 686.00	
	C 襟翼	504.00	
	D 导管	352.00	
	E 舱门	6 733.56	

3. 专业总厂制造费用

结合目前中航飞机成本核算现实状况，制造费用的归集以及分配设置两个科目，主要为专业总厂制造费用及公司制造费用。专业总厂制造费用主要用以核算各专业总厂发生的间接人工成本、办公费、交通费、电话费、设备折旧、低值易耗品摊销等项目，该费用按照各专业总厂的总工时进行分配。专业总厂制造费用明细如表 9 所示。

表 9　专业总厂制造费用明细　　单位：元

制造费用	钣金总厂	非金属总厂	国航总厂	机加总厂	技装总厂	配送中心	数控中心
间接人工成本	5 642 992.45	956 711.40	4 765 835.15	2 433 039.88	10 013.52	123 817.72	9 499 932.71
职工福利费	388 281.73	79 741.07	291 226.39	148 676.02	14 930.72	21 884.97	487 141.74
职工保险费	666 130.65	136 802.64	499 623.88	255 066.49	74 745.29	37 545.54	786 603.13
加班餐费	182 792.33	67 339.63	245 934.49	125 553.74	36 792.57	42 665.28	508 116.38
办公费	116 818.09	97 128.76	157 170.69	118 722.08	7 903.34	27 266.33	247 757.16
租赁费	1 419 154.67	485 191.18	2 508 460.64	1 931 874.39	—	—	4 951 285.98
电话费	283 109.90	160 480.28	380 904.87	288 098.80	38 256.48	28 624.09	693 333.43
上机费	86 936.33	72 283.48	116 966.84	88 468.30	29 000.50	14 540.73	166 898.65
低值易耗品摊销	56 198.32	57 276.24	55 908.65	63 522.72	12 342.12	1 973.06	146 316.28

续表

制造费用	钣金总厂	非金属总厂	国航总厂	机加总厂	技装总厂	配送中心	数控中心
设备折旧	1 556 546.46	725 907.56	1 644 934.35	1 997 678.94	170 644.23	—	5 981 280.13
厂房折旧费	1 207 908.26	567 042.62	1 987 559.81	1 878 933.84	23 233.08	—	4 171 468.51
机修备件	1 025 866.76	360 525.61	1 441 075.45	821 871.78	125 395.76	—	6 368 902.47
厂房小修	171 946.42	175 781.89	142 912.42	323 475.10	—	75 629.03	510 438.55
运杂费	254 641.04	177 377.71	294 586.21	615 751.00	4 897.80	86 414.49	639 905.21
机器维修费	72 654.58	28 258.40	82 455.58	56 485.91	26 131.70	7 638.57	235 150.15
机器保险费	29 668.57	21 927.28	33 670.82	23 066.08	10 670.91	3 119.22	85 635.87
生产用车辆维修	32 064.99	23 698.41	36 390.51	24 929.19	11 532.83	3 371.17	92 552.93
机器租赁服务费	1 084 053.55	189 481.68	830 290.86	842 806.42	—	—	4 644 619.40
合计	14 277 765.11	4 382 955.82	15 515 907.62	12 038 020.69	596 490.86	474 490.21	40 217 338.70

4. 公司制造费用

公司制造费用核算国际合作部、运营管理部、质量管理部等其他与生产紧密相关且能够直接计入产品成本的生产管理部门所发生的费用，如表 10 所示。公司制造费用按照公司各总厂的人工工时总和分配，并分摊至各产品成本中。

表 10　公司制造费用明细表　　单位：元

制造费用	金额
工资及工资性费用	9 998 001.83
差旅费	571 314.39
办公楼折旧	8 569 715.85
生产软件摊销	3 989 202.73
办公费	31 993.61
家具费	3 999 200.73
印刷费	6 570.12
运杂费	1 142 628.78
其他	257 091.48
合计	28 565 719.50

5. 动力费用

公司的动力总厂统计各总厂及与生产密切相关的管理部门所耗费的动力费用，并根据内部定价转给各总厂及部门。公司根据各总厂所生产产品的人工工时计算费用分配率，并分配至各产品。根据公司统计数据，所选取样本的转包项目动力费用总额为 11 754 763.38 元，公司工时费用总额为 3 211 051.46 元。

6. 作业成本库

经过深入分析研究，根据同质性原则，中航飞机共建立了 11 个作业成本库，并按不同层次将它们划分为 4 种类别，如表 11 所示。

表 11 作业成本库及其金额汇总表　　单位：元

作业类别	作业成本库	金额
单件层次	总装成本库	13 755 495
	总装后质检成本库	710 144
	包装成本库	622 567
	机器成本库	32 193 706
批别层次	收货和检验成本库	1 247 980
	发货成本库	2 635 431
	零部件生产和质检成本库	11 886 171
	国际合作项目成本库	2 764 849
产品支持层次	生产软件成本库	3 989 203
整体运营层次	厂房成本库	21 686 627
	公司运营成本库	36 331 280
合计		127 823 452

7. 作业成本分配

作业成本动因汇总如表 12 所示。

表 12 作业成本动因汇总表

作业成本库	作业动因	A 平尾	B 机身尾段	C 襟翼	D 导管	E 舱门	合计
总装成本库	人工工时	2 666 908.08	134 735.46	355 712.30	12 785.33	40 910.28	3 211 051.46
总装后质检成本库	产品检验数量	264	12	12	96	96	480
包装成本库	产品包装数量	264	60	108	24	24	480
机器成本库	机器工时	4 242	230	252	80	90	4 894
收货和检验成本库	采购批次	24	2	2	1	1	30
发货成本库	发货次数	132	12	12	4	4	164
零部件生产和质检成本库	零部件投产批次	52	4	4	2	2	64
国际合作项目成本库	项目参与人数	18	4	4	2	2	30
生产软件成本库	软件受益比例	86.50%	5.00%	6.00%	1.00%	1.50%	100.00%
厂房成本库	使用面积比例	87.70%	5.00%	5.00%	0.80%	1.50%	100.00%
公司运营成本库	人工工时	2 666 908.08	134 735.46	355 712.30	12 785.33	40 910.28	3 211 051.46

启发思考题

1. 中航飞机是一个什么样的企业？其转包产品都有哪些？与其他制造业产品相比有什么特点？

2. 什么是传统成本法？中航飞机现阶段运用传统成本法的结果如何？

3. 什么原因促使中航飞机财务部部长要采用作业成本法？

4. 作业成本法是如何计算的？用该方法对中航飞机的产品进行成本核算的结果如何？

5. 作业成本法与传统成本法下核算的产品成本是否存在差异？这些差异会给企业经营决策带来什么影响？

6. 作业成本法适用于所有企业吗？什么样的情境适合运用作业成本法？应用作业成本法必须具备的条件是什么？

7. 中航飞机采用作业成本法后，其对各转包产品经营决策的支持作用如何？

教学目的与用途

1. 适用课程：管理会计、成本会计。

2. 适用对象：本案例主要为EMBA、MBA和MPAcc开发，适合具有一定工作经验的学生和管理者学习，也适合具有一定作业成本法理论知识的企业高管进行深入学习。

3. 教学目的：本案例以作业成本法理论为基础，通过对中航飞机现阶段成本核算方法的描述，分析公司成本核算过程中存在的问题。对公司产品采用作业成本法进行成本核算过程模拟，并对中航飞机的行业特征和产品特点进行分析，引导学生明确传统成本法与作业成本法的特点与应用条件，掌握、理解、讨论和思考以下四方面内容：

（1）掌握作业成本法的理念及计算；

（2）理解作业成本法较传统成本法能够提供更加准确成本信息的特点；

（3）讨论作业成本法的适用情境和应用约束条件；

（4）思考作业成本法对企业战略定价及经营决策的作用。

理论依据与分析

1. 传统成本法的基本含义

传统成本法认为产品的成本包括三部分，即直接材料、直接人工和制造费用，其基本原理是：以产品为成本分配对象，将直接材料、直接人工成本直接计入产品成本；将不同性质的制造费用按部门归集到一起，以一定的分配基础计算分配率分摊到各有关产品，常用的分配基础为人工工时、机器工时等；最后再汇总计算各种产品的总成本和单位成本。简言之，就是把生产活动中发生的成本费用，通过直接计入或分摊的方式计入产品成本，即资源→产品（刘艳双，2010）。

2. 作业成本法的基本含义、核算原理及适用条件

作业成本法是20世纪80年代由卡普兰在*Relevance Lost：the rise and fall of management accounting*一书中提出的。现代企业生产过程自动化以及产品多样化导致产品生产的间接成本不断增加，产品的消耗在特别为人工成本计量和报告而构建的传统成本会计系统中已不能精确呈现，作业成本法应运而生，得到了学术界和实务界的广泛重视。

作业成本法以作业为核心，其计算的基本原理是：根据不同的成本动因分别设置成本库，再分别以各种成本对象所消耗的作业量分摊其在该成本库中的作业成本。作业成本法通过两个步骤完成制造费用的分摊：第一步，确定主要作业并建立作业中心（作业成本库），按照作业耗用资源的比例，将制造费用分配给每一个作业成本库；第二步，为每一项作业确定合适的成本动因，并据此将制造费用分配给产品。

当企业出现以下情景时，应考虑使用作业成本法代替传统成本法进行成本核算：（1）直接人工成本占总成本的比例小；（2）销售增长，但利润下滑；（3）业务经理不相信产品成本报告；（4）渠道、产品客户的边际利润难以解释；（5）市场人员不用成本报告定价；（6）一些产品在报告中有高额利润，但竞争对手不涉猎此产品。

然而，作业成本法并非适用于所有企业，只有在间接费用较高、产品具有多样性和技术复杂性的企业中才能达到较好的效果。在现代化制造企业中，由于追求个性与特色，顾客定制的比例上升，产品日趋多样化，生产批量也比以前大为减少，这样引起的一个必然结果是直接人工成本大大下降，而固定制造费用比例上升。作业成本法有其适用范围，选择时必须考虑到企业的技术条件和成本结构，对于产品多样化、生产批量小以及人工费用和制造费用较高的制造企业而言，应用作业成本法的条件就更为成熟一些，可能会取得较好的效果。而对于非制造企业，比如商品流通企业、餐饮卫生企业、休闲娱乐企业来说，成本结构中直接人工成本一直占较大比重，加之企业受各方面的技术条件所限，传统的成本计算方法依然有较大的适用空间。

此外，应用作业成本法时要充分考虑成本效益原则。作业成本法在操作上比传统成本法要花费更多的成本，增大了成本计算和分配的工作量，会使提供成本信息的代价加大（颜丽，2003）。作业成本法在成本动因确定方面需要人为判断，具有较大的主观性，同时其有效运用又会受到企业会计数据积累程度、会计人员专业水平和企业信息系统完善程度的约束（李连军和王润芳，2000；权英淑，2003；杨松令，2006；冯杰，2007）。因此，企业在运用过程中要综合考虑上述因素，在企业制造费用较低或者人工工时、机器工时等驱动因素十分有效的情境下，不适宜采用作业成本法。

3. 作业成本法对经营决策的影响作用

作业成本法可以使成本的分解方便且有效，通过成本分解进行成本管理，提高资源决策效益。同时，在竞争市场环境下，作业成本法可以提供更多的市场反馈信息，有助于分析竞争对手，找出具有竞争优势的定价策略（Armstrong，2002；Wouters et al.，2005；Ardinaels et al.，2004）。

综合来说，传统成本法隐藏了产品的真实成本及毛利率，带来产品成本信息的扭曲。在此情况下，企业的管理者很容易被误导，面对产品定价或其他重大经营决策时做出错误的判断和决策，导致企业价值降低甚至可能使企业面临存亡挑战。在企业产品多样化的情况下，作业成本法可以为企业生产经营决策提供更加准确、清晰的成本信息，它的运用与企业的定价决策密切相关，是企业进行战略决策的有效工具，对企业的价值起到至关重要的作用。同时，作业成本法的推行还为进一步的作业管理奠定了基础，通过识别非增值作业，管理者能够减少或消除不必要的非增值作业的成本，从企业价值链上提高生产效率、提升客户价值，最终实现企业的战略目标。

4．传统成本法和作业成本法的差异对比

传统成本法与作业成本法的主要特点对比如表 13 所示。

表 13　传统成本法与作业成本法的主要特点对比

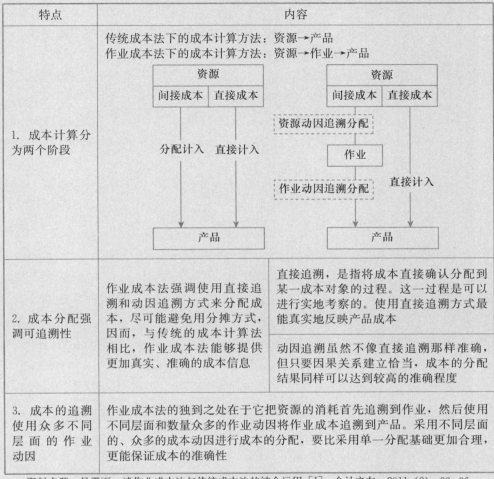

<table>
<tr><th>特点</th><th colspan="2">内容</th></tr>
<tr><td>1. 成本计算分为两个阶段</td><td colspan="2">传统成本法下的成本计算方法：资源→产品
作业成本法下的成本计算方法：资源→作业→产品
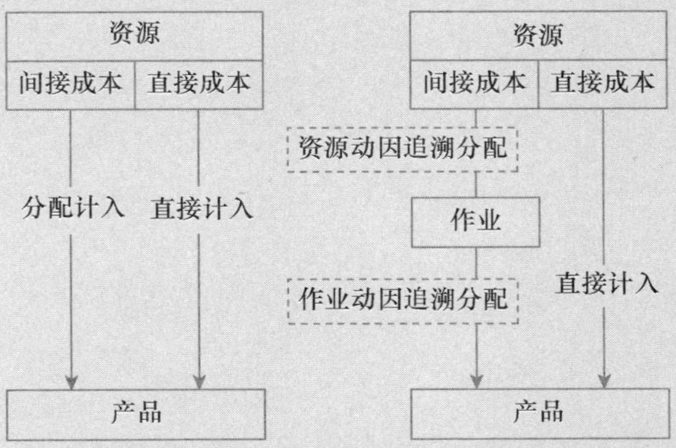
</td></tr>
<tr><td rowspan="2">2. 成本分配强调可追溯性</td><td rowspan="2">作业成本法强调使用直接追溯和动因追溯方式来分配成本，尽可能避免用分摊方式，因而，与传统的成本计算法相比，作业成本法能够提供更加真实、准确的成本信息</td><td>直接追溯，是指将成本直接确认分配到某一成本对象的过程。这一过程是可以进行实地考察的。使用直接追溯方式最能真实地反映产品成本</td></tr>
<tr><td>动因追溯虽然不像直接追溯那样准确，但只要因果关系建立恰当，成本的分配结果同样可以达到较高的准确程度</td></tr>
<tr><td>3. 成本的追溯使用众多不同层面的作业动因</td><td colspan="2">作业成本法的独到之处在于它把资源的消耗首先追溯到作业，然后使用不同层面和数量众多的作业动因将作业成本追溯到产品。采用不同层面的、众多的成本动因进行成本的分配，要比采用单一分配基础更加合理，更能保证成本的准确性</td></tr>
</table>

资料来源：吴霏雨．谈作业成本法与传统成本法的结合运用 [J]．会计之友，2011（2）：33-36.

参考文献

[1] 冯杰．从应用环境和适用条件浅议我国尚不具备全面推广作业成本法 [J]．内江科技，2007，28（6）：69+107.

[2] 李连军，王润芳. 作业成本法基本原理及应用探讨 [J]. 财经问题研究，2000 (11)：79.

[3] 刘艳双. 传统成本法与作业成本法应用比较：以××机械加工企业为例 [J]. 财会通讯，2010 (34)：25-26.

[4] 权英淑. 作业成本法的适用性分析 [J]. 经济师，2003 (10)：147-148.

[5] 汪本强，皮成功. 中国航空工业国际竞争力的比较分析 [J]. 对外经贸实务，2009 (10)：32-34.

[6] 汪亚卫. 世界航空工业发展趋势 [J]. 瞭望，2005 (20)：33.

[7] 吴霏雨. 谈作业成本法与传统成本法的结合运用 [J]. 会计之友，2011 (2)：33-36.

[8] 颜丽. 作业成本法适用环境分析 [J]. 财会通讯，2003 (10)：38-39.

[9] 杨松令，陈放. 作业成本法的八大缺陷及其解决方法：资源消耗会计的原理及优势 [J]. 会计之友，2006 (33)：15.

[10] Armstrong P. The costs of activity-based management [J]. Accounting, Organizations and Society, 2002, 27 (1/2)：99-120.

[11] Cardinaels E, Roodhooft F, Warlop L. The value of activity-based costing in competitive pricing decisions [J]. Journal of Management Accounting Research, 2004, 16 (1)：133-148.

[12] Johnson H T, Kaplan R S. Relevance lost: the rise and fall of management accounting [M]. Boston: Harvard Business School Press, 1987.

[13] Wouters M, Anderson J C, Wynstra F. The adoption of total cost of ownership for sourcing decisions——a structural equations analysis [J]. Accounting, Organizations and Society, 2005, 30 (2)：167-191.

[14] Ardinaels E, Roodhooft F, Warlop L. The value of activity-based costing in competitive pricing decisions [J]. Journal of Accounting Research, 2004 (16)：133-148.

黑马落马记：高鸿网络渠道运营成本核算的真相

摘要：北京大唐高鸿科技发展有限公司（简称高鸿科技）作为电子信息领域大型高科技中央企业旗下的公司，主营电子商务业务。本案例以高鸿科技2012年在全球使用量最大的手机浏览器平台开展UC团购活动为背景，讲述了公司所遇到的一次对市场推广渠道的艰难取舍抉择，重点描述了高鸿科技采用成本核算进行销售定价和市场战略决策中遇到的难题。作为央企旗下的电子商务企业，高鸿科技的产品具有多样化、配送成本高、市场竞争惨烈、利润空间小等特点。为准确了解公司产品的成本构成，提高经营决策效率，公司决定采用时间驱动的作业成本法（TDABC）代替传统成本法进行核算。传统成本法和时间驱动的作业成本法有什么本质区别？分别适用于什么类型的产品？公司到底应该采用何种方法进行产品成本核算？又应该运用什么样的成本信息为经营决策提供依据？

关键词：时间驱动的作业成本法；传统成本法；战略定价；绩效考核

0. 引言

2012年8月10日，高鸿科技的会议室里年中绩效分析会如期召开。各部门经理看到幕布上投放出的《UC项目实际成本核算分析表》和《UC项目经营数据分析表》都大吃一惊——几乎各项作业的实际单均工时和实际单均成本都超出了预算。UC开团近半年效果非常显著，客户注册量大、订单量多、产品毛利占据 B2C（business-to-customer）总毛利的 1/5，这些数据无不展示出 UC 团购确实是拉流量的好渠道。各运营部门在大订单量的压力下工作量急涨，加班加点几乎成了常态，而绩效评定却不尽如人意，大家内心的焦灼可想而知，纷纷表达着自己的观点，时不时引出一番讨论。疑惑集中到了这个问题上：UC 团购产品的定价已经考虑到了财务部根据传统成本法统计出的基础成本，为何分摊完实际运营成本后这个推广渠道竟然会严重亏损？会议桌一端的财务部经理黎密不由在内心思考着："难道真的是财务部的成本核算出现了问题？"

1. 央企触网，逆袭红海

1.1 电商红色汪洋

物联网、云计算、电子商务、移动互联网是当今最热门的科技关键词和商业增值领域。其中，电子商务是互联网爆炸式发展的直接产物，具有开放性、全球性的特点，同时它打破了时空壁垒，提高了交易的便捷性。此外，作为虚拟经济，它还有绿色环保、节能减排的经济特性，这些特性使得电子商务大大超越了作为一种新的贸易形式所具有的价值。近年来，中国电子商务市场发展迅速，企业自建电商平台与第三方电商平台大量涌现，投资者关注度显著提高。特别是在金融危机导致全球性的经济萎靡之时，电子商务却出乎绝大多数人的意料逆市增长。电子商务吸引了人们的眼球，越来越多的创业者、投资者和传统企业开始关注这块绿地，涌现出一大批新兴的电子商务网站，呈现出"百花争艳"的壮观场面。

根据 2014 年 1 月中国互联网络信息中心（CNNIC）发布的第 33 次《中国互联网络发展状况统计报告》研究数据，截至 2013 年底，我国网购人数已高达 3 亿，我国电子商务交易总额已超过十万亿元。其中，B2C 市场交易规模达到 7 637.1 亿元，较 2012 年增长了 59.40%，如图 1 所示。

网民数量持续增长、购买力提升，消费者线上消费习惯已经养成，这些都为网购铺垫了良好的客户资源，是促进网购市场繁荣的重要基础。同时，低价促销对消费的拉动更是网上零售交易规模不断增长的主要动力。尤其是从 2011 年天猫"双十一"、2012 年开始的电商大战等大型促销活动开展后，网上零售行业便开始了新一轮的高速发展。

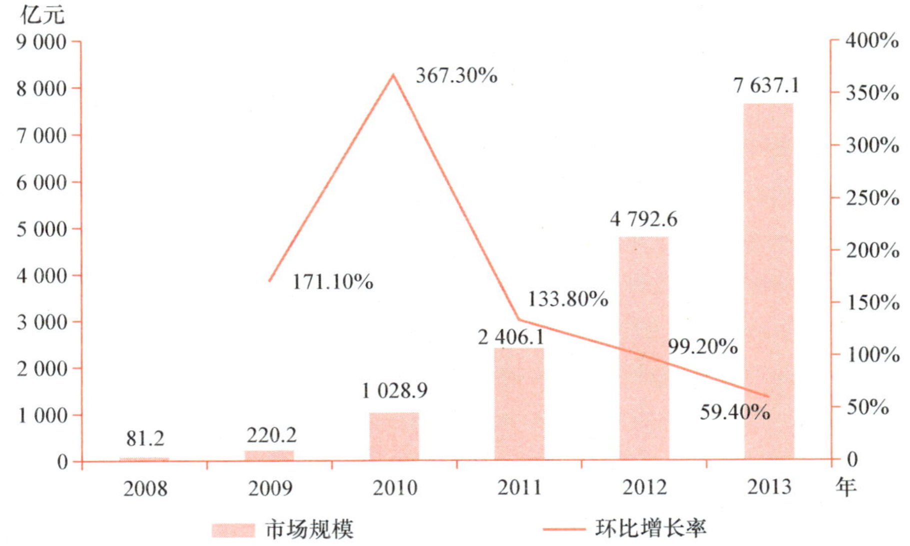

图 1　2008—2013 年中国 B2C 市场交易规模

资料来源：中文互联网数据资讯网．http://www.199it.com/.

如图 2 所示，2013 年天猫依旧保持领先地位，占比 49.08%，这主要得益于其背靠阿里巴巴，阿里巴巴拥有淘宝多年积累的用户资源、商业资源，在商品的丰富度和品牌实力上有非常大的优势。另外，多次“双十一”活动也为其迅速扩大了市场规模，提高了行业影响力。

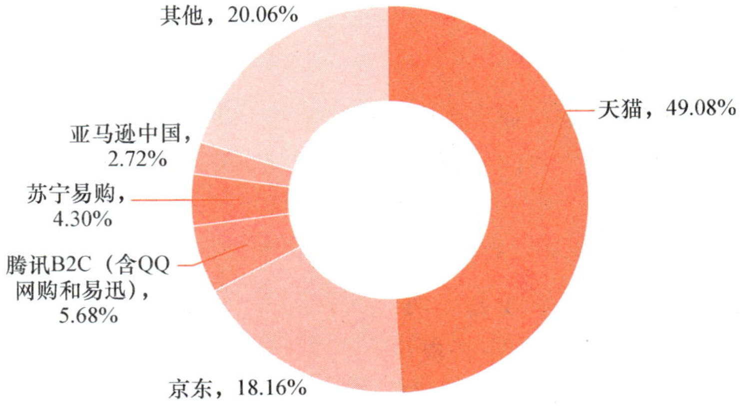

图 2　2013 年中国 B2C 市场收入份额

资料来源：中国互联网数据资讯网．http://www.199it.com/.

京东占比 18.16%，位居第二。其以完善的服务和快速的物流配送赢得了众多消费者的青睐。2013 年京东不断扩充其业务，推出了团购、闪购、京东超市、夺宝岛等业务，丰富了商品品类，抢占了大量的市场份额。

腾讯 B2C 业务（含 QQ 网购和易迅）占比 5.68%。腾讯 B2C 虽然拥有大量的流量资源，但流量的转化效率较低，2013 年腾讯对其 B2C 业务进行整合，将 QQ 网购和 QQ 商城整合，优化商家资源并提出重合业务，提升了其资源利用效率。

苏宁易购占比 4.30%。苏宁易购凭借自身品牌影响力、强大的线下供应链资源和产品价格的优势迅速占领了市场，加之其收购 PPTV，扩展了流量渠道，为抢占市场和用户打下了很好的基础。

亚马逊中国占比 2.72%。亚马逊虽然在国际市场上取得了非常不错的成绩，但在中国市场并没有发挥出其自身的实力，这主要是因为其本土化能力较差，在网站设计和运营以及用户体验上没能符合中国消费者的使用习惯。但亚马逊在产品价格、产品种类丰富度、IT 技术和物流配送方面仍有一定优势，所以其有较多的忠诚用户。

现阶段电子商务市场虽然已经显现出领头羊格局，但盈利能力还不理想，整个行业依然充满了大量的机遇。电子商务对于企业有着强大的吸引力，B2C 市场份额逐步上升成为电子商务行业的新引擎。传统家电企业，如苏宁、国美纷纷转为线上电商，就连建设银行也推出了“善融商务”平台试水电商。种种迹象显示，电子商务迎来了真正的发展春天。较之互联网初期电子商务的概念热潮，新一轮电子商务除了具备更坚实的发展基础外，还更加务实地聚焦于产业链和业务模式的发展壮大。

1.2 高鸿触网泛舟

大唐电信科技产业集团（简称大唐电信集团）是国务院国有资产监督管理委员会管理的一家专门从事电子信息领域的大型高科技中央企业。大唐高鸿数据网络技术股份有限公司（简称高鸿股份）是大唐电信集团旗下两家境内上市公司之一，于 2003 年成功上市（股票代码 000851）。

高鸿股份有三大业务板块：物联网与企业信息化、IT 终端零售、信息服务。其中，在 IT 终端零售板块，高鸿股份于 2008 年 10 月并购了拥有 16 年专业连锁运营经验、200 余家实体 3C（计算机（computer）、通信（communication）和消费电子产品（consumer electronics））零售店面的恒昌 IT，借助恒昌 IT 原有的销售、管理及新网点铺设的平台优势，快速进入 IT 零售行业。作为高鸿股份实施重大战略与商业模式转型的关键业务之一，将高鸿做大做强，继续领跑国内 IT 零售业，是公司管理层重要战略规划。为了实现这个战略，公司全力进军网上零售领域，在拥有恒昌这支强大的“陆军”体系的同时，还要再创建一支面向未来作战的高素质“空军”体系，为打好全面的零售战提供坚实的保障。这一使命交由高鸿股份的全资子公司高鸿科技来完成。

2009 年 12 月，高鸿科技旗下 B2C 电子商务网站高鸿商城（www.tao3c.com）成功上线，定位于自主营销式的 B2C 电子商务平台，立足成为以传统 3C 产品为主，以创意类、定制化产品为补充的综合类网上购物商城。高鸿商城作为对恒昌 3C 实体零售店面营销形式的恰当补充，充分利用了网络建设带来网购业务新发展的机遇，同时结合自身在 3C 产业链中的特殊地位，实现网上网下一体化，推动新商业模式的转型，从而落实公司的长远发展战略。2012 年 9 月，高鸿科技旗下另一个电子商务网站鸿品网（www.gohighgift.com）上线运营，该网站应用互联网当时最新颖的 O2O 电子商务模式，通过“线上带动线下，线下促进线上”的方式，将线上线下业务打通。

凭借在电子商务领域影响力的快速提升，高鸿科技在 2011 年被商务部授予 2011—2012 年度全国首批电子商务示范企业荣誉称号，并在 2013 年第二届评选中再次脱颖而出，蝉联 2013—2014 年度电子商务示范企业，为实现大唐电信集团的终端战略和电子商务战略做出了重要贡献。

2. UC 合作，黑马腾空

2.1 欢欣鼓舞入 UC

2012 年 2 月，市场部的商务拓展（business development，BD）经理刘浩经过一个多月的洽谈，终于将高鸿科技推入了 UC 浏览器团购专区的产品供应商名列，高鸿科技又开辟出一条新的销售渠道。“号外号外！UC 团购谈成了！”刘浩按捺不住兴奋，扩声宣告。

UC 浏览器是全球使用量最大的手机浏览器平台，全球下载量已经突破 15 亿次，用户月使用量超过 1 500 亿次，在全球拥有超过 3 亿用户。这是多么令人惊羡的用户资源！UC 浏览器的团购频道，为客户提供了手机端的电子商务团购服务。这次恰逢团购频道在服装团购专区、食品团购专区之外，又新拓展了 3C 产品团购专区，高鸿科技强势切入，依托 UC 浏览器的庞大用户资源，与 UC 合作共同开拓移动互联网的蓝海市场。更让人激动的是，这次市场合作完全免费。与 UC 的合作，无疑是 2012 年春节后的第一份大礼！

特别值得一提的是，UC 为了提升客户满意度，对于团购合作商家的品质和运营能力有着非常高的要求，包括必须支持货到付款、有足够的库存、使用优质承运商进行配送、要在 24 小时内解决客户的投诉和售后要求等。双方多次洽谈后，商务条款落定。

BD 经理刘浩立即召集相关运营部门议定两件大事：一是绘制出 UC 团购订单的交易流程图；二是制定出 UC 产品的定价方案。

绘制 UC 团购订单交易流程图

UC 团购订单交易流程如图 3 所示。

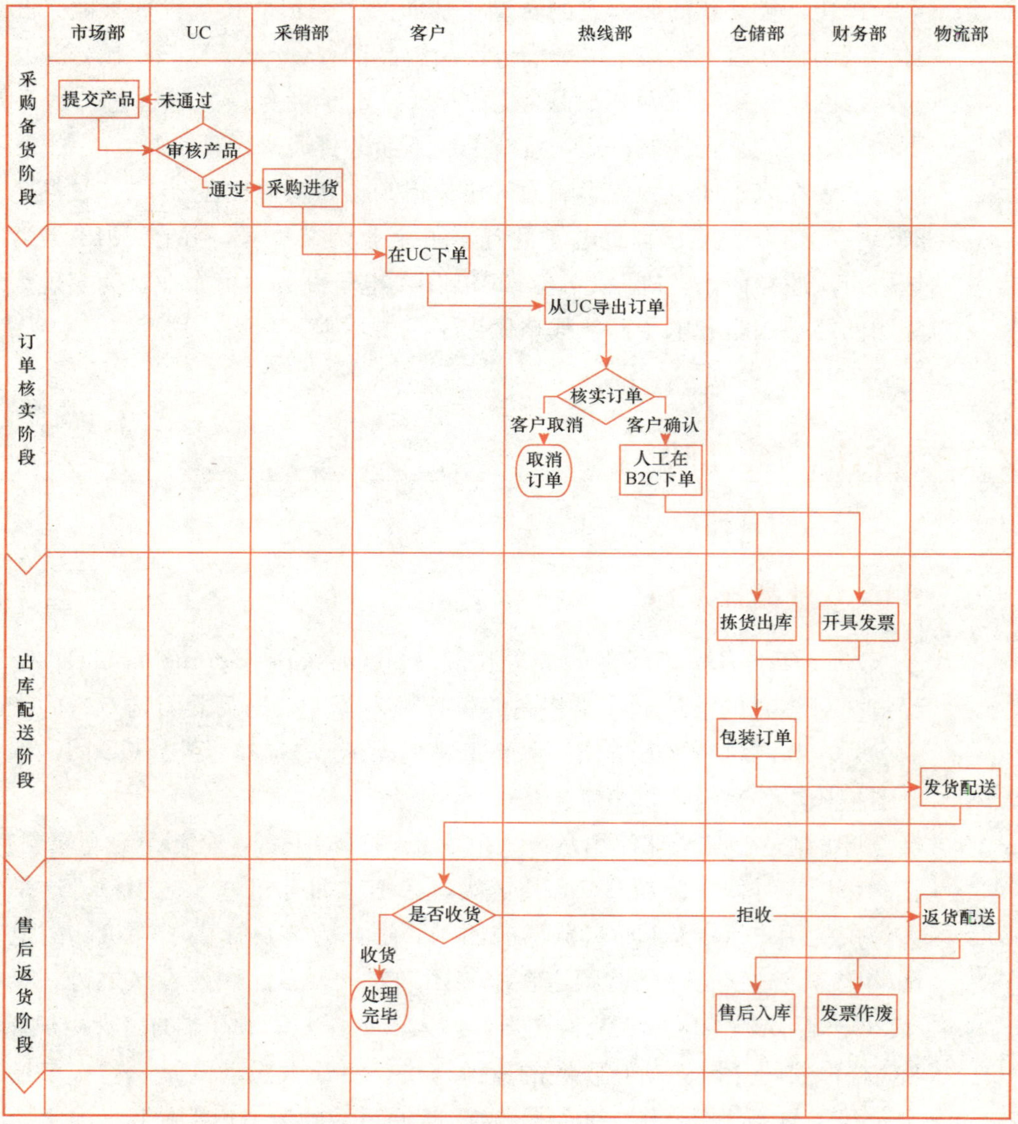

图 3　UC 团购订单交易流程图

（1）采购备货阶段。UC 团购这类销售渠道的运营在高鸿科技以项目形式组织，安排渠道开拓人员任项目经理并做好公司的对外接口和对内协调。

①根据 UC 的团购活动频度，高鸿科技市场部的 BD 经理负责向 UC 提报有质量保证和价格优势的产品参团。

②双方协商后，UC 会将确认参团的产品发布到团购平台。

③高鸿科技的采销部据此向厂商或供应商订货入库。

（2）订单核实阶段。UC 团购这一销售渠道的订单需在 UC 系统和高鸿科技 B2C 系统两者间完成人工对接。

①客户使用手机在 UC 团购平台下单订购商品，填写配送地址。

②高鸿科技的热线部每日分两个时段从 UC 系统导出订单。

③热线部与客户核实信息，包括订购内容、配送地址、联系方式等，并向客户说明订单将由高鸿科技进行配送。

④核实无误后，热线部根据 UC 订单信息在高鸿科技的 B2C 系统内人工下单。信息有误的订单将被热线部取消。

（3）出库配送阶段。通过热线部核实的 UC 订单被导入高鸿科技 B2C 系统后，会对接进 ERP 系统再流转到仓储部。

①仓储部根据 ERP 系统中打印出的发货单为所订购产品办理出库。

②财务部在开票系统中根据订单信息打印发票。

③仓储部将发票与发货单黏对，和产品一起进行包装称重。

④物流部安排订单发货，与承运方交接配送。

（4）售后返货阶段。高鸿科技的承运方包括两类：第三方物流（third party logistics，3PL）和高鸿科技的自建物流——高鸿快递。由物流部安排承运方为订单配送。

①承运方将订单包裹配送给客户，若客户收货则订单流程完毕。

②若客户拒收，则承运方会将订单包裹进行返货。

③仓储部为拒收订单办理售后入库。

④财务部为拒收订单办理发票作废。高鸿科技的组织结构如图 4 所示。

UC 项目的产品定价方法

作为商业企业，高鸿科技一直使用传统成本法进行成本核算，并采用目标成本法作为对产品进行成本管理的依据，同时考虑市场及国家政策的影响。

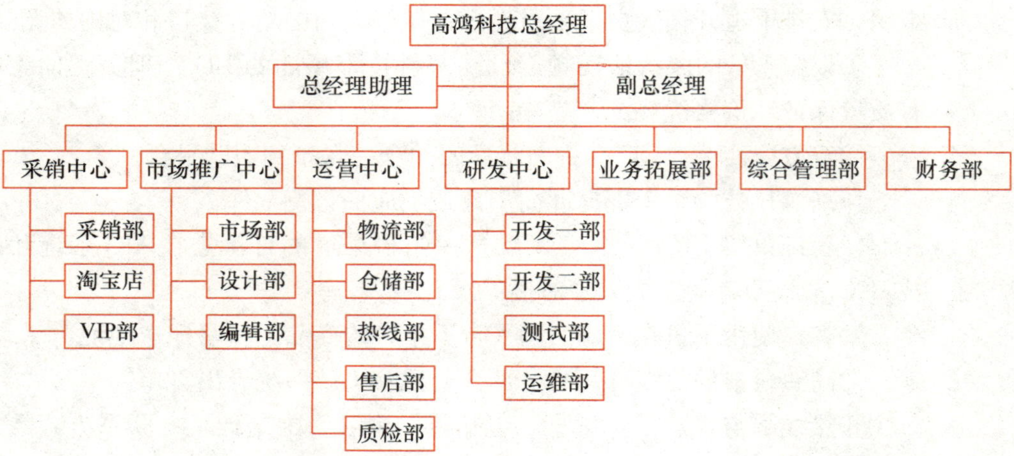

图 4　高鸿科技的组织结构图

因为有信息系统的支撑，所有的数据都可方便地获得，财务部在以传统成本法为核算依据的基础上，细化了一些根据历史数据能够归集到产品上的成本。成本核算原则如表 1 所示。

表 1　UC 项目采用传统成本法核算的原则

成本项	核算对象	数据来源及核算方法
直接材料	产品销售成本	ERP 系统
直接人工	UC 团购项目负责人成本	人力资源部门提供岗位工资
间接材料	主要是市场推广成本、物流配送成本、拒收返货成本	财务部根据上一年单均成本提供
间接人工	包括从客户下单到售后服务全过程所涉及环节的人工成本	根据 B2C 管理系统及 ERP 系统的工时记录，使用人力资源部门提供的各岗位工时费率进行核算
其他间接费用	财务费用、管理费用等其他运营成本	财务部根据上一年单均成本提供

确定了核算对象和核算方法，财务部据此核算出每笔订单至少要包含的运营成本为 22.74 元。传统成本法下产品成本核算分析情况如表 2 所示。

表 2　传统成本法下产品成本核算分析表

UC 团购渠道传统成本法下产品成本		单均成本（元/订单）
销售收入	单均销售收入（R）	市场价格 R
销售成本	单均销售成本（UPC）	$UPC=D+22.74$

续表

UC团购渠道传统成本法下产品成本				单均成本（元/订单）
销售支出	直接材料	单均产品采购成本（D）		D
	直接人工	订单发货阶段人工成本		0.13
		1	市场部—BD拓展	0.13
	间接人工	订单发货阶段人工成本		1.87
		1	采销部——采购销售	0.09
		2	热线部——客服核单	0.09
		3	仓储部——拣货包装	1.27
		4	物流部——发货返货安排	0.17
		5	财务部——开具发票	0.25
		售后返货阶段人工成本		0.10
		1	仓储部——售后返货	0.03
		2	财务部——发票作废	0.07
		其他支持人工成本		0.13
		1	研发中心——技术支持	0.13
	间接材料	分摊		18.51
		1	物流部——物流配送成本	18.39
		2	物流部——拒收返货成本	0.12
	其他间接费用	其他运营成本（财务费用、管理费用等）		2.00
单均销售支出总计（不含直接材料）				22.74

2.2 黑马隆重登场

2012年2月20日，UC团购项目正式上线。仅仅两天，三款产品的售卖量就冲至200单。在高鸿科技的B2C系统中，UC订单好似黑马腾跃而出。员工群情激昂，市场部尤为雀跃，无不夸奖引入这一项目的BD经理。刘浩听在耳间，乐在心上。他毕业后入职高鸿从事编辑工作，因踏实负责，两个月前刚被调任BD经理。这人生第一单一炮打响，实属不易。每日刘浩忙碌的身影穿梭于各部门间进行组织、协调。

订单量从每日几十单起以60度角度快速爬升，压力迅速抵达各部门。运营中心的热线部最早受到冲击。热线部根据从UC系统后台导出的订单与客户核实信息，包括订购内容、配送地址、联系方式等。通常，对于直接在高鸿科技B2C系统下单的客户，一个订单2分钟就能核实完毕。而对于这些在UC系统中下单的客户，除了常规的信息核实外，还需向客户说明订单将由高鸿科技进行配送。核实无误后，还要将订单手工导入高鸿科技的B2C系统。此外，客服也感受到了“通话障碍”——很多UC客户只会说方言，辨识有难度。这样一来，核实一个 UC 订单竟要 10 分钟才能完成。翻几倍的工作量让热线部全线告急。

通过热线部核实的 UC 订单被导入高鸿科技 B2C 系统后，会对接进 ERP 系统再流转到仓储部。面对成沓的订单，为了让客户更早地收到商品，仓储部主动将每周两天的休息日减少到一天。财务部每日开票工作量也大大增加，从 3 月下旬起开票员几乎每晚都工作到夜里十点，打印发票、整理单据、编制清单……

与此同时，伴随着出库量的提升，返货量也大大增加，更加大了仓储部和财务部的工作强度。面对突如其来的爆单，高鸿科技的领导干部和员工们以高涨的热情迎接着。各部门经理带领年轻的员工，在最短的时间内进行心理上的转变和业务适应。公司不断涌现出患重感冒还坚守在线指导工作、解决问题的领导干部，以及一批任劳任怨、不完成最后一单绝不离岗半步的员工。每一名员工都在心底祝福 UC 团购项目大卖！

3. 难题层出，步步惊心

3.1 令人郁闷的取消率

UC 团购项目火爆，让高鸿科技拥有大量订单的同时，也出现了一些问题。

转眼到了 2 月末，各部门开始进行月度总结。热线部经理苏影照常规按项目梳理着这个月的工作内容，分析话务量、核单效果和效率。

苏影先统计出了这个月的话务量（见表 3），结果毋庸置疑，因为热线部客服天天忙得喝水的工夫都没有。看到单均时长，不禁想到客服姑娘们打趣的方言，苏影止不住笑了起来。

表 3 UC 订单话务量统计表

项目	数量
话务量	2 600 通
通话时长	18 500 分钟
单均时长	10 分钟

接下来，核单有效率的统计结果（见表 4）却让苏影吃了一惊——这么高的取消率？反复检查了几遍原始数据，苏影确定这个结果没有问题。虽然平时

知道 UC 订单取消的不少，但总以为是因为 UC 订单量大导致取消量同比增长。未曾想，其已远远超出常规销售渠道的订单取消率。如此计算下来，热线部这个月的单位时间有效产能大幅降低。一想到员工们辛辛苦苦加班加点竟做了无用功，苏影再也坐不住了，直奔 BD 经理刘浩的办公室。两人稍做沟通，便决定召集几位部门经理开会研究。

表 4　UC 订单核单有效率统计表

项目	数量
核实订单	1 730 单
取消订单	806 单
取消率	47%

热线部经理苏影起了个头，把取消率的统计结果告诉了与会人员。BD 经理刘浩接着说："取消率是 UC 考核商家的一项重要指标，还请各部门想想怎么解决这个问题。"

物流部经理赵二龙发言："从物流方面分析，UC 订单取消有两个主要原因：一是很多客户的配送地址超区；二是一些偏远村镇虽然能配送，但不能提供货到付款服务。"

"原来如此啊，怪不得很多客户只会讲方言。"苏影补充道。

"订单量是今年高鸿股份对高鸿科技下达的一项重要考核指标。这次与 UC 合作没有任何市场费用投入。这样的免费渠道实在太难得了！还请你考虑下能否寻找一些配送范围更广又支持货到付款的承运商来解决取消率高的问题。"刘浩向物流部经理表达了期望。

"我还考虑了另一个问题，目前让客服在 UC 和高鸿科技的 B2C 两个系统间进行人工导单，这项操作很耗时，再加上这么高的取消率，大家想必都能体会到客服的心情。能否请研发部门评估下可否实现系统自动对接?"热线部苏影继续表达了优化系统的期望。

这次会议简短有效。会后，研发中心经理和物流部经理立刻行动起来。研发中心加班加点，很快实现了两个系统的订单对接方案，惹得热线部客服欢呼"闪电下单"，解放了人工，也避免了差错。相比之下，物流部洽谈新承运商的事宜更为艰难。只有个别承运商能够为偏远村镇提供货到付款的配送业务，但运费报价很高。考虑到市场部因为取消率高已遭到 UC 方警告限期优化，物流部经理征得公司领导同意后，决定为 UC 团购项目单独引入新的承运商。

3.2　令人懊恼的拒收量

引入新承运商后，取消率快速下降，几乎所有 UC 订单都能顺着两个系统接口

"流淌"入高鸿科技的B2C系统，仓储部、物流部、财务部更忙碌了。

事情并非一帆风顺，很快，物流部经理发现另一个指标在发生可怕的增长，那就是拒收率——评价客户满意度的重要指标。所谓拒收，是指当承运商将订单产品送至客户当地后，客户因对产品或商家服务不满意而拒绝收货。此外，也会因客户当时的资金状况、购物意愿发生变化等造成客户因素方面的拒收。拒收会造成商家多方面成本的增长，包括：（1）承运商将拒收产品返回商家会产生返货运费，物流行业俗称"逆向运费"，一般是正向运费的8折。（2）返货到库房后，仓储部需清点产品、配件、发票是否齐备，因运输途中有可能产生破损，验收需格外仔细，这一环节很耗时，势必增加仓储部的人力成本。（3）每个订单发货时会随包裹携带一张发票，订单返货后，财务部需要对发票进行冲红。发票作废只能用手工处理，这也增加了财务部的人力成本。

拒收率的增长对于物流部、仓储部、财务部三部门来说，真是忙上添乱。三位部门经理思考再三：其他销售渠道在同期也销售过同批次产品，但拒收率远低于UC渠道，这说明产品质量和商家服务本身并没出现大问题。而通过回访拒收的UC客户，得到的拒收理由多为"配送时间太长不想要了"。难道是UC渠道的客户群有问题？

研发中心设有用户研究员负责电子商务平台的数据挖掘和用户画像。用户研究员刘辉给出了他对UC渠道客户群的定位分析："UC浏览器的用户群主要集中在广东、四川、江苏，多为三四线城市及村镇，北、上、广一线城市用户量很低。从运营商网络分布来看，2G用户占比超过75%，3G用户不到1/4，移动互联网的应用处于初级阶段。这些信息能使他们在一定程度上了解客户。另外，手机下单本身也决定了订单存在随意性的风险比较大。"刘辉也提出了建议："虽然UC渠道存在取消率高、拒收率高等问题，但订单多、毛利高是不争的事实，这个渠道还是应该好好维护。针对这类客户的特点，产品策略、定价策略可适当调整，低值商品更为适宜。要想确保毛利，可以多尝试捆绑销售方式。但是，不可忽视，这类客户群的价值是值得商榷的。"

4. 绩效哗然，黑马陷阱

4.1 令人匪夷所思的绩效

8月初，财务部按照惯例为年中绩效分析会提报了重大合作项目分析表。

电子商务企业的费用支出与订单量有显著关系，因而，单纯费用的多寡难以明辨工作绩效，而以每个订单平均操作工时和平均成本来评估更能体现工作效率和效果。

分析会如期召开，投影仪投放在幕布上的 UC 项目实际成本核算分析表令各部门经理大吃一惊，几乎各项作业的实际单均工时和实际单均成本都超出了预算，如表 5 所示。

表 5　UC 项目实际成本核算分析表

UC 团购渠道传统成本法下产品成本			预算单均工时（分钟/单）	实际单均工时（分钟/单）	预算单均成本（元/单）	实际单均成本（元/单）
销售收入		产品销售收入（R）			市场价格 R	市场价格 R
销售成本		产品销售成本（UPC）			$UPC=D+22.74$	$UPC=D+40.78$
销售支出	直接人工	产品采购成本（D）			D	D
		订单发货阶段人工成本			0.13	0.13
		1　市场部——BD 拓展	0.05	0.20	0.13	0.13
	间接人工	订单发货阶段人工成本			1.87	2.45
		1　采销部——采购销售	0.05	0.05	0.09	0.09
		2　热线部——客服核单	2	10	0.09	0.67
		3　仓储部——拣货包装	10	10	1.27	1.27
		4　物流部——发货返货安排	1	1	0.17	0.17
		5　财务部——开具发票	1	1	0.25	0.25
		售后返货阶段人工成本			0.10	0.49
		1　仓储部——售后返货	1	5	0.03	0.13
		2　财务部——发票作废	1	5	0.07	0.36
		其他支持人工成本			0.13	0.13
		1　研发中心——技术支持	0	0.12	0.13	0.13
	间接费用	分摊			18.51	35.58
		1　物流部——物流配送成本			18.39	23.84
		2　物流部——拒收返货成本			0.12	11.74
	其他间接费用	其他运营成本（财务费用、管理费用等）			2.00	2.00
单均销售支出总计（不含直接材料）					22.74	40.78

物流部首先受到冲击，配送成本严重超标。热线部、仓储部、财务部的人力工作效率比预期降低很多。研发中心也在预期外发生了不少的成本。采销部的成本和效率虽然处于正常值，但在库存考核表中，周转率大幅下降，同样影响了资金成本。上半年唯一的业绩亮点是市场部，销售额考核指标完成、客户

注册数大幅增长。对于这个结果真是一家欢喜多家忧。

最严重的问题是每个订单的基础成本并非财务部之前提供的 22.74 元，而是 40.78 元，这中间的巨大差值势必大幅影响利润。接下来，财务部把 UC 项目经营数据分析表投放到了幕布上，虽然商品毛利率考虑了传统成本法下的成本加成基数，但由于实际单均物流成本与预算单均物流成本偏差太大，在大多数月份利润均为负数（见表 6）。

表 6　UC 项目经营数据分析表

<table>
<tr><th rowspan="2">物流发货
订单量（单）
1</th><th rowspan="2">销售收入
（元/单）
2</th><th colspan="4">销售成本</th><th colspan="2">利润对比</th></tr>
<tr><th>产品采购
成本
（元/单）
3</th><th>预算单均
物流成本
（元/单）
4</th><th>其他预算
单均成本
（元/单）
5</th><th>预算总计
（元/单）
6=3+
4+5</th><th>预算利润
（元/单）
7=2−6</th><th>预算
利润率
8=7/2</th></tr>
<tr><td rowspan="3">48 627</td><td rowspan="3">62</td><td rowspan="3">30.57</td><td>18.51</td><td>4.23</td><td>53.31</td><td>8.69</td><td>13%</td></tr>
<tr><td>实际单均物流
成本（元/单）</td><td>其他实际单均
成本（元/单）</td><td>实际总计
（元/单）</td><td>实际利润
（元/单）</td><td>实际
利润率</td></tr>
<tr><td>35.58</td><td>5.20</td><td>71.35</td><td>−9.35</td><td>−16%</td></tr>
</table>

这次会议大家都希望把问题谈透彻、剖析清楚，以确定后续思路，于是就出现了案例开头的会议场景。UC 开团近半年，各部门在大订单量的压力下工作量急涨，如今绩效评定却不尽如人意，大家内心的焦灼可想而知。

“说下我的考虑吧。”物流部经理先开了腔，“自从 UC 项目启动以来，物流方面的问题层出不穷。为了解决 UC 客户地址偏远无法配送造成的高取消率，我们引入了新的承运商，增加了远距离、高成本的运费。而后，又形成了大量的拒收返货，导致单均物流成本远远超出年初预算，这几个月物流成本迅速上涨，这个渠道真划不来。”

“的确如此。”热线部经理的声音传来，“为了维系好 UC 销售渠道，热线部、仓储部、财务部投入了太多人力和精力，UC 订单的处理复杂度高出其他渠道订单好几倍。反观 UC 客户群的忠诚度，却是在做赔本买卖。”

“客户忠诚度太重要了！那些已发货看似卖出去的产品在外转了一圈又被拒收送了回来。这两期团购活动的电脑鼠标套装和落地扇积压了大量返货库存，严重影响了采销部的考核指标。相比这么高的拒收率，还不如之前的高取消率，至少那是在没发货前，不至于损失这么大。”采销部经理心怀不满地说。

“一提到落地扇，这个大块头消耗的物流成本就太大了。风扇包装好有 10 千克，运费 80 元左右。售价 150 元一台的风扇，30 元的毛利，卖一台亏一台。”物流部经理接着说。

“为了对接 UC 系统和我们的 B2C 系统，我们投入了两名研发人员开发了两周，这也是为 UC 客户提供定制化的服务而额外投入的成本。”研发中心经理补充道。

参会部门纷纷表达观点，一言概之：考虑到运营成本和运营难度，建议放弃“亏本赚吆喝”的 UC 团购销售渠道。

市场部 BD 经理刘浩坐在一角认真思考着，待大家稍微静下一些，他也发表了个人想法：“UC 团购的效果还是非常显著的，客户注册量大、订单量多、产品毛利占 B2C 总毛利的 1/5！说明 UC 团购确实是拉流量的好渠道。”他停顿了一下接着提出了疑惑：“说起为何没能涵盖住基础成本，我也很纳闷，我们就是将财务部根据传统成本法所得的基础成本加到了每单产品的销售价格中，是不是计算结果有问题？”

会议室里气氛焦灼起来，大家纷纷把目光投向了财务部经理黎密。耳边各部门的讨论还在继续，黎密不由地在内心思考着：“UC，你是真的黑马吗？”

4.2 黑马渠道的陷阱

散会后，财务部经理黎密依然沉浸在那个问题中：“难道真是配送成本的计算方法出现了问题？”她立即组织财务人员参与讨论。

听说有部门质疑配送成本的核算结果，会计小任首先发言：“高鸿科技属于非制造企业，采用传统成本法很合适。以配送成本为例，它对于产品而言属于制造费用，以配送单量作为分配基础，将上年度总物流成本按单量平均得到单均物流成本，再以单均物流成本做产品定价是合理的。”

“那为何 UC 团购渠道使用了单均物流基础成本，却包不住实际成本呢？”李洁反问道。

“难道各销售渠道还有差异？”大家七嘴八舌地议论起来。

“对呀，UC 团购确实不同于其他销售渠道。还记得用户研究员做的客户群定位分析吗？UC 团购的客户群地处偏远导致配送成本高，客户拒收率高导致返货成本高。”

“这样的客户群用相同的标准分配工作量确实不太合理。而我们大多销售渠道面向的客户群都避免了这两个问题，所以一直以来采用传统成本法计算的配送成本差异不大。”

“电子商务企业本质上是零售商业，用传统成本法确实比较常见，但这样核算出的成本和利润比较粗放。”在国际知名超市工作过的总账会计梁姐提醒道，

"在这方面，美国是有所突破的，我之前所在的超市就采用了作业成本法。"这一提议非常新颖，大家决定采用UC团购的实际数据，运用作业成本法做一次全面核算。

财务部立即行动……

高鸿科技的电子商务业务流程分别使用了呼叫中心（call center，CC）、B2C系统、ERP系统、用友财务系统以及开票系统进行管理，作业成本法所需的成本数据都集中在其中，数据的收集和整理工作并非难事。

高鸿科技计划采用作业成本法将公司各部门费用以切合实际的原则计入产品中，从而得出与实际更为贴近的净利值。（模拟计算产品利润见表7。）

表7 模拟计算产品利润

产品编码	产品名称	销售金额（万元）	采购成本（万元）	毛利额（万元）	毛利率（%）	重量（千克）	配送成本（元）	产品利润（万元）

运营中所耗费的各项资源是难以直接归集到产品费用上的，可以先把耗费的资源归集到部门，然后再归集到作业。采用作业成本法进行核算的过程，实际上就是费用的归集和分配过程，可以依据成本记录直接把费用计入各产品；或者找出作业的成本动因，再计算分配基数。财务部按照如下五个步骤展开核算：

（1）按照部门归集费用。按部门归集费用，在技术上并不困难。

（2）计算各项作业的成本。部门若从事多项作业，并且这些作业的成本动因各不相同，就需要把部门总费用加以分割。若部门只负责一项作业，那么该部门的总费用就是此项作业的费用额。

（3）确定各项作业的成本动因（分配基数）和分配比率。

首先，对该项作业的成本动因和按此动因计算所得的作业量加以确定。然后，确定出单位作业量的计费单价。之后，向相关部门、作业或成本对象分配，可以得到如表8所示的各项作业费用分配比率的计算过程。

表8 作业成本法模拟各项作业的费用分配比率计算过程

部门	作业	总成本	分配基数	分配比率
采销部	业务相关成本			
热线部	客服		月通话量	

续表

部门	作业	总成本	分配基数	分配比率
仓储部	入库		月订单量	
	出库		月订单量	
	包装		月订单量	
物流部	配送		月订单量	
市场部	市场推广		月推荐产品分类	
技术部	后台支持		月订单量	
财务部				
公共费用				

（4）计算出各类产品所消耗作业量。

（5）按照费用的分配比率将运营成本分配给各类产品。

用步骤（3）所列各项作业的费用分配比率，乘以步骤（4）各产品消耗的作业量，计算出各产品应当分摊的运营成本，从而得到按照产品核算的利润。

虽然按照作业成本法理论已构建出核算步骤，但是，随着对运营部门业务流程的实地考察，财务部发现电子商务的工作流程非常复杂，面对市场、供应商、承运商等合作方，以及大客户、集采客户、渠道客户、普通客户等不同客户群体所提供的服务多样化，要想依据公司的组织架构和业务流程按照单件层次、批别层次、产品支持层次、整体运营层次确立不同质性的成本库，并确定作业成本库的成本动因并非易事。

财务部应用作业成本法进行核算的构想陷入了僵局。部门经理黎密鼓励大家多寻找作业成本法在商业领域的应用案例，并给大家在研究方向上做了分工。一周内财务人员收集到的案例真不少，大家除了对作业成本法有了更深入的了解，掌握了它的核算原理，还了解到它也具有一定的局限性，比如操作复杂、推行实施周期长等。最可喜的收获是，在学习作业成本法的过程中，大家了解到一种作业成本法的改进方法——TDABC 法。它既继承了传统作业成本法的所有优点，又解决了作业成本法不易操作的问题，被业界认为是作业成本法的最佳替代方案。

找到了这么好的方法，大家难掩欣喜。黎密带领财务部很快依据 TDABC 法将 UC 项目的实际成本（见表 9 和表 10）核算出来了。使用传统成本法和使用 TDABC 法进行核算的结果偏差较大：物流配送成本分别为 794 043 元和 1 093 335 元，成本增加 38%；客服人力成本分别为 18 052 元和 90 260 元，成本增加的差异率更是高达 400%。这一核算结果证实了之前所分析的各部门工作绩效降低、成本超支的情况，让各部门经理和财务人员的心情一下子跌入了谷底。原来，UC 是一匹暗藏成本陷阱的“黑马”。

表 9　UC 团购渠道的 TDABC 法核算结果

渠道：UC 团购	1	2	3	4	5	6	7	8	9	10	11	12
作业	工作量（个订单）	常规单位时间（分钟）	耗用的总时间数（分钟）	产能利用率	人均月工资（元）	人数（人）	月总工资（元）	总成本费用（元）	总有效时间（分钟）	单位时间产能成本（元）	成本发生因素的单位费用	成本分摊总计
公式说明	实际	估计	1×2	估计	实际	实际	5×6	列 7 之和	列 3 与列 4 乘积之和	8/9	2×10	1×11
订单发货												
市场部——BD 拓展	60 000	0.2	12 000	80%	10 000	1	10 000	146 000	960 220	0.15	0.03	1 825
采销部——采购销售	60 000	0.05	3 000	80%	7 000	1	7 000				0.01	451
热线部——客服核单	60 000	10	600 000	80%	3 000	10	30 000				1.52	90 260
仓储部——拣货包装	43 178	10	431 780	80%	5 000	10	50 000				1.52	47 203
物流部——发货返货安排	48 627	1	48 627	80%	5 000	2	10 000				0.15	6 977
财务部——开具发票	43 178	1	43 178	80%	5 000	2	10 000				0.15	4 720
售后返货												
仓储部——售后返货	5 449	5	27 245	80%	5 000	1	5 000				0.75	23 602
财务部——发票作废	5 449	5	27 245	80%	7 000	2	14 000				0.75	23 602
其他支持												
技术支持	60 000	0.12	7 200	80%	10 000	1	10 000				0.02	1 083
物流配送成本	43 178							1 029 364			23.84	1 029 364
拒收返货成本	5 449							63 971			11.74	63 971
总计												1 293 057

表 10 高鸿科技实施传统成本法与 TDABC 法的结果对比

成本类型	统计项目	传统成本法	TDABC 法	成本差值 TDABC－传统	差值率
物流配送成本	客单运费	18.39 元	23.84 元		
	配送单量	43 178 单	43 178 单		
	返货运费	0.12 元	11.74 元		
	返货单量	0 单	5 449 单		
	小计	794 043 元	1 093 335 元	299 292 元	38%
客服人力成本	客单核单时间	2 分钟	10 分钟		
	核单数量	60 000 单	60 000 单		
	小计	18 052 元	90 260 元	72 208 元	400%

启发思考题

1. 高鸿科技是一家什么样的企业？为什么要与 UC 合作？
2. 什么是传统成本法？高鸿科技运用此方法核算成本的结果如何？
3. 什么原因促使高鸿科技要引入作业成本法？
4. 作业成本法和 TDABC 法有什么差异？高鸿决定采用 TDABC 法的原因是什么？
5. TDABC 法是如何核算成本的？高鸿科技运用此方法进行成本核算的结果如何？
6. 采用传统成本法、作业成本法、TDABC 法核算的成本是否存在差异？会给企业经营决策带来什么影响？
7. TDABC 法适用于所有企业吗？应用 TDABC 法必须具备的条件是什么？
8. 高鸿科技应用 TDABC 法后，其成本核算信息将如何支持公司做出科学合理的经营决策？

教学目的与用途

1. 适用课程：管理会计、成本会计。

2. 适用对象：本案例主要为 EMBA、MBA 和 MPAcc 开发，适合具有一定工作经验的学生和管理者学习，也适合具有一定作业成本法理论知识的企业高管进行深入学习。

3. 教学目的：本案例通过分析传统成本法与 TDABC 法的特点与应用，重点阐述了 TDABC 法的战略定价作用，引导学生掌握、理解、讨论和思考以下四方面内容：

（1）掌握 TDABC 法的理念及计算；

（2）理解 TDABC 法较传统成本法能够提供更加准确的成本信息的特点；

（3）讨论 TDABC 法的适用情境和应用约束条件；

（4）思考 TDABC 法对企业战略定价及经营决策的作用。

理论依据与分析

1. 传统成本法的基本含义

在应用传统成本法时，产品成本被划分为三部分——直接人工、直接材料和制造费用。传统成本法的基本原理是：把产品作为成本分配对象，直接人工和直接材料被直接计入产品成本；然后，将不同性质的制造费用按照部门进行归集，再以一定的分配基础计算出分配比率分摊给相关产品，机器工时、人工工时等是常见的分配基础；最后，将各产品的单位成本和总成本汇总计算出结果。归纳而言，就是通过分摊或直接计入的方式，把生产活动中发生的各项成本费用计入产品成本中，即资源→产品（刘艳双，2010）。

2. 传统成本法、作业成本法和 TDABC 法的差异对比

作业成本法是 20 世纪 80 年代由哈佛大学卡普兰教授在 *Relevance lost: the rise and fall of management accounting* 一书中提出的。由于现代企业生产过程自动化以及产品多样化导致产品生产的间接成本不断增加，产品的消耗在特别为人工成本计量和报告而构建的传统成本会计系统中已不能精确呈现，作业成本法应运而生，得到了学术界和实务界的广泛重视。

作业成本法通过两个步骤进行成本核算：（1）确定主要作业并建立作业中心（作业成本库），按照作业耗用资源的比例将制造费用分配给每一个作业成本库。（2）对每一项作业确定合适的成本动因，并据此将制造费用分配给产品。

随着研究的深入，作业成本法的价值越来越得到理论界与管理者的认可。作业成本法在降低成本、提高质量和优化作业与缩短生产周期等方面具有巨大优点。在竞争市场环境下，作业成本法有助于分析竞争对手，发现非常规的定价策略。通过对作业成本法与企业业绩和管理者业绩以及企业利润关系的研究发现，采用作业成本法可以提高企业的财务业绩和企业价值。

然而，在20世纪90年代末及21世纪初，实践表明，大部分尝试实施作业成本法的企业最后都没能坚持下来，主要原因在于作业成本法的系统设计非常复杂，许多企业系统内部整合不当，建立和维持的成本较高。针对作业成本法的缺陷，卡普兰和安德森于2004年末提出了一种全新的方法——时间驱动作业成本（TDABC）法，并大力推广，将原来的作业成本法称为“rate-based ABC”（Kaplan and Anderson，2003）、“traditional ABC”（Kaplan and Anderson，2004）或“conventional ABC”（Kaplan and Anderson，2007）。

卡普兰和安德森（2010）更严格区分出了TDABC法与现行作业成本法应用的差别：作业成本法中通过对员工在不同活动上花费时间的不同将成本关联到作业上，而TDABC法中执行单位基本工作的时间是简单估算的。另外，还总结概括出TDABC法所具有的八大优势：（1）更简单和快速地构建出一个准确的模型；（2）更好地利用数据信息；（3）交易和订单的成本动因能够涵盖特殊订单的具体特征；（4）可以更经济地进行每月运作以捕捉最新的作业信息；（5）提供了作业效率和产能利用率的准确信息；（6）可以实现快速和廉价的模型更新；（7）预测资源需求，允许企业在预测订单数量和复杂性的基础上制定资源容量的预算；（8）可以在任何具有复杂性客户、产品、渠道、分部和流程以及大量的人员和资本性支出的行业或公司中应用。

传统成本法与作业成本法的主要特点对比如表11所示，作业成本法与TDABC法的比较如表12所示。

3. TDABC法的核算原理

TDABC法把企业的数据仓库（data warehouse，DW）或者ERP系统中的数据信息与强大简洁的业务流成本模型相结合，生成详细的损益报告（包括交易信息、产品信息、客户信息、渠道信息和区域信息），用以决策如何提高产能利用率并提升流程效率、如何提高客户和产品的获利能力。

只需要以下两个参数，即可应用TDABC法对各个部门或流程进行评估：（1）在单位时间内投入的资源能力的成本；（2）客户、产品和服务在消耗资源时占用的单位时间数量。

表 11　传统成本法与作业成本法的主要特点对比

<table>
<tr><th>特点</th><th colspan="2">内容</th></tr>
<tr><td>1. 成本计算分为两个阶段</td><td colspan="2">传统成本法下成本计算方法："资源→产品"
作业成本法下的成本计算方法："资源→作业→产品"
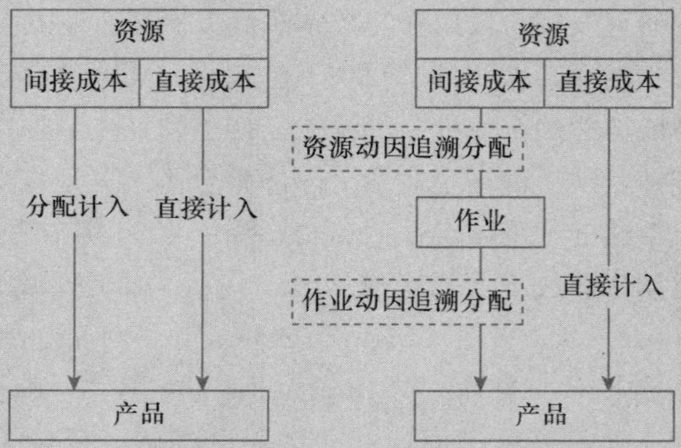
</td></tr>
<tr><td rowspan="2">2. 成本分配强调可追溯性</td><td rowspan="2">作业成本法强调使用直接追溯和动因追溯方式来分配成本，尽可能避免用分摊方式，因而，与传统成本法相比，作业成本法能够提供更加真实、准确的成本信息</td><td>直接追溯，是指将成本直接确认分配到某一成本对象的过程。这一过程是可以进行实地考察的。使用直接追溯方式最能真实地反映产品成本</td></tr>
<tr><td>动因追溯虽然不像直接追溯那样准确，但只要因果关系建立恰当，成本的分配结果同样可以达到较高的准确程度</td></tr>
<tr><td>3. 成本的追溯使用众多不同层面的作业动因</td><td colspan="2">作业成本法的独到之处在于它把资源的消耗首先追溯到作业，然后使用不同层面和数量众多的作业动因将作业成本追溯到产品。采用不同层面的、众多的成本动因进行成本的分配，要比采用单一分配基础更加合理，更能保证成本的准确性</td></tr>
</table>

资料来源：吴霏雨．谈作业成本法与传统成本法的结合运用［J］．会计之友，2011（2）：33-36.

表 12　作业成本法与 TDABC 法的比较

	作业成本法	TDABC 法
概念定义	作业成本法以作业为核心，根据不同成本动因分别设置成本库，再分别以各种成本对象所消耗的作业量分摊其在该成本库中的作业成本。它是对传统成本法的创新。 作业成本法是指将生产产品或提供服务所消耗资源的成本按作业进行归集，然后基于成本效益原则根据成本动因追溯到产品或服务的一种成本计量方法	TDABC 法在分配成本时以时间这一概念作为统一的度量工具，通过经验丰富的管理人员对实际的产能和作业单位时间的可靠估计，计算出作业的成本动因分配比率，进而计算出该项作业应分摊的成本

续表

	作业成本法	TDABC 法
基本原理	产品消耗作业，作业消耗资源	应用 TDABC 法评估每个部门或流程，只需要两个参数：（1）单位时间所投入的资源能力的成本；（2）产品、服务和客户在消耗资源时所占用的单位时间数
计算过程	两个步骤：（1）确定主要作业并建立作业中心（作业成本库），按照作业耗用资源的比例将制造费用分配给每一个作业成本库；（2）对每一项作业确定合适的成本动因，并据此将制造费用分配给产品	五个步骤：（1）估算单位时间的产能成本；（2）估计作业的单位时间数；（3）计算成本发生因素的单位费用；（4）进行成本分析与报告；（5）更新成本核算模型
优点	（1）能够为公司经营决策提供更加准确、清晰的成本信息；（2）是销售定价、战略决策的有效工具；（3）识别非增值作业，减少或消除不必要的非增值作业的成本；（4）为进一步的作业管理奠定了基础；（5）可以提高生产效率、提升客户价值，最终实现企业的战略目标	除了拥有作业成本法的优点外，还具有以下优点：（1）TDABC 法省去了耗费时力的、主观的作业调查这个过程去建立作业成本库；（2）TDABC 法通过运用时间来衡量消耗的资源，可以适用于运营环境复杂，以及产品差异化大的企业；（3）TDABC 法可以通过应用来自 ERP 系统的数据大量减少纠缠于数据的操作时间；（4）TDABC 系统更便于维护和更新；（5）TDABC 法通过估算单位时间产能成本，使得更为精确地计算产能利用率成为可能
缺点	（1）调查太耗时、成本高；（2）模型得到的数据主观性太强，难以验证；（3）数据存储、处理和报告成本高；（4）多数模型是局部的，不能从整体上反映公司的获利情况；（5）作业成本法系统不容易更新以适应变化的环境；（6）模型忽略了未加利用的产能的潜力，这是其理论上的误区	（1）基于作业经理的推测存在准确性偏差；（2）存在未被有效利用的资源能力

采用 TDABC 法的计算过程操作简便，在计算成本动因率、进行成本分析与报告、更新模型等方面相对作业成本法都有了很大的改进，能为企业提供更加及时准确、更具决策相关性的成本信息。

在应用 TDABC 法之前，首先要明确“产能”的概念。产能是对资源（如人力、物力、财力等）使用时间与使用率的度量。TDABC 法会用到产能的三个表示值：（1）理论提供量，即在理想状态下资源所能提供的能力；（2）实际提供量，即可用于生产产品或提供服务的那部分资源能力；（3）实际使用量，即生产产品或提供服务实际耗用的资源能力。

具体的计算过程分为五个步骤：（1）估算单位时间的产能成本；（2）估计作业的单位时间数；（3）计算成本发生因素的单位费用；（4）进行成本分析与报告；（5）更新成本核算模型。

4. TDABC法的适用条件

当企业出现以下情景时，应考虑使用TDABC法代替传统成本法进行成本核算：（1）直接人工占总成本的比例小；（2）销售增长，但利润下滑；（3）业务经理不相信产品成本报告；（4）渠道、产品、客户的边际利润难以解释；（5）市场人员不用成本报告定价；（6）一些产品在报告中有高额利润，但竞争对手不涉猎此产品。

在现代企业中，由于客户越来越追求个性化，定制类产品的比例大幅上升，产品日趋多样化，生产批量也较之从前大为减小，势必会引起直接人工成本的降低和固定制造费用比例的上升。TDABC法是一个管理成本和利润的通用模型，具有很广的适用范围，但使用时仍需考虑到企业的技术条件和成本结构。在产品多样化、生产批量小、人工费用和制造费用较高的制造企业，应用TDABC法的条件更为成熟，可以取得较好的管理效果。而对于大多数非制造企业，比如商品流通企业、餐饮卫生企业、休闲娱乐企业，直接人工成本在成本结构中占有较大比重，加上受企业各方面技术条件所限，传统成本法依然有较强的适用性。

此外，在应用TDABC法的过程中要充分考虑成本效益原则。TDABC法在操作上虽比作业成本法简便了许多，但与传统成本法相比，由于成本计算量和分配工作量的增加，仍然会加大提供成本信息所花费的代价。此外，企业会计数据的积累程度、会计人员的专业水平，以及企业信息系统的完善程度，都会对TDABC法的有效应用产生影响。因此，企业要综合考虑上述因素，当人工工时、机器工时等驱动因素十分有效或者制造费用较低时，不适宜采用TDABC法。

参考文献

［1］陈玉清，严琳．基于事件驱动因素的两种作业成本法的分析比较［J］．东北大学学报（社会科学版），2005（5）：342-345.

［2］杜安国．作业成本法在超市的应用——管理会计新动向［J］．会计之友（下旬刊），2009（6）：12-17.

[3] 郭文晓. 电子商务未来发展趋势探析 [J]. 中小企业管理与科技（下旬刊），2013（33）：159-160.

[4] 李连军，王润芳. 作业成本法基本原理及应用探讨 [J]. 财经问题研究，2000（11）：79.

[5] 罗伯特·S. 卡普兰，史蒂文·R. 安德森. 估时作业成本法 简单有效的获利方法 [M]. 北京：商务印书馆，2010.

[6] 罗纳德·W. 希尔顿. 管理会计学在动态商业环境中创造价值 [M]. 北京：机械工业出版社，2009.

[7] 潘飞，沈红波，郭浩环. 作业成本法与经济增加值的整合系统：理论分析与案例研究 [J]. 财经论丛（浙江财经学院学报），2006（3）：67-73.

[8] 权英淑. 作业成本法的适用性分析 [J]. 经济师，2003（10）：147-148.

[9] 王琴. 作业成本法在 B2C 电子商务企业中的应用 [J]. 财会通讯，2013（5）：106-107.

[10] 卫维锋. 作业成本法在作业改善中的应用研究：以 X 企业为例 [J]. 金融经济，2012（14）：162-164.

[11] 吴霏雨. 谈作业成本法与传统成本法的结合运用 [J]. 会计之友，2011（2）：33-36.

[12] 颜丽. 作业成本法适用环境分析 [J]. 财会通讯，2003（10）：38-39.

[13] 杨松令，陈放. 作业成本法的八大缺陷及其解决方法：资源消耗会计的原理及优势 [J]. 会计之友，2006（33）：15.

[14] 杨毅刚. 高新技术企业产品成本控制与管理 [M]. 北京：人民邮电出版社，2012.

[15] 张利芳. 浅议作业成本法实施中的几个问题 [J]. 西部财会，2007（7）：36-38.

[16] 周宁，谢晓霞. 项目成本管理 [M]. 北京：机械工业出版社，2010.

[17] 朱海芳. 管理会计学 [M]. 北京：中国财政经济出版社，2000.

[18] 刘艳双. 传统成本法与作业成本法应用比较：以××机械加工企业为例 [J]. 财会通讯，2010（34）：25-26.

[19] Armstrong P. The costs of activity-based management [J]. Accounting，Organizations and Society，2002，27（1/2）：99-120.

某公司油冷器产品的质量成本与质量改进项目实施

摘要： 随着市场经济的日益全球化，企业在激烈的国际竞争中要想获得优势，就要把质量放在核心地位，把质量成本管理贯穿到产品制造的全过程，真正融入国际化经营战略。本案例以某公司油冷器产品的质量成本与质量改进项目实施的全过程为主线，基于项目成本管理理论，从公司质量成本报告中发现的问题入手，通过对其质量改进项目的设计与实施、成本控制及效果的全过程分析，揭示了产品质量与经济效益的关系，点明了质量成本管理是企业增强竞争优势、提高盈利能力的重要途径，并指出企业要加强研发阶段和检验过程的质量控制，降低生产总成本，从而获得更多的经济效益和社会效益。本案例展示了企业质量成本管理体系现存的问题及寻求质量改进的整体思路，为其他企业开展和完善质量成本管理工作提供了经验借鉴。

关键词： 质量成本；质量改进；项目成本管理

0. 引言

案例公司是一家专门设计和生产汽车散热器和油冷器的制造厂，从 2008 年开始，为美国福特公司某车型提供 S197 油冷器。在供货初期，公司不断收到客户抱怨，不断有产品从美国退回。为了解决质量问题，公司决定采取改进措施，提高产品质量。首先从质量成本入手，因为它是编制质量计划、确定质量方针、进行质量决策的重要依据。通过质量产品信息的归类和分析，揭示产品质量与经济效益的关系，进而控制和降低成本，改善和提高产品质量，实现经济效益和社会效益的统一。

1. 油冷器产品质量成本报告及分析

该公司 2008 年上半年 S197 油冷器的销售额为 10 000 000 元人民币。由表 1 可知，2008 年上半年质量成本占销售额的 14.20%，产品的质量问题已经对公司的盈利造成影响。外部失败成本占销售额的 8.20%，并在整个质量成本中，占比超过 50%（820 000/1420 000×100%=57.75%）。外部失败成本是不增加价值的成本，在所有的质量成本中，这一类质量成本是最具有破坏性的。因此，公司需要认真研究外部质量缺陷成因，制定相应的改进措施，消除外部失败成本，最小化评估成本和内部失败成本，有效投资于预防成本。

表 1　公司 S197 油冷器产品的质量成本报告

2000 年 1—6 月

项目	成本数额（元）	占销售额的百分比（%）
预防成本		
质量培训成本	64 000	0.64
改进质量措施成本	56 000	0.56
统计过程控制	0	0.00
总预防成本	120 000	1.20
鉴定成本		
检测设备折旧	22 000	0.22
检测	76 000	0.76
产品检验	98 000	0.98
测试物料	4 000	0.04
总鉴定成本	200 000	2.00
内部失败成本		
废品处置	54 000	0.54
废料成本	86 000	0.86
返工成本	140 000	1.40
总内部失败成本	280 000	2.80
外部失败成本		
产品退回	340 000	3.40
质保维护	420 000	4.20
质量退换	60 000	0.60
总外部失败成本	820 000	8.20
总质量成本	1 420 000	14.20

2. 油冷器产品质量改进项目设计与实施

2.1 油冷器产品质量改进项目工作分析

通过对客户抱怨信息的收集与归类，发现外部质量的缺陷成因主要体现在以下四个方面：泄漏、筋片 2 错误装配、上/下安装板熔蚀以及外观问题。针对以上问题，将质量改进项目进行细化分解（如图 1 所示）。分解结构图确定了项目团队为完成项目目标所要进行的所有作业，为编制资源计划提供了重要依据。接下来根据该工作分解结构图，成立项目小组，确定小组团队成员名单，指派相应的任务并制定项目进度计划。

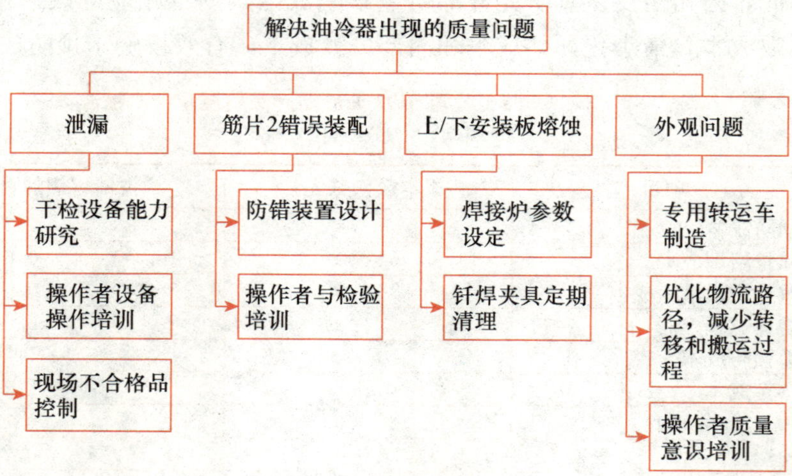

图 1 油冷器产品质量改进项目工作分解结构图

项目责任矩阵采用表格形式将工作分解结构图中每项工作任务或作业分配到小组团队成员。采用责任矩阵明确表示每项工作到底由谁来负责、由谁来具体执行，并表明每个人在整个项目中的位置。

在本次质量改进项目的责任矩阵（见表 2）中，P 表示某特定工作任务的主要负责人，S 表示该工作任务的次要负责人。责任矩阵使得团队成员中的每个人不仅能认识到自己在项目组织中的基本职责，还可以充分认识到自己在与他人配合中应承担的责任，从而能够充分、全面地认识自己的责任。

在工作分解结构的基础上，对这些项目作业进行进度安排，并对项目作业进行排序，明确项目作业必须何时开始以及何时完成、项目作业所需要的时间，具体见进度计划甘特图（见图 2）。

表 2　油冷器产品质量改进项目责任矩阵

任务名称		质量工程师	技术工程师	工艺工程师	设备工程师
1. 泄漏	1.1 干检设备能力研究		S	S	P
	1.2 操作者设备操作培训	P	S	S	
	1.3 现场不合格品控制	P			
2. 筋片 2 错误装配	2.1 防错装置设计		P		
	2.2 操作者与检验培训	P			
3. 上/下安装板熔蚀	3.1 焊接炉参数设定		S	S	P
	3.2 钎焊夹具定期清理	S		P	
4. 外观问题	4.1 专用转运车制造	S	P	S	
	4.2 优化物流路径，减少转移和搬运过程	S		P	
	4.3 操作者质量意识培训	P			

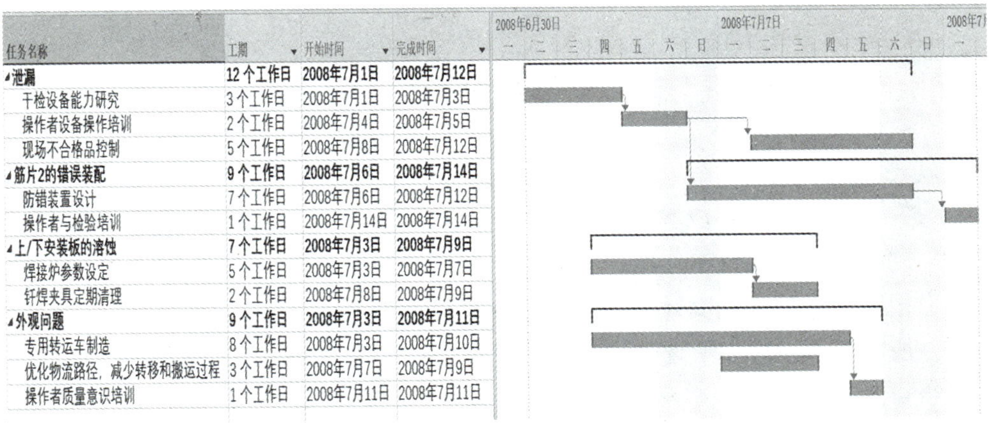

图 2　油冷器产品质量改进项目甘特图

2.2　油冷器产品质量改进项目成本估算

针对该油冷器产品质量改进项目，采用自上而下估算法（即类比估算法）来进行成本估算。以以往类似项目实际成本的历史数据为估算依据，并请公司的设备专家、工艺流程与设计专家以及质量工程师等相关人员参与项目评审会，估算此次质量改进项目所需要花费的成本。首先，由项目的中上层管理人员负责收集类似项目成本的相关历史数据。其次，由项目的中上层管理人员通过财务管理会计的帮助，对项目的总成本进行估算。最后，按照工作分解结构图的层次把项目总成本的估算结果自上而下传递给下一层的管理人员，在此基础上，下层管理人员对自己负责的子项目或子任务的成本进行估算，逐层传递，一直传递到工作分解结构图的最底层为止。由此，估计该质量改进项目所需要的总金额为 250 000 元，并进行逐层传递（见图 3）。

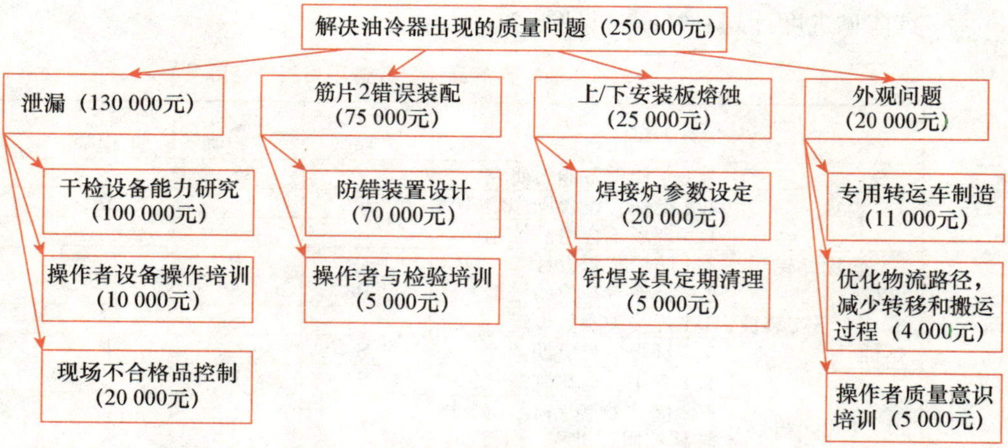

图3　油冷器产品质量改进项目成本估算

3. 油冷器产品质量改进项目成本预算

将前述项目成本估算文件作为主要依据，对项目各项工作与作业进行预算，同时，采用项目工作结构分解图分析和确定项目各项工作与作业的成本预算，再根据项目工期进度计划安排（甘特图）规定项目工作同预算分配需完成的时间和所需资源。综上所述，将项目的成本估算结果在各具体行动上进行分配，确定项目各作业的成本定额，并确定项目意外开支准备金。为此，编制了项目预算表（见表3），将此项目所需原材料、设备和工具、劳动力等因素考虑在内。

表3　油冷器产品质量改进项目成本预算表

项目名称：S197油冷器产品质量改进项目　　日期：自2008年7月1日 至2008年7月14日
制表人：×××

项目	时间		价格/单位	预计费用（元）
	开始	结束		
A. 人员				
（a）项目组成员	2008年7月1日	2008年7月14日	13.5元/小时	24 300
（b）干检设备厂家工程师	2008年7月1日	2008年7月3日	100元/小时	7 200
（c）钎焊炉厂家工程师	2008年7月3日	2008年7月7日	220元/小时	24 640
（d）操作者	2008年7月4日	2008年7月14日	5.6元/件	25 200
		人员费用合计		81 340
B. 原材料				
（a）专用车钢材	2008年7月3日	2008年7月10日	3 150元/吨	5 525
（b）铝材A3003-O	2008年7月1日	2008年7月14日	27 200元/吨	71 650

（c）自反射接近开关	2008 年 7 月 6 日	2008 年 7 月 12 日	1 200 元/个	7 200
（d）焊接钎剂	2008 年 7 月 1 日	2008 年 7 月 14 日	32.5 元/千克	3 275
（e）油漆	2008 年 7 月 6 日	2008 年 7 月 10 日	75 元/千克	110
		材料费用合计		87 760
C. 租用器具				
（a）干检设备标准漏口（高低各一个）	2008 年 7 月 1 日	2008 年 7 月 3 日	900 元/个/天	5 400
（b）钎焊炉湿度跟踪仪（一台）	2008 年 7 月 3 日	2008 年 7 月 7 日	3 900 元/台/天	27 300
（c）钎焊炉热电偶（八个）	2008 年 7 月 3 日	2008 年 7 月 7 日	450 元/个/天	25 200
		租用器具费用合计		57 900
D. 其他				
总计				227 000

填写完最后一项成本后，将各项成本累加即可得到该项目的总成本。为了使结果更为准确，需要准备一定量的不可预见成本，以备项目执行期间发生意外情况时使用。根据以往开发类似项目的经验，在这里取表 3 中总预算成本（227 000 元）的 10%，即 22 700 元。以上面的项目成本预算表为分配依据，得出该项目的成本预算分解结构如图 4 所示。

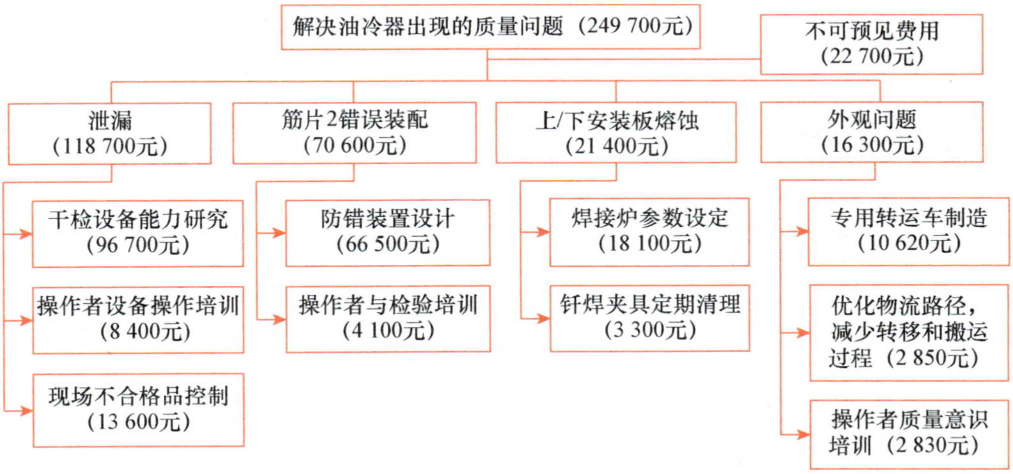

图 4　油冷器产品质量改进项目成本预算分解结构图

项目的成本预算包括两个因素：一是项目成本预算的多少；二是项目成本的投入时间。根据项目总预算、项目工作包预算、项目各项具体作业预算以及各项工作的开始与完成时间，确定出项目各项具体作业的预算投入时间。从项目启动之日（2008 年 7 月 1 日）到项目结束之日（2008 年 7 月 14 日）这段项目周期内，按照各项作业所发生的不同阶段，相应的成本在阶段时间内均匀发生，再将各阶段进行成本累积（见表 4），即可得出如图 5 所示的成本基线。

表 4　油冷器产品质量改进项目成本预算表

金额单位：元

任务	成本	天数	7月1日	7月2日	7月3日	7月4日	7月5日	7月6日	7月7日	7月8日	7月9日	7月10日	7月11日	7月12日	7月13日	7月14日
1.1	96 700	3	32 233	32 233	32 233											
1.2	8 400	2				4 200	4 200									
1.3	13 600	5								2 720	2 720	2 720	2 720	2 720		
2.1	66 500	7						9 500	9 500	9 500	9 500	9 500	9 500	9 500		
2.2	4 100	1														4 100
3.1	18 100	5			3 620	3 620	3 620	3 620	3 620							
3.2	3 300	2								1 650	1 650					
4.1	10 620	8			1 328	1 328	1 328	1 328	1 328	1 328	1 328	1 328				
4.2	2 850	3							950	950	950					
4.3	2 830	1											2 830			
累积			32 233	64 466	101 647	110 794	119 942	134 389	149 787	165 934	182 082	195 629	210 679	222 899	222 899	226 999

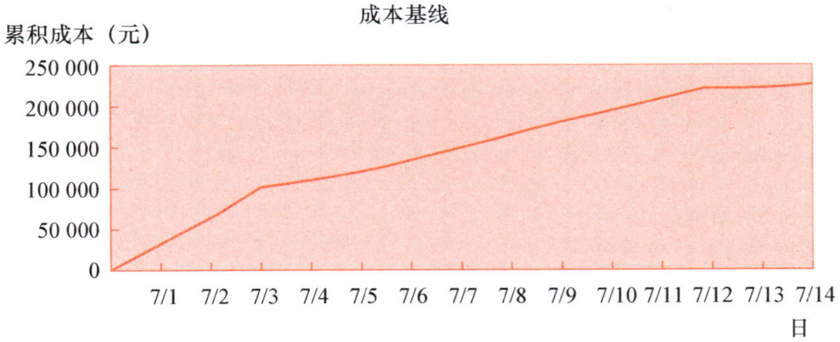

图 5 油冷器产品质量改进项目成本基线

4. 油冷器产品质量改进项目成本控制

该项目的预算完成时间是 14 天，预算成本是 249 700 元，对该项目的进展进行评审，得到挣值主要参数一览表（见表 5）。

表 5 油冷器产品质量改进项目进度/成本整合控制——挣值分析

日期	1	2	3	4	5	6	7
计划工作预算成本（BCWS）	32 233	64 466	101 647	110 794	119 942	134 389	149 787
已完成工作预算成本（BCWP）	15 947	36 239	68 937	79 879	92 174	109 329	122 738
已完成工作实际成本（ACWP）	45 327	72 201	110 289	115 890	121 487	136 423	150 187
成本偏差（CV）	−29 380	−35 962	−41 352	−36 011	−29 313	−27 094	−27 449
进度偏差（SV）	−16 286	−28 227	−32 710	−30 915	−27 768	−25 060	−27 049
进度绩效指数（SPI）	0.49	0.56	0.68	0.72	0.77	0.81	0.82
成本绩效指数（CPI）	0.35	0.50	0.63	0.69	0.76	0.80	0.82

续表

日期	1	2	3	4	5	6	7
计划工作预算成本（BCWS）	165 934	182 082	195 629	210 679	222 899	222 899	226 999
已完成工作预算成本（BCWP）	147 827	172 180	197 709	219 730	239 112	240 237	249 987
已完成工作实际成本（ACWP）	157 432	168 329	179 497	192 439	200 747	203 239	219 468
成本偏差（CV）	−9 605	3 851	18 212	27 291	38 365	36 998	30 519
进度偏差（SV）	−18 107	−9 902	2 080	9 051	16 213	17 338	22 988
进度绩效指数（SPI）	0.89	0.95	1.01	1.04	1.07	1.08	1.10
成本绩效指数（CPI）	0.94	1.02	1.10	1.14	1.19	1.18	1.14

对挣值的主要指标进行计算分析：在项目开展的前 7 天，进度和成本不太理想，主要原因是前期准备不充分、时间要求紧和一次性投入较大。在进度落后于计划时间和成本超出预算的情况下，采取以下措施进行调整：

（1）找出进度滞后和成本超支的项目——专用转运车制造。由于需要一次性预付转运车的材料款，并且材料的交付存在一定的交货周期（在制定项目进度时，没有把材料交付周期（15 天）考虑在内），因此，在项目启动之初，出现进度延迟和成本超支现象。在及时与材料厂家协商之后，转运车材料提前于正常交付周期到达厂内。通过组织员工加班，把前期等待材料所耽误的时间抢回。

（2）对于干检设备能力研究项目的难度估计不足，只安排了 3 天时间。为了保证后续项目不受过大影响，启动部分风险备用金，延长该项目 2 天，支付干检设备厂家工程师的酬劳。在延长该项目的同时，仍然按节点启动下一步作业——对操作者进行干检设备的操作培训。在研究干检设备能力的同时，对干检设备操作者进行同步培训，既提升了培训效果，又减少了对后面作业的进度影响。

（3）项目小组成员在每日下班前召开日工作总结会，对各项作业进行整体评估，查看状态，并制定第二天的工作计划。

在有效采取以上措施之后，项目在实施后的第 10 天开始呈现良好的发展趋势，进度提前并开始盈利。

5. 油冷器产品质量改进项目效果分析

通过采取 S197 油冷器的质量改进项目，内部失败成本和外部失败成本明显下降（见表 6）。

表 6　油冷器产品质量改进项目实施前后结果对照

项目	2008 年 1—6 月		2008 年 7—12 月		2009 年 1—3 月	
	金额（元）	百分比（%）	金额（元）	百分比（%）	金额（元）	百分比（%）
预防成本						
质量培训成本	64 000	0.64	106 000	1.06	117 000	1.17
质量改进措施成本	56 000	0.56	80 000	0.80	84 000	0.84
统计过程控制	0	0	74 000	0.74	78 000	0.78
总预防成本	120 000	1.20	260 000	2.60	279 000	2.79
鉴定成本						
检测设备折旧	22 000	0.22	34 000	0.34	30 000	0.30
检测	76 000	0.76	120 000	1.20	132 000	1.32
产品检验	98 000	0.98	160 000	1.60	170 000	1.70
测试物料	4 000	0.04	6 000	0.06	7 000	0.07
总鉴定成本	200 000	2.00	320 000	3.20	339 000	3.39
内部失败成本						
废品处置	54 000	0.54	76 000	0.76	60 000	0.60
废料成本	86 000	0.86	124 000	1.24	100 000	1.00
返工成本	140 000	1.40	200 000	2.00	180 000	1.80
总内部失败成本	280 000	2.80	400 000	4.00	340 000	3.40
外部失败成本						
产品退回	340 000	3.40	82 000	0.82	40 000	0.40
质保维护	420 000	4.20	140 000	1.40	70 000	0.70
质量退换	60 000	0.60	18 000	0.18	5 000	0.05
总外部失败成本	820 000	8.20	240 000	2.40	115 000	1.15
总质量成本	1 420 000	14.20	1 220 000	12.20	1 073 000	10.73

（1）成本报告显示 2008 年上半年质量成本占销售额的 14.20%，主要原因产品的质量问题给公司盈利造成影响。通过实施质量成本管理体系和质量改

进，到 2009 年第一季度占比已经下降到 10.73%。在假设销售额不变（销售额为 10 000 000 元）的情况下，公司盈利能力得到显著增强。

（2）通过产品质量成本报告可以看出随着公司预防成本、评估成本的增加，公司内外部失败成本减少，公司全部质量成本的绝对值和比重都显著降低，如质量成本绝对数量分析柱状图（见图 6）和质量成本相对数量分析柱状图（见图 7）所示。

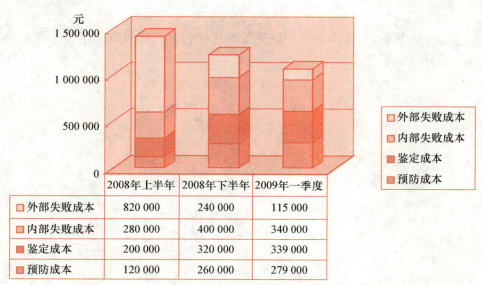

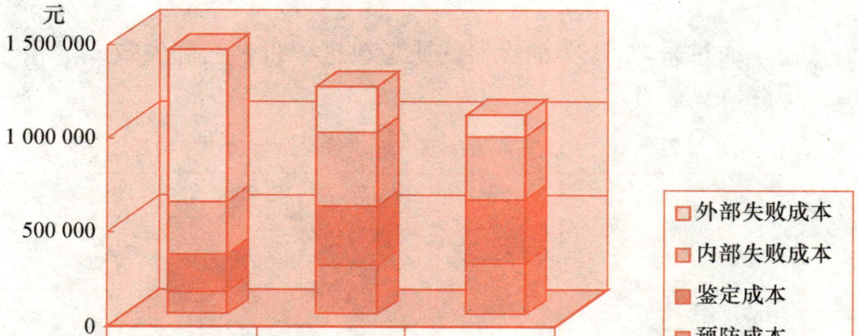

	2008年上半年	2008年下半年	2009年一季度
外部失败成本	820 000	240 000	115 000
内部失败成本	280 000	400 000	340 000
鉴定成本	200 000	320 000	339 000
预防成本	120 000	260 000	279 000

图 6　油冷器产品质量改进项目质量成本绝对量比较

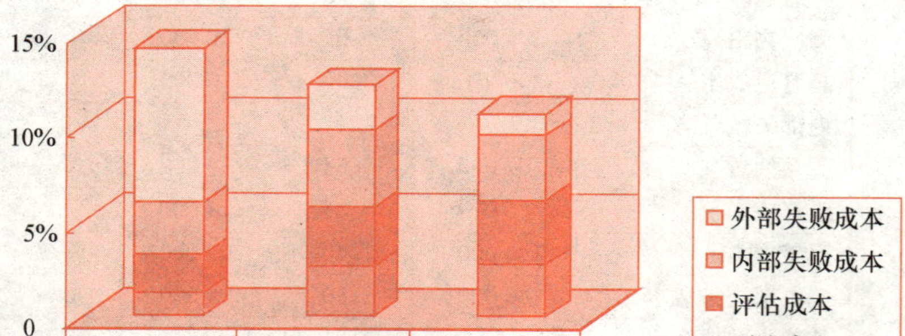

	2008年上半年	2008年下半年	2009年一季度
外部失败成本	8.20%	2.40%	1.15%
内部失败成本	2.80%	4.00%	3.40%
评估成本	2.00%	3.20%	3.39%
预防成本	1.20%	2.60%	2.79%

图 7　油冷器产品质量改进项目质量成本相对量比较

6. 结论

综上所述，通过采取前述质量改进项目，并结合质量成本报告，可以得出如下结论：（1）降低质量成本提高客户满意度可以显著增强公司的竞争优势和盈利能力；（2）加大对生产前的质量管理可以显著降低公司的质量成本和总成本，所以公司应加强研发阶段和检验过程的质量控制；（3）质量成本贯穿产品的整个生命周期。

对该公司来说，在国际经济形势不容乐观的情况下，应将质量放在核心地位，不断加强质量管理，提高产品质量，降低质量成本，积极参与国际竞争。

启发思考题

1. 该公司是一个怎样的企业？其产品的特征是什么？
2. 质量成本有哪些类型？该公司质量成本存在哪些问题？
3. 什么是项目成本管理？该公司如何开展质量成本改进项目？
4. 该公司质量成本改进项目实施效果如何？对于质量成本管理有何启示？

教学目的与用途

1. 适用课程：项目成本管理。

2. 适用对象：本案例主要为 MBA、EMBA 和 MEM 开发，适合具有一定工作经验的学生和管理者学习，也适合具有一定项目管理理论知识的企业高管进行深入学习。

3. 教学目的：本案例以某公司油冷器产品的质量成本与质量改进项目实施全过程为主线，通过深入分析，引导学生了解、掌握和思考以下三方面内容，帮助学生运用科学的理论知识并结合企业实践，提升分析问题、解决问题和思辨的能力：

（1）掌握企业分析的基本方法；

（2）掌握质量成本的分类及改进的必要性；

（3）思考和讨论达到质量成本改进效果的手段。

理论依据与分析

1. 质量成本类型

质量成本是预防、评估、维修和修复次品的相关成本，还有因浪费生产时间和销售次品而导致的机会成本。目前，我国质量成本项目的设置大体可归为四大类20项，分述如下：

（1）预防成本。预防成本是指为了保证和提高产品质量、防止故障等采取预防措施所发生的费用，具体包括以下6项：

1）质量工作开展费。企业为了保证和控制产品质量，防止质量故障，开展质量管理所发生的办公费，宣传、收集情报费用，以及编制质量管理手册、制定质量计划及质量标准，开展质量成本小组活动，开展质量管理达标、升级活动，组织质量审核等所支付的各种费用。

2）质量工作培训费。企业为达到质量要求，提高质量成本管理人员的素质，对有关人员进行增强质量意识、加强质量管理、提高检测技术水平等方面的培训费用。

3）质量工作奖励费。企业为保证和提高产品质量支付的各种奖励支出，如质量成本小组优秀成果奖、质量管理竞赛奖以及有关质量管理的合理化建议奖等。

4）产品质量评审费。企业对新设计的产品，以及对研制阶段的设计方案进行评价和评审所发生的各种费用。

5）质量管理人员工资及福利费。企业支付的质量管理科室和车间专职从事质量管理人员的工资及各项福利费（包括职工福利费及工会经费）。

6）质量改进措施费。企业为了建立质量管理和质量保证体系，提高产品和服务质量，改进产品设计，调整工艺，开展工序控制，进行技术改进花费的各项费用。

（2）评估成本。评估成本是指对产品和形成产品的原材料及半成品进行检测，以评价其是否满足规定的质量要求所需要的费用，具体包括以下4项：

1）检测试验费。企业对进厂的材料、外购外协件、配套件、工具以及生产过程中的半成品、在制品及产成品，按质量标准进行检测、试验以及设备的维修、校正所发生的费用。

2）工资及福利费。企业中专门从事检验的人员工资及各项福利费（包括职工福利费及工会经费）。

3）检测试验办公费。企业为检测材料、零部件、在产品以及产成品所发生的各项办公费用等。

4）检测设备及其折旧费用。企业进行质量检测的设备、仪器以及质量检测用房的折旧费用，其中还包括检测设备的大修理费用。

（3）内部失败成本。内部失败成本是指产品出厂前因未达到规定的质量要求而支付的费用，具体包括以下5项：

1）报废品损失。在经济上不值得修复的在产品、半成品及产成品报废而造成的净损失。

2）不合格品返修损失。指对不合格的产成品、半成品及在制品进行返修所耗用材料和人工费等。

3）事故停工损失。指由于质量事故引起的停工损失。

4）事故处理费。指对质量问题进行分析处理所发生的直接损失费用。例如，判定不合格品能否使用所进行的处理工作发生的费用，或由于抽样检查不合格品进行筛选的费用。

5）产品降级损失。指产品因外表或局部的质量问题达不到质量标准，又不影响主要性能而降级处理的损失。

（4）外部失败成本。外部失败成本是指产品出厂后因不满足规定的质量要求而导致的索赔、维修、更换或信誉损失等支付的费用，具体包括以下5项：

1）索赔损失。根据合同规定，产品出厂后由于质量缺陷赔偿给用户的费用。

2）退货损失。产品出厂后，由于质量缺陷造成用户退货、换货支付的损失费用。

3）维修费用。根据合同规定或在保修期间为用户损失所发生的修理服务费用。

4）诉讼费用。用户认为产品质量低劣，要求赔偿，提出申诉，企业为处理申诉所支付的费用。

5）降价损失。产品出厂后，因为低于规定的质量标准进行降价处理所造成的损失。

2. 项目成本管理的内容

项目成本管理是指为保障项目实际发生的成本不超过项目预算，使项目在批准的预算内按时、按质、经济、高效地完成既定目标而开展的项目成本管理活动。项目成本管理是在整个项目的实施过程中，为确保项目在批准的成本预算内尽可能好地完成而对所需的各个过程进行管理和控制。目前国际上通行的做法是按照《项目管理知识体系指南》将项目成本管理过程定义为项目成本估算、项目成本预算、项目成本控制等过程，如图 8 所示。项目成本估算是估计完成项目所需资源成本的近似值，从而得到项目成本的估计值和项目成本管理计划。项目成本预算是将整体成本估算配置到各单项工作中，以建立一个衡量成本执行绩效的基准计划。项目成本控制是控制项目预算的变化，从而生成修正的成本估算、更新的成本预算、完工估算和经验教训等。

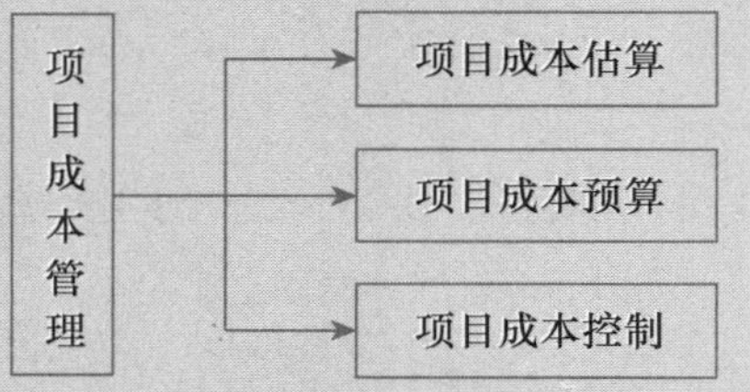

图 8　项目成本管理内容

（1）项目成本估算。项目成本估算是编制一个为完成项目各项作业所需要的资源成本的近似估算，是项目计划中的一个重要组成部分。项目成本估算中最重要的任务是确定整个项目所需的人、机、料、费等成本要素及其数额的多少，包括建设成本估算、资金占用成本估算和间接成本估算等内容。对于一个项目来说，项目成本估算实际上是项目成本决策的过程，它是项目成本预算、成本控制的基础。成本估算同样包括成本估算的输入、成本估算的方法和工具以及成本估算的输出三个方面。

（2）项目成本预算。项目成本预算是指为了确定测量项目实际绩效的基准计划而把成本估算分配到各个工作项（或工作包）上的成本计划，是一项编制项目成本控制基线或项目目标成本计划的管理工作，即建立基准成本以衡量项目执行情况。项目成本预算同样包括成本预算的输入、成本预算的方法和工具以及成本预算的输出三个方面。

（3）项目成本控制。项目成本控制是将项目的实际成本控制在项目预算范围之内的管理过程，是成本管理的关键环节。它是通过一定的方法，在保证项目质量的前提下尽量将项目的成本降低，以控制在目标成本之内。同时，成本控制必须和其他控制过程结合。项目成本控制主要包括：监视成本执行以寻找与计划的偏差；确保所有有关变更被准确地记录在成本预算计划中；防止不正确、不适宜或未核准的变更纳入成本预算计划；将核准的变更通知相关人员。项目成本控制也包括成本控制的输入、成本控制的方法和工具以及成本控制的输出三个方面。

3. 工作分解结构

工作分解结构（WBS）是进行范围规划时所使用的重要工具和技术之一，是面向可交付成果的对项目元素的分组，它组织并定义了整个项目范围，未列入工作分解结构的工作将被排除在项目范围之外。它是项目团队在项目期间要完成或生产出的最终细目的等级树，所有这些细目的完成或产出构成了整个项目的工作范围。沿此等级树由上向下，每降一层，对于项目各组成部分说明的详细程度就提高一层。以项目范围说明书为依据，对项目进行分解，将项目划分为较小的、更易管理的工作单元。这些工作单元的内容更容易确定，能识别出项目中需要的资源、技术、时间，提高资源、成本及时间估算的准确性。工作分解结构是进行项目成本估算、预算和控制的基础。

项目工作分解结构实质上是项目任务的一种自上而下、层层分解的表达方式，使每项任务都被安排到整个项目结构的适当位置。工作分解结构具有两种表达方式：一种是树形的分解结构图；另一种是工作分解结构表。图 9 所示的为工作分解结构图的基本层次。

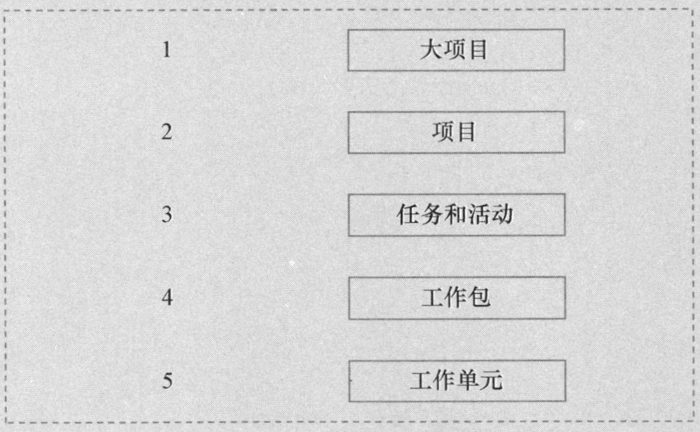

图 9　工作分解结构层次示意图

虽然每个项目都具有一定的独特性，但大多数项目总是在某种程度上与另外一个项目类似，在对一个项目进行分解时，可以参考过去类似项目的工作分解结构。例如，在一个给定的组织中，多数项目会有相同或相似的生命周期，对每个项目阶段可能有相同或相似的可交付成果要求。基于这种相似性，许多应用领域或项目执行机构存在标准或半标准的工作分解结构，它们可被用作模板。

4. 资源需求甘特图

资源需求甘特图是揭示某个特定项目所需的人工、材料等资源在项目生命周期的每个时间段的需求或占用情况的一种图形，图中每类资源都可以表示为时间（项目进度）的函数。

资源需求甘特图的表现形式有两种：一种形式如图 10 所示，它可以用一张图同时表示两种以上的资源随着时间推进的需求情况；另一种形式如图 11

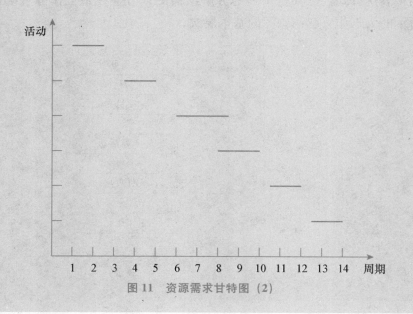

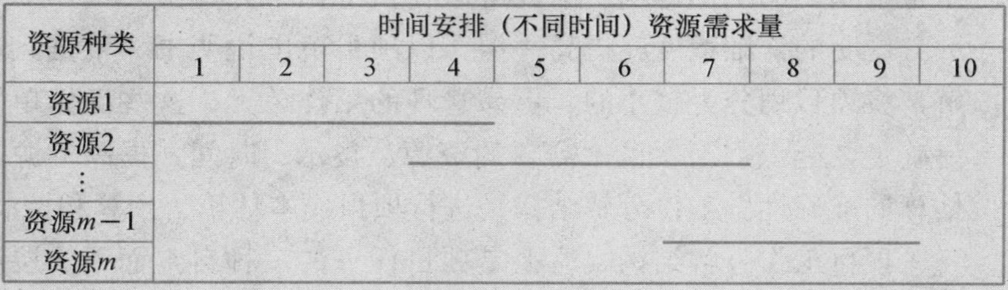

图 10　资源需求甘特图（1）

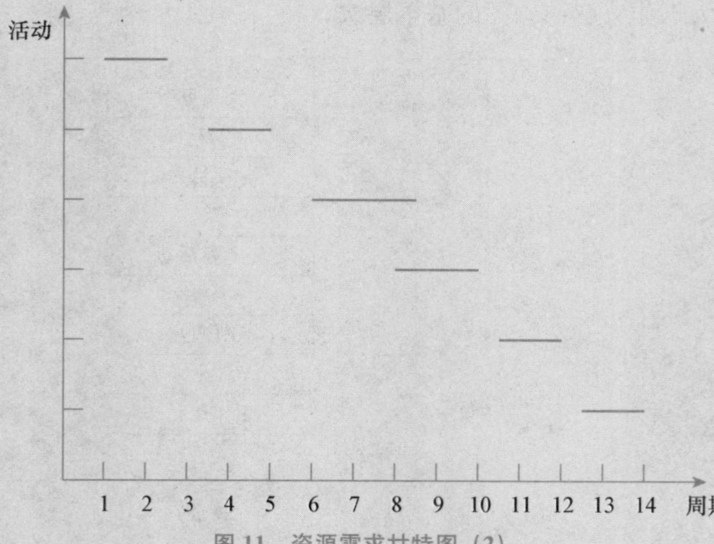

图 11　资源需求甘特图（2）

所示，在该种表示方式中，对应每一种类型的资源，均需要绘制出一幅独立的资源需求甘特图，虽然该形式的图比较容易理解，但绘制的工作量较大，它不适合资源需求种类较多的项目。

5. 挣值分析

挣值管理技术（EVMS）作为成本/进度的综合评测技术涉及8个组成部分：组织、进度、预算、工作授权、数据的汇总和报告、差异分析、完成时的预测、基准维护与控制。其主要作用为：通过事先制定周密的计划，建立一系列明确的检测标准；采用CPM网络技术，分析进度状态和关联影响；对照已完成的工作，分析成本支出执行情况；分析、量化存在的问题，预测完成日期和最终成本；为所采取的纠正措施提供全方位的分析支持；提供维护评测控制基准的能力。EVMS的主要指标包括BCWS（计划工作预算成本）、BCWP（已完成工作预算成本）、ACWP（已完成工作实际成本）、ETC（完工尚需估算）、BAC（完工预算）、CV（成本偏差）、SV（进度偏差）、VAC（差异）、CPI（成本绩效指数）、SPI（进度绩效指数）等。其中前三项为基本值，其他项由它们派生确定。要求每项成本必须清晰地定义其与WBS（工作分解结构）、OBS（组织分解结构）、CBS（成本分解结构）的整合关系。

计划工作预算成本（BCWS）是指项目实施过程中某阶段计划要求完成的工作量所需的预算成本（或工时）。计算公式为：BCWS＝计划工作量×预算定额。BCWS主要是反映进度计划应当完成的工作量而不是反映应消耗的工时（或成本）。

已完成工作预算成本（BCWP）是指项目实施过程中某阶段按实际完成工作量及按预算定额计算出来的成本（或工时），即挣值。计算公式为：BC-WP＝已完成工作量×预算定额。

已完成工作实际成本（ACWP）是指项目实施过程中某阶段实际完成的工作量所消耗的成本（或工时）。ACWP主要反映项目执行的实际消耗。

成本偏差（CV）是指检查期间BCWP与ACWP之间的差异，计算公式为：CV＝BCWP－ACWP＝EV－AC。当CV为负值时表示执行效果不佳，实际消耗成本（或工时）超过预算值，即超支。反之，当CV为正值时表示实际消耗成本（或工时）低于预算值，即有结余或效率高，如图12所示。

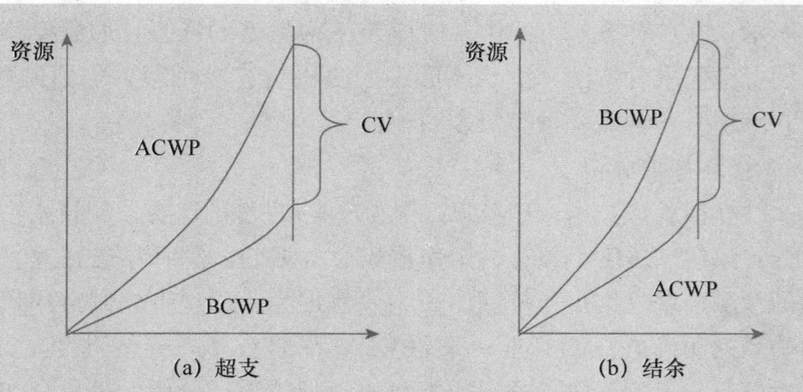

图 12　成本偏差示意图

进度偏差（SV）是指检查日期 BCWP 与 BCWS 之间的差异。计算公式为：SV＝BCWP－BCWS＝EV－PV。当 SV 为正值时，表示进度提前；当 SV 为负值时，表示进度延误，如图 13 所示。

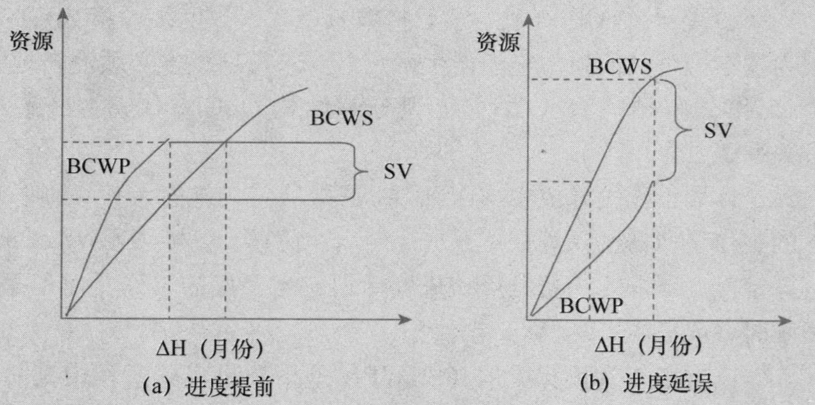

图 13　进度偏差示意图

成本绩效指数（CPI）是指预算成本与实际成本值之比（或工时值之比）。计算公式为：CPI＝BCWP/ACWP＝EV/AC。当 CPI＞1 时，表示低于预算；当 CPI＜1 时，表示超出预算；当 CPI＝1 时，表示实际成本与预算成本吻合。

进度绩效指数（SPI）是指项目挣值与计划值之比，计算公式为：SPI＝BCWP/BCWS＝EV/PV。当 SPI＞1 时，表示进度提前；当 SPI＜1 时，表示进度延误；当 SPI＝1 时，表示实际进度等于计划进度。

因此，为了在项目中应用挣值方法，项目经理需要首先获得下列数据：

（1）工作分解结构（WBS）：以层次化分解的所有任务的列表；

(2) 项目主进度计划（PMS）：关于哪些任务将完成以及由谁完成的甘特图；

(3) 计划工作预算成本（计划值（PV））：每一个周期预计当前完成的工作的预算；

(4) 已完成工作预算成本（挣值（EV））：每一个周期当前实际完成的工作的预算；

(5) 已完成工作实际成本（实际成本（AC））：每一个周期工作的实际成本；

(6) 完工预算（BAC）：计划用于完成项目所花费的总预算。

对计划值、挣值和实际成本等参数，既可以分阶段（通常以周或月为单位）进行监测和报告，也可以针对累计值进行监测和报告。图 14 是以 S 曲线展示某个项目的 EV 数据，该项目预算超支且进度落后。

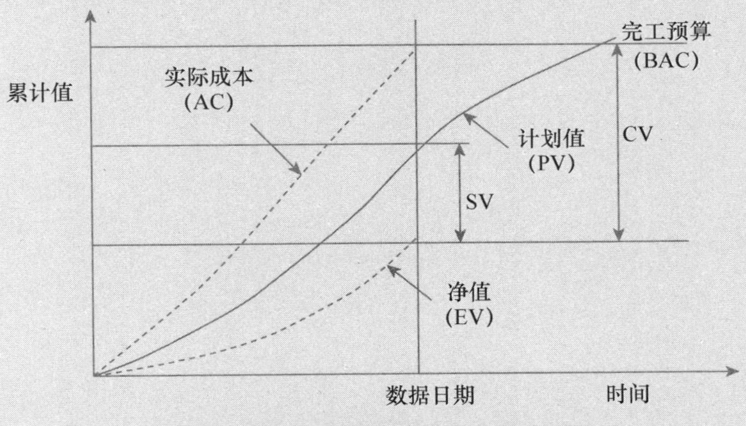

图 14　某项目的挣值、计划值和实际成本

参考文献

[1] 黄慧君，常澜潇，娄海艳．基于挣值法的项目进度——成本管理决策模型研究 [J]．中国制造业信息化，2012，(15)：31-34.

[2] 姜南，唐晓青．基于作业质量成本的质量改进决策模型研究 [J]．计算机集成制造系统，2003，9 (10)：849-853.

[3] 林万祥. 质量成本管控论 [M]. 北京：中国财政经济出版社，2002.

[4] 罗新星，苗维华. 挣值法的理论基础和实践应用 [J]. 中南大学学报（社会科学版），2003，9（3）：369-372.

[5] 戚安邦. 项目成本管理 [M]. 天津：南开大学出版社，2006.

[6] 乌云娜，陈健，李泽众. 挣值法在工程项目成本管理系统中的应用与实现 [J]. 中南大学学报（社会科学版），2013，19（1）.

[7] 项目管理协会. 项目管理知识体系指南（PMBOK 指南）[M]. 4版. 北京：电子工业出版社，2010.

[8] 闫宝会，刘晓东. 基于质量成本的改进挣值法研究 [J]. 制造业自动化，2014（22）：149-152.

[9] 周宁，谢晓霞. 项目成本管理 [M]. 北京：机械工业出版社，2010.

环球友邻公司的降成本之路

摘要：随着境外游日益火爆，出入境通信服务企业面临迅速发展的机遇和成本开支增长过快的挑战。作为国内最大的出入境通信服务商，环球友邻公司也面临成本过高、入不敷出的困局。本案例描述了环球友邻公司通过引入阿米巴经营模式、实施作业成本法等手段扭亏为盈的过程，重点探讨了阿米巴经营模式的内涵和经营理念，进一步探讨了企业如何基于阿米巴经营模式进行作业管理，最终实现收入最大化和成本最小化的经营目标。该案例对探讨中小企业优化管理运营、实施作业管理、降低成本等方面都有借鉴意义。

关键词：成本管理；作业管理；绩效考核；阿米巴经营模式

0. 引言

2018 年新年伊始，环球友邻公司总经理朴大勇看着手上的公司年度财务报表，露出了难得一见的轻松表情……几年前，公司还是举债经营、入不敷出，经过小试牛刀、细针密缕的阿米巴式改革，如今终于扭亏为盈。抚今追昔，朴大勇感慨万千。

1. 成本困境

环球友邻公司是朴大勇在2003年创立的，经过十余年的潜心经营，已成为国内最大的移动出入境通信服务商，主要为出境旅行的用户提供Wi-Fi服务。2014年前后，随着我国出境游人次的爆发式增长，公司终于迎来了行业发展的风口，但众多实力强劲的竞争对手也随之而来。为了巩固和扩大公司在市场份额上的领先优势，公司加大投入、扩大规模，使出境Wi-Fi服务尽快覆盖更多的国家和地区。

然而，公司的飞速扩张暴露出日益严峻的成本问题：一方面，企业迅速扩张导致费用开支增速过快，但收入增速并未保持同步；另一方面，公司长期以来的运营成本并不低，这背后有成本控制、组织结构、企业文化等多方面的问题。眼看着自己一手打造的公司一步步陷入举债经营、入不敷出的局面，朴大勇的内心十分煎熬。

2. 稻盛管理

朴大勇意识到公司必须大举变革才能杀出生路。在寻找破局之法的过程中，由日本企业家稻盛和夫所创立的阿米巴经营模式吸引了他的注意。阿米巴经营模式以“做人何谓正确”的利他哲学为基础，将公司细分为一个个“阿米巴”小集体。每个阿米巴都是一个独立的利润中心，以各阿米巴的领导为核心，自行制定经营计划，独立核算与考核，并依靠全体成员的智慧和努力来完成目标。

阿米巴经营模式被认为是当时企业进行成本管理最见成效的管理方法。通过确立与市场挂钩的核算制度，该模式对企业运营进行了精细化的作业管理，可有效实现“收入最大化，费用最小化”，而这恰恰是深陷成本困境的朴大勇迫切需要的。朴大勇果断决定践行阿米巴经营理念，进行精细化的作业管理。

3. 成本核算

变革伊始，公司首先对所有业务进行了系统的梳理，把环球友邻公司的业务划分为一个个作业单元，并进一步将其分为增值作业（以市场运营部等创造市场价值的部门的作业为主）和非增值作业（以人力、财务等辅助部门的作业为主）。在此基础上，公司进一步对各个作业中形成成本的原因进行分析，例如，客户服务部门在接听用户电话的过程中会产生通信费用，联通公司按分钟计费等。

最终，公司对作业总成本以及各个作业单元的成本进行核算，从而对公司运营成本有了清晰、精细的量化认识。例如，经过核算发现，公司每年开支餐费 173 万元左右、通信费 84 万元左右、电费 9 万元左右。基于这些成本核算数据，环球友邻公司才能识别出成本偏高的作业，进一步寻找降低成本的对策。

4. 作业管理

系统、科学的作业成本核算机制为环球友邻公司实施精细化的作业管理奠定了基础。作为一家中小企业，环球友邻公司的餐费、通信费、电费等多项管理费用都高居不下，其中似乎有优化的空间。

公司决定首先从数额最大的餐费入手尝试作业管理。餐费是在人事部门发生的作业成本，包含员工的午餐费用和员工所使用的餐卡管理费用两个部分。通过对订餐作业进行分析，发现虽然午餐费用是按“餐标×实际用餐人次”计算，但长期以来公司都是按照全公司 180 位员工每人一张餐卡、每张餐卡的单月管理费 300 元支付每月的餐卡管理费用。然而，公司每天都会有人因出差或在外应酬等选择中午自行解决午餐。按照原本的计算方法，即使员工没有在公司使用餐卡，公司也在为其支付餐卡管理费用，造成大量浪费。

针对这一问题，人事部门初步估算公司每天约有 20 名员工在外就餐，因此决定每月只购买 160 张餐卡。由此，每月可直接节约餐卡管理费用 6 000 元，全年节约 7.2 万余元。

经过一段时间的试行，人事部门再次对餐费成本进行核算分析，重点对实际就餐人数进行实地统计，发现员工实际用餐人数远远低于 160 人。人事部门因此跟餐厅协商，将餐卡的单月管理费 300 元分摊到 22 个工作日，得到每人次管理费用。午餐餐卡的管理费用则根据“每人次餐卡管理费用×实际月用餐人次”进行结算。这种方式取代了原先按卡计费的方式，再次成功节约成本。特别是在公司进行人员精简裁员近 50 人后，与改革前相比，每月总计节约餐卡管理费用达 1.4 万元，一年就能节约 16.8 万元（见附录表 1、表 2）。

午餐成本的大幅缩减令公司上下都感到振奋，原来看似普通的日常运营中还潜藏着这么多浪费。客户服务部门也决定针对本部门的通信费用进行作业管理。

通过深入分析，客户服务部门发现公司的通信费用支出近年来飞速增加，这是因为公司所使用的 400 电话是在早年申请的。随着公司每月电话量从草创时期的几百个到现在的十几万个，基于当时确定的话费方案，如今的通信费用已十分高昂。客户服务部门的刘经理首先试图直接与联通公司协商，但对方称其公司规定原有的 400 电话无法参加现在的套餐活动，拒绝了客户服务部门提出的变更套餐方案的请求，成本控制工作一度陷入僵局。

在这种情况下，客户服务部门内部展开了头脑风暴，员工纷纷主动承担本单元作业的职责，从自己的作业出发，给出解决困局的思路。刘经理最终采纳了变更公司电话号码从而改变话费套餐的方案，如愿达到预期效果。完成变更后，公司每月通信费用仅为 7 500 元，节省下来的通信费用每月高达六七万元。

除了试图直接降低完成作业所需的成本，环球友邻公司的作业管理有时也会涉及组织人员与架构的重大调整。例如，公司在进行作业细化的过程中发现财务总监与副总裁之间的工作范围与工作事项发生了重叠，造成权责不清。于是公司撤销了财务总监这一职位，财务部门由副总裁直接管理。类似的情况还有很多。在环球友邻公司开展作业管理降成本的过程中，共裁员近 50 人。这一系列举措不仅降低公司的人工成本 80 万元，还为公司节省下每年 80 万元的办公场地租金费用。

又如，公司在梳理作业单元的过程中发现长期接到大量的广告业务，但是因为缺乏对应的业务部门，公司一直都把这些业务分包出去，为此形成了一笔不小的成本开支。对此，公司决定增设作业机构，成立“友乐传媒”，既把公司原本需要付费外包的业务内部消化降低了企业的成本，又开拓了新的业务渠道。

5. 绩效考核

随着作业管理的深化，公司需要配套的绩效考核体系来引导员工朝着企业的目标共同努力，这也是阿米巴经营模式的关键之一，对企业运营有重要影响。例如，公司在改革之前的电力费用高达每月 7 000 多元、每年 9 万元左右。但如果深入分析用电行为，就会发现公司内部时常出现人走灯未关、午休时间灯未关、过道灯未关等各种浪费。解决这一问题需要全体员工拿出阿米巴模式的利他精神，人人养成节电习惯。对此，人事部门一方面从思想意识层面入手，在公司各处粘贴相关卡通标语，加强节电宣传教育，另一方面借助精确到作业的成本核算制度将用电成本分摊到各个作业单元，同时搭配完善的考核体系，使员工的个人收益与公司的整体利益充分挂钩，员工与企业成为真正的利益共同体。最终，公司的电费改革取得极大成功，每月电力费用支出降至 2 000 元左右。

具体到环球友邻公司的考核体系，公司根据作业性质的差别对增值作业与非增值作业分别进行考核（见附录表 5、表 6）。盈利部门负责增值作业，强调收入最大化。公司通过“盈利部门的单位时间价值＝销售收入/投入总时间”的公式，比较盈利部门在不同时期的单位时间价值，从而判断盈利部门的效率是否提高。增值作业的绩效考核主要由任务类工作、执行力工作、文化类工作三个部分组成。

辅助部门负责非增值作业，追求费用最小化。公司主要进行任务类工作和个人成长类工作的作业考核。环球友邻公司在改革前使用传统的作业管理方法，无法计算非盈利部门的效益。现在基于阿米巴经营模式，公司采取“总费用/总时间”的方法来比较不同时期的单位成本，考核成本节约是否到位、是否还有空间。

员工的收入按 6∶4 分为固定工资与绩效工资两部分。公司会根据上述考核的排名和盈利结果对每位员工评分，进而将员工的收入与企业盈利真正挂钩。此外，为了倡导契合企业文化的行为，个人成长类指标考核采取一票否决权，直接影响绩效奖金（见附录表4）。

6. 尾声

看着手中的财务报表数据，朴大勇再次庆幸当年选择了阿米巴经营模式管理之路。通过切实执行成本管理，环球友邻公司每年节约的成本费用总额高达300多万元，有效助力公司扭亏为盈。

不仅如此，环球友邻公司还实现了管理模式的有效提升。一方面，公司运营井然有序，各个作业单元划分合理、权责明确、目标明晰；另一方面，绩效考核体系科学完善，全公司上下形成了目标共同体，有效激活了员工的经营意识，提升了员工的积极性与创造性，在公司形成了正能量的文化氛围。

回想过去几年来公司的发展历程，朴大勇对环球友邻公司的未来充满信心。

附录

环球友邻公司作业管理与绩效考核的相关信息如表1至表6所示。

表1　餐卡管理费用改革累计节约表

项目	改革前的餐卡管理费用		第一次改革后的餐卡管理费用		第二次改革后的餐卡管理费用	
餐卡管理费用公式	每月餐卡管理费用×餐卡数		每月餐卡管理费用×餐卡数		每人次餐卡管理费用×每月用餐的总人次	
指标	每月餐卡管理费用（元）	300	每月餐卡管理费用（元）	300	每人次餐卡管理费用（元）	13.6
	餐卡数	180	餐卡数	160	每天用餐总人次	133（实报）

续表

项目	改革前的 餐卡管理费用	第一次改革后的 餐卡管理费用	第二次改革后的 餐卡管理费用
每月合计（万元）	5.4	4.8	4.0
每年合计（万元）	64.8	57.6	48.0

注：第二次改革后的费用天数以 22 天计算。

表 2　餐卡费用改革累计节约表

项目	第一次改革 与改革前对比	第二次改革 与第一次改革后对比	第二次改革 与改革前对比
每月节约（万元）	0.6	0.9	1.4
每年节约（万元）	7.2	9.6	16.8

表 3　餐费、通信费用、电费改革对比表

项目	实行阿米巴改革前 成本	实行阿米巴改革后 成本	直接 节约金额	节约 百分比
餐费（元/月）	144 500	129 500	14 000	10.38%
通信费用（元/月）	70 000	7 500	62 500	89.29%
电费（元/月）	7 500	2 000	5 500	73.33%
每月合计（元）	222 000	104 500	117 500	52.93%
每年合计（元）	2 664 000	1 254 000		

表 4　环球友邻公司绩效评级表

评分等级	员工占比数量	绩效奖励	备注
A 类员工	0～10%	2 倍绩效工资	年度累计出现 4 个评价“D”，或者连续 2 个“D”，下调工资不低于本人工资的 10%；连续出现 3 个“D”，转岗或下调工资不低于本人工资的 15%；对 A 类优秀员工，个人成长类指标需在 8 分及以上。
B 类员工	40%～50%	1.2 倍绩效工资	
C 类员工	30%～40%	1 倍绩效工资	
D 类员工	5%～10%	0.8 倍绩效工资	

表 5　X 年业务部门作业考核表

【考核期间】：
【被考核名】：

<table>
<tr><th colspan="5">考核内容</th><th rowspan="3">权重</th><th rowspan="3">评分方式</th><th rowspan="3">完成情况自述</th><th rowspan="3">得分</th></tr>
<tr><th colspan="3">指标</th><th colspan="2">目标值</th></tr>
<tr><th>指标类别</th><th>指标名称</th><th>指标解释</th><th>2018 年 1—6 月</th><th>指标</th></tr>
<tr><td rowspan="7">任务类（85%）</td><td rowspan="2">收入</td><td rowspan="2">阿米巴核算表的总收入，包括以下内容：
1. Wi-Fi 总收入
2. 销售品收入</td><td>第一目标 ______ 万元</td><td>年初阿米巴指标（预算指标）</td><td rowspan="2">10%</td><td rowspan="2">1. 按照第二目标达成结果计算
2. 实际第二目标达成＜85%，此项不得分</td><td></td><td></td></tr>
<tr><td>第二目标 ______ 万元</td><td>年初阿米巴指标（预算指标的 85%，即预定指标）</td><td></td><td></td></tr>
<tr><td>台次</td><td>台次考核内容：租赁台次</td><td>环比上月租赁台次的增长率</td><td>排名</td><td>20%</td><td>1. 取当月租赁台次，环比上月租赁台次增长率，各区域排名次
2. 按排名第 1～5 名分别加 5 分、4 分、3 分、2 分、1 分
3. 按排名第 6～10 名各减 1 分，2 分，3 分，4 分，5 分</td><td></td><td></td></tr>
<tr><td>利润率（毛利率）</td><td>毛利率＝阿米巴核算表的核算收益/阿米巴核算表的总收入</td><td>（每季度重新制定）</td><td>1. 第一季度 30%
2. 第二季度 35%</td><td>25%</td><td>1. 每低于目标值 1 个百分点扣 5 分，扣完为止
2. 每高于目标值 1 个百分点加 5 分，上不封顶</td><td></td><td></td></tr>
<tr><td rowspan="2">单位时间价值</td><td rowspan="2">单位时间价值＝阿米巴核算表的核算收益/阿米巴核算表的总时间</td><td>第一目标</td><td>100 元/小时</td><td rowspan="2">30%</td><td rowspan="2">1. 按照第二目标达成结果计算（70%以上线性计算）
2. 实际第二目标达成＜70%，此项不得分</td><td rowspan="2"></td><td rowspan="2"></td></tr>
<tr><td>第二目标</td><td>70 元/小时</td></tr>
</table>

续表

考核内容					权重	评分方式	完成情况自述	得分
指标			目标值					
指标类别	指标名称	指标解释	2018年1—6月	指标				
执行力（10%）（项目会调整）	售后率	售后率＝客服每周发布的《失误问题分类登记表》反馈的售后数量月度累计/该月订单办理台次			5%	每月根据客服提供的售后统计进行排名，前3名奖励，后3名惩罚，奖励分别为5分、2分、1分，惩罚分别是为－5分、－2分、－1分，第4～7名均为5分		
	扫码量	通过业务人员推广产生的扫码关注数量统计			5%	每月根据统计扫码率进行排名，前3名奖励，后3名惩罚，奖励分别为5分、2分、1分，惩罚分别是－5分、－2分、－1分，第4～7名均为5分		
文化类（5%）	六项精进	六项精进企业文化在日常工作中的贯彻和落地情况	六项精进表		5%	直接由上级打分，满分5分，＞1分且≤2分要写改进计划；≤1分其他项不得分		

表 6　X 年财务部门作业绩效考核表

指标类别	重点工作项目	目标衡量标准	关键策略（将重点工作按照时间和关键节点展开）	指标权重	评分标准	完成情况自述	自评分	一次评价	二次评价
任务类（90%）	北京分部往来核对	每日完成现金核对、POS 核对	1. 每日现金、刷卡的入账是否与系统订单吻合 2. 每日收款中押金、租金、赔偿是否与系统订单明细吻合 3. 督促相关人员及时更改错误	10%	是否准时完成	准时完成			
	渠道收款确认	每日完成渠道收款的确认操作	1. 每日登录 UIBP 系统，查看渠道收款是否有收款的结算单 2. 根据系统中信息与资金日报核对，看是否有收到 3. 确定收到之后在资金日报中填好渠道名称、分部及结算单的日期，并在系统中点击确认 4. 如果没有收到或者信息有误，需要驳回这笔收款信息，并告知填单人	8%	是否准时完成	准时完成			
	POS 对账单整理	每日下载 POS 对账单，核对收入	1. 每日下载 POS 对账单，整理汇总北京总部与各分部 POS 收入 2. 核实重庆与广州提供的对账单与总部是否吻合 3. 每日提供整理好的 POS 对账单给各分部相关人员，核对收入	8%	是否准时完成	准时完成			

续表

指标类别	重点工作项目	目标衡量标准	关键策略（将重点工作按照时间和关键节点展开）	指标权重	评分标准	完成情况自述	自评分	一次评价	二次评价
任务类（90%）	日常付款	每日 17：00 前完成付款	1. 每日 15：00 前，完成付款单据审核（审核流程是否完整、发票信息与金额是否相符、票据是否齐全等） 2. 每日 16：00 前，整理、汇总付款单，登记资金日报付款明细，以及财务中售后退款的操作 3. 每日 17：00 前，录入每笔付款信息，使用银行 U 盾完成付款 4. 每月 15 日，完成北京总部三家公司的工资发放 5. 每月月中网银操作缴纳个人所得税、印花税、附加税、增值税 6. 对客服人员发来的退款邮件，进行查询及整理并操作退款	15%	是否准时完成	准时完成			
	北京总部资金日报	每日编制北京总部三家公司资金日报	1. 每日 17：30 前，查询北京总部 15 个银行账户交易明细 2. 每日 18：00 前，编制北京总部三家公司资金日报 3. 每日 18：00 前，在财务收款群发送每日收款明细	15%	是否准时完成	准时完成			
	北京总部现金流量表	每日编制现金流量表	1. 每日 18：00 前，对账户资金收付汇总，对所属的会计科目进行分类 2. 每日 18：00 前，汇总编制现金流量表	8%	是否准时完成	准时完成			
	集团（包括海外公司）资金日报以及资金流量表	每日完成集团资金日报	每日一个小时完成集团（包括内地和海外公司）资金日报，并出具资金流量表	15%	是否准时完成	准时完成			

续表

指标类别	重点工作项目	目标衡量标准	关键策略（将重点工作按照时间和关键节点展开）	指标权重	评分标准	完成情况自述	自评分	一次评价	二次评价
任务类（90%）	POS 机管理	每月不固定时间	1. 各个分部的 POS 机，如果有特殊情况会联系财务人员，由财务人员跟银行沟通 2. 各个分部如果缺少 POS 纸，需要财务人员来给分部邮寄 3. 总部有一些 POS 机由财务人员进行保管，如果有损坏，需要和银行沟通进行调换	6%	是否准时完成	准时完成			
	银行对接等临时工作	每月不固定时间	1. 保险柜管理 2. 月初进行网银对账 3. 收据和支票的开具和管理 4. 每月将电商微信账户的明细导出 5. 每次付完外汇之后需要将付款凭证截图给相关人员 6. 银行相关人员不定期发邮件进行查账，需要给银行找到相应的退款截图，并回复邮件 7. 外出人员外出前，准备一些资料 8. 同事请假，帮忙做三天的内地资金日报 9. 准备硅谷银行开户的资料并邮寄	5%	是否准时完成	准时完成			
个人成长类（10%）	六项精进	六项精进企业文化在日常工作中的贯彻和落地情况	六项精进表完成工作	10%	直接由上级打分，满分 10 分，≤4 分要写改进计划				

启发思考题

1. 在采用阿米巴经营模式前，环球友邻公司面临怎样的经营状况？

2. 阿米巴经营模式的内涵和经营理念是什么？环球友邻公司为什么要实施阿米巴经营模式？

3. 基于阿米巴经营模式，环球友邻公司如何计算公司的成本？

4. 环球友邻公司是如何成功降低成本的？

5. 基于阿米巴管理体系，如何让全员参与到降低成本的行动中？

6. 环球友邻公司的经历对其他中小企业有哪些启示？

教学目的与用途

1. 适用课程：管理会计、成本管理。

2. 适用对象：本案例主要为MBA、EMBA和MPAcc开发，适合具有一定工作经验的学生和管理者学习，也适用于企业高管进行深入学习。

3. 教学目的：供给侧结构性改革提出“三去一降一补”五大任务，其中降成本是政府和企业的一大任务。成本优化与管理是形成企业核心竞争力的重要基础，而作业成本优化与管理又是现代企业生产或服务经营模式应该采用的精细化核算成本的方法，这也是“管理会计”或“成本管理”课程的核心内容。本案例以中小通信服务企业环球友邻公司的降成本经历为主线，通过对该公司的组织模式、作业分析、作业成本优化与管理等方面进行深入分析和探讨，引导学生在了解阿米巴管理体系的基础上，理解、掌握和探讨以下三方面内容：

（1）理解阿米巴经营模式与作业分析的基本内涵；

（2）掌握作业成本核算、作业管理的操作步骤和方法；

（3）探讨中小企业引入阿米巴管理体系进行作业成本优化与管理的方式。

理论依据与分析

1. SWOT分析法

SWOT分析法是由安德鲁斯（Andrews）在1971年提出的，用来分析企业内外部环境及制定公司发展战略。SWOT中S（strengths）表示优势，W（weaknesses）表示劣势，O（opportunities）表示机会，T（threats）表示威胁。通过SWOT分析可以形成四种不同类型的应对策略：优势—机会（SO）组合、劣势—机会（WO）组合、优势－威胁（ST）组合和劣势—威胁（WT）组合。

2. 阿米巴经营模式

阿米巴经营模式由日本企业家稻盛和夫所创立，以“做人何谓正确”的利他哲学为基础，将公司细分为一个个阿米巴小集体。每个阿米巴都是一个独立的核算单位，以各阿米巴的领导为核心，自行制定经营计划，并依靠全体成员的智慧和努力来完成目标。阿米巴经营模式有三大目标：（1）确立与市场挂钩的部门核算制度，以实现“收入最大化，费用最小化”的经营原则；（2）培养具有经营者意识的人才；（3）实现全体员工共同参与经营。

阿米巴经营的成本核算遵循单位时间核算制度，以“收入最大化，费用最小化”为原则，通过阿米巴单位时间表来管理每个阿米巴单元的作业业绩，单元作业价值要记录成本、费用、时间等指标。由此，阿米巴对员工的绩效考核体系可以精确到作业层面，并尽可能衡量员工在其相关各项作业上所带来的贡献，以此发放绩效奖励。只有通过这样一套绩效评价体系，才能使企业和员工成为真正的利益共同体，才能使员工把企业的经营目标当成个人的奋斗目标。

3. 作业成本管理

作业是指相关的一系列任务的总称，或组织内为了达到某种目的而进行的消耗资源的活动。作业是作业链的基本单元，贯穿于企业管理的一切活动之中。作业成本管理（activity-based management，ABM）是以作业为中心，通过对作业及作业成本的确认、计量、分析和管理，最终计算产品成本、分析作业、改进作业，为企业增加价值。

4. 作业管理

作业管理是一种系统范围的、综合性的方法，帮助管理层聚焦于增加顾客价值并通过提供这种价值获得利润的作业上。

作业管理主要有作业分析、成本动因分析、作业成本核算三个关键环节。首先，作业分析环节用于识别对企业的收入与支出有重要影响的关键作业活动。一个企业的作业成百上千，如果不分轻重地逐一分析，不仅会浪费许多人力资源，而且会耽误作业管理的开展。因此，应选择那些对顾客或企业本身比较重要的作业进行分析，重点突破，以寻求改善。其次，成本动因分析用于掌握引起成本发生的根本原因，从而找出那些非价值增值的作业的根源，并设法消除。最后，通过作业成本核算，企业可以对每一项作业的成本进行计量，并将作业实际耗费的结果与预算的作业量进行比较找出其中的差异。以作业作为业绩计量与评价的起点，以成本指标作为核算的核心，有利于把企业各方面的生产经营活动置于不断改进的状态之中。

作业管理借助作业成本核算所提供的动态信息对各层级的作业进行综合评价，使之形成一个统一体，就可以正确反映和考核企业战略经营目标的实现情况及其前因后果。根据作业成本核算的实际结果，可以从以下角度进行作业管理：

（1）消除不必要的作业；

（2）减少完成某项作业所需要的时间或耗费；

（3）选择成本比较低的作业作为替代；

（4）利用作业成本核算提供的信息，编制资源使用计划，制定作业耗费成本预算或标准，控制成本。

参考文献

[1] 程琼，彭家生. 试述价值链分析与作业成本管理［J］. 经济研究导刊，2014（4）：168-169.

[2] 邓阳. 基于成本控制的阿米巴经营模式研究［D］. 重庆：重庆理工大学，2014.

[3] 胡纾. 基于阿米巴模式的RX集团企业财务管控模式研究 [D]. 长春：吉林大学，2011.

[4] 李春亮. 基于阿米巴经营管理模式的研究 [J]. 企业改革与管理，2017 (20)：102.

[5] 苗倩，李冰. 作业成本法在我国企业的应用研究 [J]. 中国管理信息化，2015，18 (8)：22-23.

[6] 史景培. 战略管理会计及其在我国的应用 [J]. 会计之友，2008 (2)：18-19.

[7] 宋密霞. 浅析基于价值链的全面预算管理 [J]. 财务与会计，2015 (21)：61.

[8] 肖丽婷. 军工企业民品产业发展的SWOT分析 [J]. 企业研究，2012 (10)：169+175.

[9] 张军平. 刍议作业成本法对绩效评价的影响 [J]. 财经界，2014 (20)：82+96.

[10] 赵娴静. 精益会计成本管理体系在中小企业的应用 [J]. 企业改革与管理，2016 (21)：157，166.

[11] 赵燕兰. 基于价值链理论的酒店作业成本系统构建 [J]. 财会通讯，2016 (14)：89-91.

[12] Agnihotri A. The role of the upper echelon in the value chain management [J]. Competitiveness Review，2014，24 (3)：240-255.

[13] Bredmar K，Ask U，Frisk E，et al. Accounting information systems implementation and management accounting change [J]. Business Systems Research Journal，2014，5 (2)：125-138.

[14] Doorasamy M. The perceptions of management on the benefits of adopting an environmental management accounting system as a waste management tool [J]. Foundations of management，2016，8 (1)：93-106.

[15] Leotta A，Rizza C，Ruggeri D. Management accounting and leadership construction in family firms [J]. Qualitative Research in Accounting and Management，2017，14 (2)：189-207.

有“质”者事竟成：北京长安汽车公司质量成本管理之路

摘要：作为大宗消费品的汽车质量问题频出，使社会对众多车企的产品质量愈加关注。面对百姓日益增长的品质需求，如何在可承受的经济情况下优化成本，以质取胜，是每一家车企迫切需要解决的问题。本案例以北京长安汽车公司（简称北京长安）初创时面临的质量问题为背景，重点描述了北京长安为控制质量成本如何构建质量成本管理体系、精细化管理质量作业，如何通过管理供应商和员工优化质量作业成本，如何利用 PVT 团队持续改进质量作业，最终实现经济、品牌“双效益”的全过程。本案例旨在为成熟制造企业在建立新生产基地、构建质量成本管理体系和采取相关质量成本管理措施等方面提供有益的借鉴。

关键词：汽车制造；质量成本；质量成本管理

0. 引言

2018 年 3 月，北京的寒气还没有完全散尽，但迎春花已悄悄盛开。在房山区的办公室里，北京长安的财务总监何宾感受着丝丝春意，看着手中 2017 年的《质量成本综合分析报告》，脸上露出欣慰的笑容。通过公司上下的通力合作，公司的质量成本管理取得了不错的成绩，在成本整体下降的同时，产品质量稳步提升。在料工废方面，北京长安仅仅经过三年的持续改进，2017 年单车工废损失和单车料废损失相比 2014 年就分别下降了 80.83%和 85.77%。2017 年中国乘用车客诉缓解指数（CCRI）达 519，排名行业前 5，比行业平均水平高出 32.74%（见附录 1 图 6）。北京长安作为刚投产不久的新生产基地，能取得这样的成绩实属不易。从最初被居高不下的质量成本问题困扰到搭建质量成本管理体系，再到实现质量成本的持续优化，一路走来的风风雨雨一幕幕浮现在何宾眼前。

1. 落地生根

1.1 夹缝求生

2002 年夏天，从大学会计专业毕业的何宾进入重庆长安汽车股份有限公司（简称长安汽车）工作，他从初入职的会计员不断升职成为北京长安财务副总监。在汽车制造业打拼多年，他经历了全球汽车制造业在 2008 年金融危机冲击下的低迷，也见证了自 2010 年以来汽车制造业的快速发展。

作为一个本土品牌的从业者，何宾清楚地知道我国汽车产业发展的艰辛。在汽车产业发展早期，合资品牌在市场中近乎处于垄断地位，自主品牌无论是在生产技术、管理方法上还是在市场营销、品牌价值上，都与合资品牌有很大差距。随着合资品牌向低端产品延伸，汽车行业价格竞争愈发激烈，销售利润率逐年走低，各车企对于低成本的诉求越来越迫切；同时，随着消费者的质量意识不断增强，质量更成为汽车制造企业面临的严峻挑战，这从 2009 年影响最大的丰田“召回门”中可见一斑（见附录 2）。

虽然道阻且艰，但是我国汽车自主品牌企业仍在行业中谋得一席之地。发达国家汽车工业的市场趋于饱和，全球汽车产业重心逐渐向中国、印度等新兴经济体转移，我国大力发展新能源汽车，重点扶持四大汽车集团。众多国内自主品牌积极寻求转型，致力于利用先进的管理工具压缩成本、扩大产能抢占市场份额，政府也出台了《中华人民共和国产品质量法》《中国制造 2025》等文件，加强质量管理。2017 年中国汽车产销量分别为 2 901.5 万辆和 2 887.9 万辆，产量占全球汽车总产量的 29.82%，超过美国、日本和德国的总和，中国成为全球第一大汽车生产国，如图 1 所示。

1.2 风生水起

长安汽车是一家中国汽车制造企业，自 1958 年生产出中国第一辆吉普车，

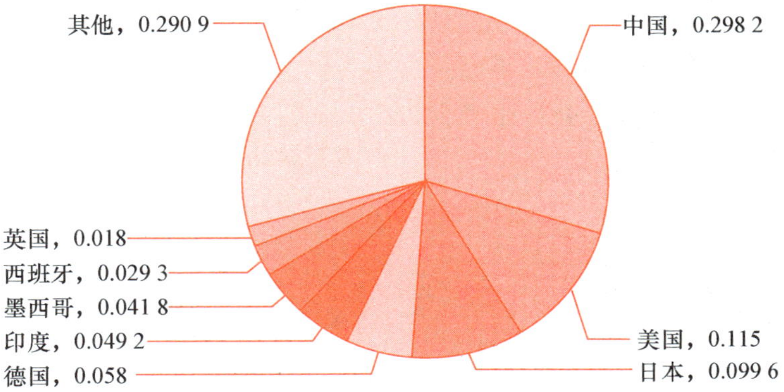

图 1　2017 年全球主要国家汽车产量占比情况

至 2018 年已有 60 年的造车历史，曾两度入选央视“国家品牌计划”，拥有全球 16 个生产基地，已形成轿车、SUV、MPV、交叉型乘用车、客车、货车等多档次、宽系列、多品种的产品谱系，成为中国汽车品牌行业领跑者（见附录 3）。2010 年初，长安汽车决定在北京建立新生产基地，作为实现全国布局和发展新能源汽车的战略举措，其战略定位为“一基地三中心”（中国品牌汽车一流智造基地、长安汽车品牌体验中心、先进体系示范推广中心、文化建设示范推广中心）。北京长安于 2010 年 8 月 24 日在北京市房山区注册成立，总投资 54 亿元，其产品方案确定为乘用车，包括轿车和城市 SUV 以及新能源汽车，组织结构、财务管理、技术质量等方面均参照集团的管控模式。经过将近两年的筹建，2012 年 3 月，北京长安正式建成投产，具备年产 20 万辆整车的生产能力。自投产后北京长安产销量逐年攀升，在实现自身快速发展的同时拉动了区域经济的发展。

为战略定位落地，北京长安设立了三个层次的品牌目标（见图 2）：基本目标是避免南橘北枳，即避免新成立的生产基地给品牌带来负面影响；较高目标是保持一致性，即维持品牌的稳定；理想目标是再上一层楼，即通过对本生产基地的管理，促进集团品牌的提升和发展。

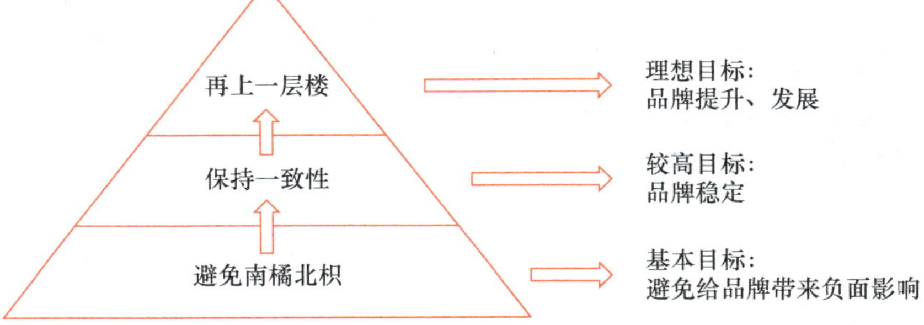

图 2　北京长安三个层次的品牌目标

2013年12月，何宾从长安汽车总部调往北京长安。已经在长安汽车工作了十余个年头的何宾，早已把公司当成了自己的“第二个家”，他为长安汽车取得的成绩而感到自豪，也暗下决心，一定要为北京长安新基地的成功落地和快速发展倾尽全力。

2. 迎难而上

2.1 水土不服

刚办完入职手续，何宾就被公司总经理张进叫到办公室商量和布置相关工作。张总一边将公司2013年上半年的财务报表递给何宾，一边缓缓道出北京长安发展面临的一大难题。虽然在短期内基地建设快速推进，但当对标设备状态、年产规模、人员规模等各项指标基本相同的内部单位和合资企业时，北京长安作为新基地，制造效率和生产成本的表现都不尽如人意，公司实则处于亏损状态。张总表示自己曾多次召开全体部门会议并去一线进行考察，发现成本居高不下的主要原因是产品质量问题，其不仅损耗大量的不必要成本，同时也导致生产进度滞后。

何宾入职前就做足了功课，基本掌握了北京长安的运营情况。他快速浏览了公司的财务数据，发现基本生产成本中的工序废损、翻库废损、售后废损以及预计负债中的三包费用都较高，这印证了张总的结论是正确的。于是，何宾向张总提出了自己的想法：“据我了解，北京长安成立之初参照总部的质量管理模式，设置了质量体系管理、市场质量管理、整车质量管理、过程质量管理、进货质量管理、新品质量管理六大板块，对质量进行全面管理，同时采用六西格玛方法标准化、系统化地对公司内部反馈及追踪的质量问题进行改进，按理说不应该产生明显的质量问题。”张总对此深以为然，何宾又接着说道：“质量是品牌的生命线，但也需要控制由质量提升而增加的成本，我认为当下必须找出高额损耗成本的原因，构建质量成本管理体系对质量成本进行精细化管理，尽快解决目前面临的效率和成本难题。”

张总没想到何宾与自己的想法不谋而合，他略显激动地说道：“听闻长安汽车总部近期试行利用管理会计工具打造价值创造型的业财融合管理体系，取得了不错的成效，我也认为这正是在咱们北京基地全面推行质量成本管理的最佳时机，你在这方面经验丰富，业务能力也扎实，可以扛起负责人的大旗，这也正是调你来的目的”。

此时的张总和何宾谁也没有预想到，今天在办公室的这个决定会给北京长安带来巨大的效益。

2.2 对症下药

质量成本管理是企业通过对质量成本的整体控制达到产品质量和服务质量的保证体系，正好符合北京长安目前的管理需求。既然得了“治病良方”，就要“按方抓药”，何宾干劲十足地带领各部门开始搭建质量成本管理体系。

首先，何宾对公司质量成本进行分级和要素设置。为了使各部门清楚地认知质量成本，何宾下发了相关材料并组织培训，要求各部门学习相关理论、梳理业务内容、提交与质量成本相关的作业内容。

此外，质量成本的形成涉及设计、研发、采购、制造、销售多个环节及相关人员，何宾深知质量成本管理的落实必然是多部门和全体员工协同工作的结果。通过研究理论、借鉴成功企业经验并结合北京长安自身的特点，何宾划分了质量部门、财务部门和其他业务相关部门三大类部门的职责（见附录 4），保证质量成本管理体系的职能得到落实。

何宾将阶段性成果向张总汇报，张总对其工作效率表示肯定。为了形成企业的质量成本文化，保证质量成本管理的执行，张总通知人力资源部门配合何宾的工作。何宾与人力资源部门多方权衡后，在公司级关键绩效指标中针对质量板块设置了专项指标，考核比例占各部门的 30%～50%，各部门根据公司级质量指标设置业务专项指标并落实到各个单位，通过绩效考核的方式帮助员工树立质量和质量成本意识，并自觉地融入生产和管理中。

工作进行到这一阶段，算是把“地基”打好了，“上层建筑”是质量成本管理的具体流程。何宾联合质量成本管理三大类部门主要负责人，进行了多次讨论和修改，最终规范了质量成本管理的四个主要步骤——指标计划的制订与下达、数据的采集和统计、质量成本报告的编制、质量成本项目改进（见图 3），同时对质量成本管理指标进行了细化（见附录 5、附录 6）。

2.3 答疑解惑

质量成本管理计划下发后，在公司内掀起了一阵学习质量成本的热潮，除上层领导组织的集中培训外，各部门也纷纷开始研讨质量成本作业内容，但毕竟大多数员工是第一次接触质量成本这一概念，在实际操作中存在很多疑问，财务部门每天都会接到很多咨询质量成本作业如何划分的电话。为了加快质量成本作业

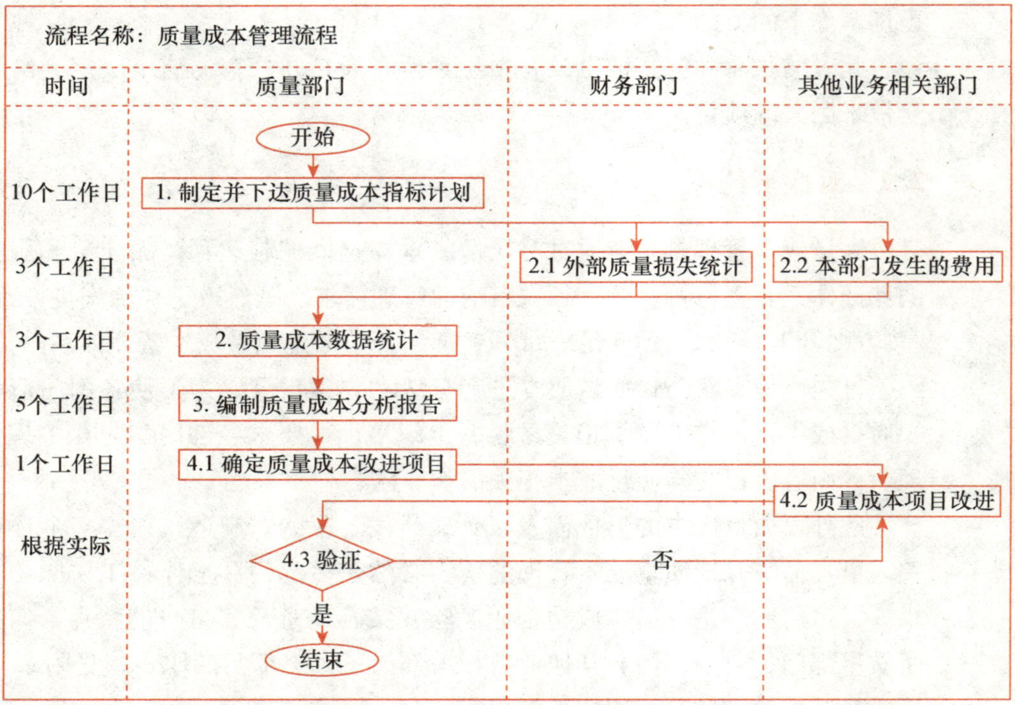

图3 质量成本管理流程

归集的工作进度，何宾认为有必要召开一次专项会议，集中进行答疑解惑。

在答疑会议上，各部门都将问题逐条列出，其中存在部分共性问题。各个生产车间大多是问产生质量不达标的产品怎么办，何宾解释道："这个需要看具体情况。首先，要判断达不到质量要求的产品是否需要修复：如果可以修复，那么为修复不合格品所支付的费用为返工损失；如果无法修复或者在经济上不值得修复，那么这部分损失为废品损失。其次，无论是废品损失还是返工损失，只要问题产品没有流出厂外，都属于内部失败成本。"

销售部门经理主要关注三包费用的处理。何宾对此也进行了详细的说明："发生三包费用，说明问题产品已进入市场，这部分支出归集到外部失败成本。按照我们目前的归集思路，三包费用中为用户提供正常三包服务所支付的费用为三包索赔，那些因售后三包政策外的质量问题造成退货、换货，以及对用户进行赔偿的费用则都划分到质量索赔中。"

采购部门经理不确定对供应商产品质量考察所发生的费用到底应该属于预防成本还是鉴定成本，何宾耐心地分析道："通俗地讲，预防成本是用于预防不合格品的产生与故障的发生所需的各项费用，而鉴定成本是用于评估产品是否满足规定要求所需的各项费用。因此，对供应商产品质量考察的费用归集到质量评审费，属于预防成本。”

…………

答疑会议持续了整整一下午的时间，各部门的疑惑基本都得到了解答。经过一番梳理和归集，各部门向财务部上报了本部门质量成本的相关业务。

人力资源部门提交的质量成本作业包括：员工质量培训，支付从事质量管理人员工资及工资性费用，支付从事质量试验、检验、计量工作人员工资及工资性费用。

研发部门提交的质量成本作业包括：新产品设计评审，试制及量产质量评审。

采购部门提交的质量成本作业包括：对供方产品质量考察，供应商技术支持（STA）。

质量部门提交的质量成本作业包括：质量管理推行；质量管理体系审核；质量体系内审及体系运行维持保障；在产品交验评审；对原材料、配套件、工装外协件以及在制品、半成品、产成品等按质量要求进行检验、试验；为提供产品质量受控依据，进行质量证实试验；应法律法规及顾客特殊要求进行产品质量认证。

生产车间提交的质量成本作业包括：检测设备、器具、仪表的维护、修理、校准及检定；购置不形成固定资产的检测设备、器具、仪表等以及形成固定资产的折旧；产成品、半成品、在制品达不到质量要求而且无法修复或在经济上不值得修复；内部责任造成的外购件报废；不合格品修复，因质量问题造成的停工。

销售部门提交的质量成本作业包括：因售后三包政策外质量问题造成的退货、换货，以及对用户进行赔偿处理；根据长安汽车三包规定为用户提供正常三包服务；超出正常三包服务为平息用户投诉所做的工作，以及因产品质量问题而发生争议导致的诉讼。

何宾最终按照管理业务实际发生的性质和类型，将质量成本分为三个级别的类目：一级为质量成本；二级为预防成本、鉴定成本、内部失败成本、外部失败成本 4 个类别；三级为质量管理费、质量评审费、质量培训费等 16 个要素，并以此构建了北京长安的质量成本报表（见附录 6）。

3. 药到病除

3.1 聚焦痛点

通过对质量成本报表收集的数据进行分析，何宾发现企业的内部失败成本及外部失败成本两者合计占了质量总成本的80%以上，其中内部失败成本集中在废品损失和返工损失细目，外部失败成本集中在三包索赔和质量索赔细目。

废品损失及返工损失问题分析与解决措施

经检查发现，生产中的料工废问题直接导致了高额的废品损失和返工损失。

（1）工废问题。属于厂内责任，由于内部员工操作及内部转运中的不良作业导致零部件碰划伤、断裂等问题，可向冲压、焊接、涂装、总装、设计和质量部门进行追责。何宾敦促各车间及部门根据公司下发的单车工废指标，在每月进行指标考核评价时，通过对各车间TOP10工废零件的占比和工废损失TOP工位/工序方面的分析，全面剖析原因。经车间统计反馈，不良作业多表现为试验损坏、搬运损坏、装配不当、焊接不良等。据车间老技工反映，因北京长安为新设生产基地，虽然有部分员工来自重庆总部，但绝大多数的一线技工为新招聘人员，无论是在专业技能上还是在质量意识上都有欠缺：一方面会生产质量不达标产品，给企业造成损失；另一方面出现质量问题不及时上报，也对生产效率产生不利影响。

为切实降低由工废问题造成的内部成本损失，何宾协同管理层及各车间共同制定了质量管理规范性文件62个、质量手册2份、作业指导书84份，为规范作业提供依据；通过完善资源保障、KET（基础知识、理论教育、实际操作）培训以及制度保障三大支撑体系，强化员工培训（见图4）；在招聘时设置技术门槛，专业能力强、工作经验丰富的应聘者优先，为专业的高技术人才提供职业发展的绿色通道。

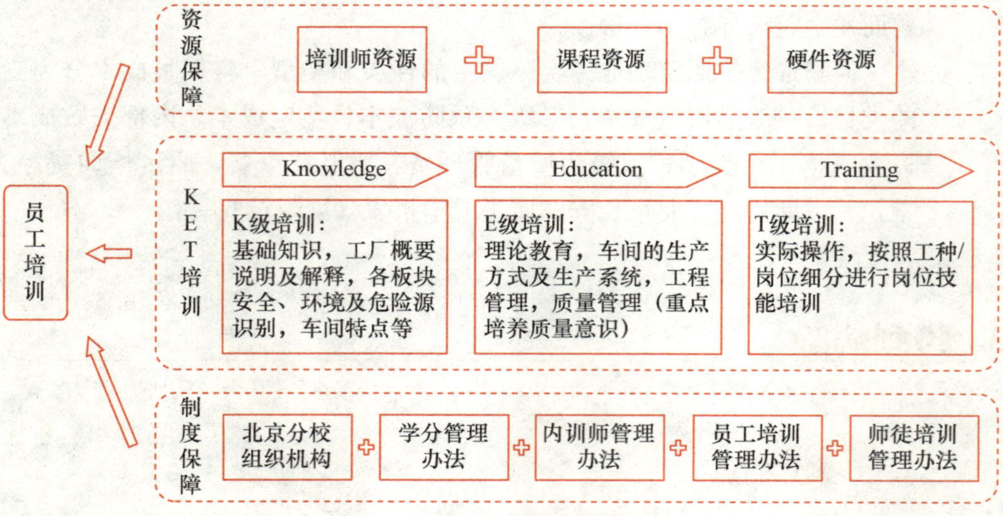

图4　员工培训三大支撑体系

（2）料废问题。主要由零部件尺寸超差、功能不良等质量问题导致，其中尺寸超差主要表现为精度不足，功能不良主要表现为强度不足。这部分损失由供应商买单，所以有些员工并不重视。但何宾知道，供应商一旦出现质量问题，对整体的平顺生产和整车的装配质量都可能造成极大影响，尤其是北京长安处于建厂初期，为降低采购成本和保障生产及时性，多与周边供应商建立新的合作关系，而不是从重庆总部的供应商处采购，部分新供应商提供的材料的质量水平达不到北京长安生产的质量标准，由供应商导致的料废损失不容忽视。

为预防料废问题造成损失，何宾联合采购部优化了供应商质量控制模式，提请张总批示——北京长安派技术团队进驻供应商企业内部，帮助其分析数据，提供技术支持。同时，对供应商采取分级管理模式，即对于首次合作的供应商，进行较为严格的资格审核，对其提供的零部件进行全面检查；当供应商符合一定标准，双方之间有了基本的默契和信任后，对其提供的零部件由全检改为抽检；当公司拟与供应商确定长期战略合作关系时，给予其免检政策。

这一提案得到了张总的初步肯定。虽然对供应商提供支持会消耗公司一定的人力、物力，但这绝不是一桩亏本买卖，因为对前端供应商的管理可以避免后续更大的质量损失成本的发生。同时，张总认为提高失误代价能有效减少失误，又在免检政策中增加“一旦发现零部件存在质量问题，将对其进行高额索赔”；同时，采用汽车行业最为经典、有效的质量改进方法之一的 8D 方法（见附录 7），加强对供应商的质量管理。至此，北京长安形成了更为优化的供应商质量提升体系（见图 5）。

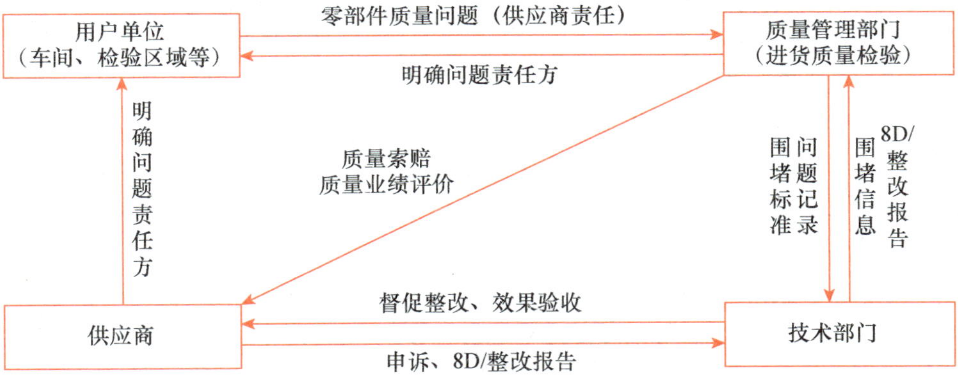

图 5 北京长安供应商质量提升体系

三包索赔和质量索赔问题分析与解决措施

三包索赔和质量索赔的发生主要是由于问题产品未被拦截流入市场，造成质量问题的生产环节和未能发现问题的检查环节都有责任，何宾认为应以员工的质量意识为突破口进行质量成本控制。一方面，他要求车间员工加强自检和互检，一旦发现问题及时上报；另一方面，他要求质检人员严谨对待检查工作同时提高专业能力。为了快速对市场质量问题做出反应，公司还建立了市场重大客诉快速响应机制，依靠 IQS（进货质量管理体系）信息系统，实现了 4S 店、销售公司、工厂的信息即时传递，对于市场重大客诉，公司质量管理部门协同销售公司进行优先围堵和改进。

在实施质量成本管理的过程中，何宾欣喜地发现，各部门从各自为政逐渐拧成了一股绳。公司各部门间的信任感不断增强，能够更好地联动、协同工作，随着质量文化深入人心，员工也意识到优质产品是留住客户的关键，纷纷主动进行质量作业管理。

3.2 精益求精

为保证质量的持续提升，北京长安对标合资企业组建了 PVT 团队。PVT 团队的工作职责与质量成本管理密切相关，所以何宾也格外关注。

一天中午，何宾在食堂遇到了 PVT 团队的负责人代铭，便与他开起了玩笑："您手下可是管着公司各个部门的人，算是咱们公司的大拿了"。代铭哈哈一笑，也与何宾打趣起来："PVT 团队的组成确实十分庞大，其内部按照专业划分内饰、底盘、电气等小组，成员来自公司的各个部门和车间，但大多是在 PVT 团队中兼职，其实真正归我管的只有十余名全职员工，我这顶多算个小包工头吧！倒是何总监整天为企业节约成本发愁，我们团队这种矩阵式组织大大降低了质量控制人员的工资，为企业节省了一大笔薪酬支出，也算为您操心的工作减负了吧？"

一顿午饭的工夫，两人相谈甚欢，在与代铭的一问一答间，何宾更清楚了 PVT 团队的具体工作内容和流程。

代铭介绍说："PVT 团队的工作依赖于持续质量提升系统，这个系统将市场反馈的质量问题进行分类。这些市场反馈主要包括来自客户的投诉以及来自经销商和维修站的维修信息。"

何宾询问根据什么标准及如何进行分类，代铭解答道："系统根据 R/1 000（千车维修频次）、CPU（单车维修成本）、TGW/1 000（千车抱怨数）、CS（客户满意度百分比）四个质量指标自动进行判断：若质量问题表现出离散特征，则可能是客户使用不当或环境因素造成的偶发性问题，可通过与 4S 店沟通、培训客户或改进使用说明书等方式解决相应问题，提高客户满意度；若质量问题表现出集中特征，则为企业自身的质量问题，当问题达到一定频次时，满足立项条件，形成 TOP 问题。"

何宾又提出了TOP问题如何解决的疑惑，代铭解释道：“PVT团队将会判断TOP问题的性质，将其分配到内饰、底盘、电气等各个小组。若是因为质检人员的疏漏而使问题产品流入市场，则由PVT团队制定对应的解决措施，各小组成员带回相应部门进行处理并检查实施效果。若已被解决，则总结经验教训，巩固成果，防止问题再次发生。”

何宾追问：“若是厂内不具备发现该质量问题的条件或经检查相应部门未解决的质量问题又该如何处理呢?”

代铭猜到何宾会有此一问，不紧不慢地接着说道：“那些待解决的质量问题则继续作为TOP问题，由PVT团队收集信息、分析原因并寻找相应对策。解决衰退期产品的质量问题还可以对新产品的质量问题起到预防作用。”

何宾默默感叹：“PVT团队的工作流程环环相扣、层层推进，这与自己负责的质量成本管理相辅相成，看来以后需要多多依靠PVT团队来控制质量成本了。”

3.3 名利双收

2017年底，何宾向张总进行年终汇报。他激动地告诉张总，自从2014年推动质量成本管理体系构建和实施以来，取得了累累硕果：其一，车间返工频率明显下降。至2017年，公司制造效率较2014年提升了36.5%，汽车年产销量达25.68万辆，产能利用率达128.09%，在8个国内生产基地中，北京长安的乘用车集团贡献度达42.33%（生产经营情况见附录8）。其二，非正常质量成本高额支出得到了有效控制。至2017年，单车工废和料废造成的内部失败成本相比2014年分别下降了80.83%和85.77%，北京长安员工培训投入及供应商管理费用较2014年分别增加了19.58%和23.17%。随着对质量的预防成本和鉴定成本的持续投入，内部失败成本和外部失败成本在质量成本整体中占比呈逐年下降趋势（2014—2017年质量成本构成情况见附录6）。其三，R/1 000、CPU、TGW/1 000、CS四大质量指标也是连年向好，产品质量可靠性稳步提升。更可喜的是公司已经被第三方机构评为高质量产品提供者，并获得了五星认证。经过对不良产品的有效控制与拦截，进入市场的优质产品赢得了客户的满意与好评，公司的品牌形象和品牌认可度持续提升。

张总听后非常欣慰，但强调：“仍需不断优化产品质量，绝不让问题产品流出公司。质量成本管理体系的实施不能三分钟热度，要通过质量成本管理形成良性循环、形成公司的质量管理文化——精细化管理质量成本作业，持续促进质量成本的优化，为顾客提供满意和信得过的产品，提升产品品牌的知名度和认可度，最终使北京长安从产品制造商升级为品牌制造商。”

4. 尾声

窗外机器运转的轰鸣声将何宾的思绪拉回到现实中，实施质量成本管理使北京长安获得了经济效益和品牌效益双丰收，他也因出色的工作成绩于 2018 年 2 月升任财务总监。职位越高，责任越大，打造供应链生态圈、推进产业链整体质量的升级、深化内部质量成本管理，推动公司从本土产品制造向世界品牌制造转变……何宾感到任重道远。

附录

附录 1：2017 年中国乘用车客诉缓解指数

2017 年中国乘用车客诉缓解指数（CCRI）如图 6 所示。

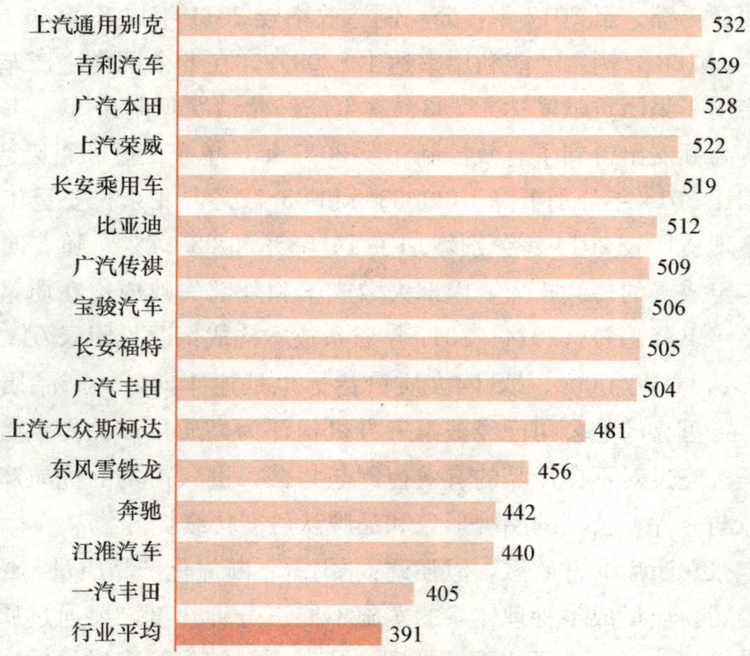

图 6　2017 年中国乘用车客诉缓解指数（CCRI）

注：CCRI 采用正向数值排序，数值越高则投诉缓解情况表现越好。
资料来源：车质网。

附录 2：丰田“召回门”事件简述

2009 年 8 月 24 日，丰田在华的两家合资企业——广汽丰田、天津一汽丰田宣布，由于零部件出现缺陷，自 8 月 25 日开始，召回部分凯美瑞、雅力士、威驰及卡罗拉轿车，涉及车辆总计 688 314 辆。这是我国自 2004 年实施汽车召回制度以来数量最大的一次召回。

此次召回的车辆包括丰田在中国市场的所有主力车型。丰田宣称，大规模召回的原因是同一供应商供应给两家企业的零部件存在缺陷，广汽丰田和天津一汽丰田承诺将对召回范围内的车辆免费更换电动车窗主控开关缺陷零部件，以消除安全隐患。

部分消费者认为对成本敏感的丰田不会为了这样一个很小的原因付出如此大的代价进行召回，应当是产品本身出了更大更严重的问题。简言之，消费者的知情权被忽略了。众多汽车产业专家则开始怀疑丰田的质量神话是否依旧坚挺。有关人士指出，丰田连续大规模的召回与它的零件通用化战略、捆绑式管理模式有关。更有专家指出，丰田汽车质量的下降与其产量快速膨胀忽视科学管理有直接的关系。

附录 3：长安汽车的发展状况

从 1958 年生产中国第一辆吉普车至 2018 年，长安汽车已有 60 年造车历史，现已形成轿车、SUV、MPV、交叉型乘用车、客车、货车等多档次、宽系列、多品种的产品谱系。长安汽车的中国品牌乘用车销量连续三年超过 100 万台，保持在自主品牌中的行业领导地位。长安汽车的特点如表 1 所示。

表 1　长安汽车的特点

维度	特点
布局全面	● 经典自主品牌车型：睿骋 CC、逸动系列、悦翔系列、CS 系列 SUV、CX70 等。 ● 合资品牌：新福克斯、新蒙迪欧、翼虎、锐界、CX-5、昂克赛拉等。 ● 新能源车型：逸动 EV、新奔奔 EV、欧力威 EV、奔奔 MiniEV 等。
行业领跑	● 销量领跑：2006—2017 年，销量年均增幅 14.9%，高于行业 0.3 个百分点。 ● 质量领跑：2017 年上半年 VCR 数据 0.77 分，为投诉比例最低的汽车品牌。 ● 用户数量领跑：长安品牌用户总量突破 1 600 万。
研发实力	● 2017 年国家认定企业技术中心评价结果为 96.4 分，位居全国第三、行业第一，累计申请专利 10 331 件，拥有发明专利 2 918 件。 ● 每年将销售收入的 5%投入研发。 ● 拥有员工 9 万余人，其中来自全球 16 个国家的研发人员 1.1 万余人。
创新变革	● 智能互联：实现集人、车、智能家居为一体的智能人车生活体验。 ● 智能交互：国内首发智能语音 3.0——“小安”智能语音秘书。 ● 智能化合作：与华为、百度、腾讯、阿里巴巴等合作，成为中国汽车行业首家“国家智能制造示范企业”。

附录 4：三大类部门在质量管理中的职责

质量部门：主要负责编制下达质量成本指标计划，分解并传递相关质量成本数据；组织落实质量成本计划；收集和统计分析质量成本数据，完成质量成本综合分析报告；牵头推进质量成本项目改进。

财务部门：主要负责提取公司关于质量成本的会计核算数据；建立质量成本计量标准；协助进行统计分析。

其他业务相关部门：主要负责统计本部门发生的质量成本数据，报送质量管理部门。

附录 5：质量成本管理流程

第一步：指标计划的制订与下达。质量管理部门根据公司上一年的《质量成本报表》以及当年质量目标计划，制订并下达公司当年质量成本指标计划。

第二步：数据的采集和统计。各责任单位依据质量成本要素对质量成本数据进行采集、统计，并按流程将数据报送质量管理部门。

第三步：质量成本报告的编制。质量管理部门根据各部门上报的数据填报《质量成本报表》，以文字和图表的形式完成《质量成本综合分析报告》。《质量成本综合分析报告》包括质量成本计划指标达成情况、质量成本构成及趋势分析、影响质量成本的关键因素、质量成本构成及评价等。

第四步：质量成本项目改进。质量管理部门利用《质量成本综合分析报告》对各环节质量成本进行分析，通过质量成本的横向、纵向对比分析，确定需要改进的质量成本项目，并分解至相关责任部门进行整改。项目整改责任部门接到整改项目后，制定整改方案及计划并启动实施，整改方案及计划需报质量管理部门备案。质量管理部门对质量成本项目的整改方案进行跟踪和效果验证：对于整改措施有效的项目进行存档，形成闭环管理；对于整改措施无效的项目，由责任单位继续进行改进。

附录 6：质量成本报表格式

2014—2017 年北京长安的质量成本报表如表 2 所示。

表 2　2014—2017 年北京长安的质量成本报表

指标名称	项目	2014 年			2015 年			2016 年			2017 年		
		质量成本率	同比增幅	占比	质量成本率	同比增幅	占比	质量成本率	同比增幅	占比	质量成本率	同比增幅	占比
预防成本	质量管理费	0.91	—	1.68%	1.01	11.20%	2.87%	1.00	−0.95%	3.11%	1.38	37.84%	4.70%
	质量评审费	0.39	—	0.71%	0.36	−8.07%	1.01%	0.86	140.73%	2.66%	0.78	−9.13%	2.65%
	质量培训费	0.03	—	0.05%	0.12	341.50%	0.34%	0.43	257.56%	1.33%	0.48	11.10%	1.62%
	工资及工资性收入	0.76	—	1.39%	0.66	−12.19%	1.88%	0.69	3.56%	2.13%	0.75	9.19%	2.55%
	合计	2.08	—	3.83%	2.15	3.44%	6.10%	2.98	38.31%	9.23%	3.39	13.84%	11.52%
鉴定成本	检验试验费	2.85	—	5.25%	3.99	39.87%	11.31%	5.12	28.34%	15.88%	8.72	70.30%	29.65%
	检测设备维护校准费	1.16	—	2.14%	0.78	−33.25%	2.20%	0.62	−19.81%	1.93%	0.78	24.76%	2.64%
	检测设备购置与折旧费	3.27	—	6.02%	2.18	−33.46%	6.17%	2.13	−2.29%	6.60%	1.95	−8.32%	6.63%
	工资及工资性收入	0.14	—	0.25%	0.64	372.66%	1.82%	1.92	199.33%	5.96%	3.03	57.63%	10.30%
	合计	7.42		13.66%	7.59	2.19%	21.50%	9.79	29.10%	30.37%	14.48	47.84%	49.22%
内部失败成本	废品损失	10.37	—	19.09%	5.94	−42.73%	16.84%	4.12	−30.69%	12.77%	2.76	−32.93%	9.39%
	返工损失	3.11	—	5.73%	1.58	−49.35%	4.47%	1.12	−29.25%	3.46%	0.33	−70.15%	1.13%
	停工损失	0.91	—	1.67%	0.33	−63.31%	0.94%	0.15	−56.42%	0.45%	0.12	−19.66%	0.40%
	合计	14.40	—	26.49%	7.85	−45.46%	22.25%	5.38	−31.49%	16.68%	3.21	−40.29%	10.92%

续表

指标名称	项目	2014年			2015年			2016年			2017年		
		质量成本率	同比增幅	占比	质量成本率	同比增幅	占比	质量成本率	同比增幅	占比	质量成本率	同比增幅	占比
外部失败成本	特殊费	0	—	0	—	—	0	—	—	0	—	—	0
	诉讼费	0	—	0	—	—	0	—	—	0	—	—	0
	质量索赔	12.72	—	23.41%	7.49	−41.12%	21.23%	5.69	−24.05%	17.64%	2.95	−48.09%	10.04%
	产品质量证实实验费	2.29	—	4.22%	1.48	−35.31%	4.20%	0.53	−64.00%	1.65%	0.45	−15.64%	1.53%
	评定费	0.22	—	0.41%	0.13	−39.95%	0.38%	0.06	−58.42%	0.17%	0.03	−52.51%	0.09%
	三包索赔	15.20	—	27.98%	8.59	−43.52%	24.34%	7.82	−8.89%	24.26%	4.91	−37.29%	16.68%
	合计	30.44	—	56.02%	17.69	−41.87%	50.15%	14.10	−20.30%	43.73%	8.34	−40.89%	28.34%
质量损失总计（内部失败成本＋外部失败成本）		44.84	—	82.51%	25.55	−43.02%	72.40%	17.12	−32.97%	53.10%	14.14	−17.41%	48.08%
质量成本总计		54.34	—	100.00%	35.28	−35.07%	100.00%	2.25	−8.59%	100.00%	29.41	−8.79%	100.00%

注：质量成本率＝发生额/产值×10 000（可剔除规模因素变化的影响）。

附录 7：8D 含义

8D 是汽车行业最为经典、有效的质量改进方法之一，其通过分析问题产生的根本原因，在改进活动中广泛应用统计技术、方法、工具，制定能够永久性消除问题根源的措施，保证质量改进目标的达成，主要步骤如表 3 所示。

表 3　8D 程序主要步骤

步骤	工作安排
D0	8D 程序的准备
D1	创建工作团队
D2	明确需要解决的问题
D3	制定临时解决方案
D4	定义和验证根本原因和遗漏点
D5	定义永久措施
D6	执行及验证永久措施
D7	防止故障重现
D8	表彰小组和个人的贡献

附录 8：北京长安 2013—2017 年各年生产经营情况

北京长安 2013—2017 年各年生产经营情况如表 4 所示。

表 4　北京长安 2013—2017 年各年生产经营情况

项目	2013 年	2014 年	2015 年	2016 年	2017 年
产量（万辆）	3.95	10.46	19.41	22.46	25.68
产能利用率	96.65%	104.57%	110.36%	112.28%	128.09%
集团贡献度（乘用车）	15.80%	27.30%	37.83%	41.12%	42.33%

启发思考题

1. 我国汽车制造行业发展状况如何？长安汽车为什么要在北京建立生产基地？

2. 初创时北京长安面临哪些质量问题？质量问题产生的原因是什么？

3. 质量成本管理的内涵是什么？北京长安是如何构建质量成本管理框架结构的？

4．质量成本的分类及相关作业有哪些？北京长安质量成本作业的构成包括哪些？又是如何进行质量成本作业优化的？

5．北京长安如何持续改进质量管控？通过质量成本管理取得了哪些成果？

6．成熟制造企业在建立新生产基地时会面临哪些问题？如何从质量成本管理视角应对？

教学目的与用途

1．适用课程：管理会计。

2．适用对象：本案例主要为 EMBA、MBA 和 MPAcc 开发，适合具有一定工作经验的学生和管理者进行深入学习。

3．教学目的：本案例以北京长安初成立时面临的质量问题为背景，重点描述了北京长安实施质量成本管理并持续改进质量最终实现经济、品牌“双效益”的过程。通过对案例的深入分析，引导学生了解、掌握、思考以下三方面的内容，提升学生运用质量成本管理理论并结合企业实践发现问题、分析问题、解决问题的能力：

（1）了解当前我国汽车制造企业的行业状况及生产经营特点；

（2）掌握质量成本的分类及质量成本管理在企业中的应用；

（3）思考成熟制造企业在进行新生产基地拓展时面临的问题，以及如何利用质量成本管理理论解决这些实际问题。

理论依据与分析

1．内外部环境分析

（1）PEST 分析。

任何企业都存在于一定的外部宏观环境之中，宏观环境虽然不能对企业的运营产生直接的影响，但是会长期左右企业的生存。PEST 分析模型从政治法律（political-legal）、经济（economic）、社会文化（socio-cultural）和技术（technological）四个维度上综合分析对企业产生影响的宏观因素。

（2）波特五力分析。

行业是由一组生产类似产品或服务的企业构成的。波特五力模型用于分析和评估行业竞争强度，该模型包括五种驱动力：潜在的竞争对手、现有行业内的竞争、替代品、买方的议价能力和供应商的议价能力。行业的竞争强度大意味着行业内的企业面临更多的威胁；反之，则意味着有更多的机会。

（3）SWOT 分析。

SWOT 分析是一种分析企业内部环境的技术方法，用于了解企业的内部优势（S）和劣势（W），以及识别外部环境对企业的机会（O）和产生的威胁（T）。SWOT 分析的结论具有一定的决策性，可帮助企业发现适合开发的机会和管理尚未察觉的威胁。通过使用 SWOT 框架审视自己和竞争对手，企业可以制定一个能够帮助其从竞争对手中脱颖而出的战略，从而可以在市场竞争中取得成功。

2. 质量管理螺旋曲线

美国质量管理专家朱兰（J. M. Juran）基于客户视角，认为产品质量表现为产品的适用性，即产品在使用时能在多大程度上满足用户的需求。ISO 9000：2000[①] 对质量的定义是：一组固有特性满足要求的程度。

朱兰提出的质量管理螺旋曲线是反映产品质量产生、形成、发展的客观规律的一条螺旋上升曲线，对质量管理有重要的指导作用，如图 7 所示。

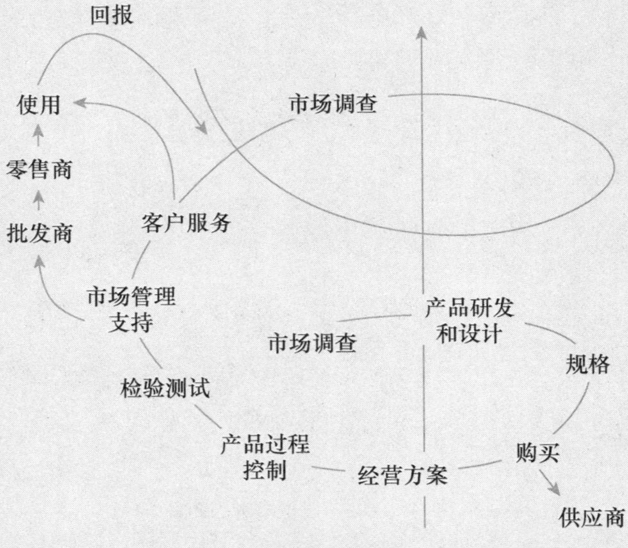

图 7　质量管理螺旋曲线

① 请参考《GB/T 19000—2016 质量管理体系　基础和术语》。

该螺旋线表明产品的质量形成过程包括市场调查、产品研发和设计、规格、购买、经营方案、产品过程控制、检验测试、市场管理支持及客户服务等共13个环节。其中一些活动是在公司内进行的，其他则由供应商、批发商等在外部环节执行。产品质量形成的过程是一个不断上升的过程，要完成质量形成的全过程，就必须将上述各个环节的质量管理活动形成完整体系并落实到各个部门。质量管理以人为主体，任何一个员工的工作质量都会不同程度地影响产品的最终质量，因此产品质量与企业员工的全员参与也是密不可分的。

3. 质量成本管理

（1）质量成本管理的含义。

质量成本管理是指对企业的产品生产和销售以及销售以后所发生的质量成本有领导、有组织的一系列科学管理工作，主要内容包括对质量成本的预测、计划、核算、分析、报告、控制和考核（Feigenbaum，1983）。

（2）质量成本管理的职能系统。

质量成本管理的职能不是孤立存在发挥作用的。构成质量成本管理的各种职能相互联系，形成一个完整的职能体系。在这个职能体系中，核算是基础，决策是导向，计划是目标，控制是核心，分析是重点，考核是关键。质量成本管理职能系统主要包括四个子系统——质量成本计划系统、质量成本核算系统、质量成本分析系统、质量成本控制系统。各子系统的职能及相互间的工作联系如图8所示。

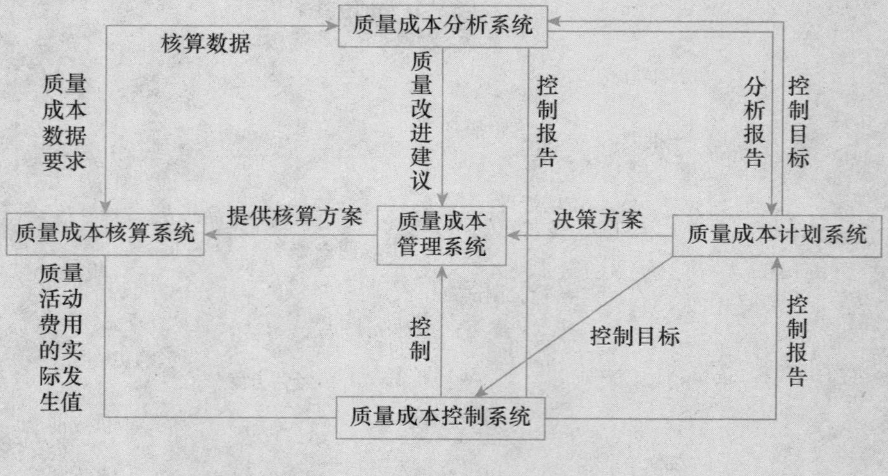

图8 质量成本管理系统各子系统职能关系图

4. 质量成本的分类及相关作业

（1）质量成本的含义。

美国质量管理专家费根鲍姆（A. V. Feigenbaum）最早提出了质量成本的概念——为了达到满意的质量水平而发生的成本费用以及没有达到满意的质量水平所造成的内外部损失。ISO 9000系列国际标准对质量成本的定义是：将产品质量保持在规定的质量水平上所需的有关费用。我国将质量成本定义为：将产品质量保证在规定水平上所需要的各种费用，包括预防、鉴定、内部失败成本以及外部失败成本。如果有特殊情况，还要加上外部质量保证成本。

（2）质量成本的分类及作业。

质量成本是质量成本管理体系的一个重要因素。为了满足质量成本管理的要求，质量成本可以从不同角度进行分类：按照经济用途，分为预防成本、鉴定成本、内部失败成本、外部失败成本、外部质量保证成本；按照质量成本与产品质量的密切程度，分为直接质量成本和间接质量成本；按照价值补偿性，分为显性质量成本和隐形质量成本；按照控制效果，分为可控质量成本和不可控质量成本。其中，质量成本按照经济用途进行分类是质量成本管理最基本最普遍的分类方法，如表5所示。

表5 质量成本分类

划分标准	质量成本构成	含义及相关作业
经济用途	预防成本	含义：为预防不合格品的产生或者减少故障的发生采取的必要措施
		作业：文件编制、教育培训、设计评审、供应商评价、质量审核、质量信息收集、质量奖励、员工薪酬与激励、质量改进措施制定等
	鉴定成本	含义：为了检验原材料是否符合规格，生产过程中的在产品、产成品是否满足规定的质量要求所发生的费用，它可能包含多个环节，涉及多个部门的分工协作
		作业：进货检验、过程检验、成品检验、检测设备维护、检测设备折旧、质量检验办公、外协检验、员工薪酬与激励等
	内部失败成本	含义：产品出厂前未能达到质量要求而产生的各种损失和费用
		作业：产品报废、返修、降级、复检、停工、质量事故处理
	外部失败成本	含义：在产品交付后因为不满足质量要求所造成的损失
		作业：索赔、退换货、保修、降级、员工薪酬与激励
	外部质量保证成本（特殊情况下）	含义：为用户提供必要的客观证据所花费的费用
		作业：经由独立的第三方检测认证机构对产品的特殊性能进行检测

按照经济用途进行分类，能够将生产经营过程中发生的各项质量相关费用清晰地归集至相应的职能部门，确定各个部门在质量管理中应承担的经济责任。

(3) 鱼骨图。

鱼骨图也称因果图、石川图或特性要因图，它是由日本式质量管理的集大成者石川馨（Kaoru Ishikawa）提出的一种用于分析质量问题产生的具体原因的图示方法。在生产过程中，质量波动主要与人员、机器、材料、工艺方法和环境等因素有关，鱼骨图法就是通过层层深入的分析研究，从交错混杂的大量影响因素中理出头绪，逐步把影响质量的主要、关键、具体原因找出来，从而明确所要采取的措施。鱼骨图的基本模型如图 9 所示。

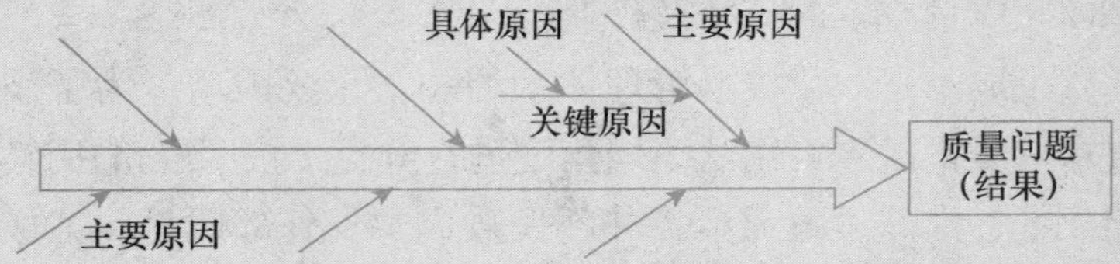

图 9　鱼骨图基本模型

5. 产品质量的过程改进方法——PDCA 循环

PDCA 循环也称戴明环活动，最早是由美国质量管理专家戴明（W. E. Deming）于 20 世纪 60 年代初提出的。该循环是产品质量改进的基本过程，反映质量改进和完成各项工作必须经过计划（plan）、执行（do）、检查（check）、处理（action）四个阶段，这四个阶段不断循环，周而复始，使产品质量不断改进（见图 10）。

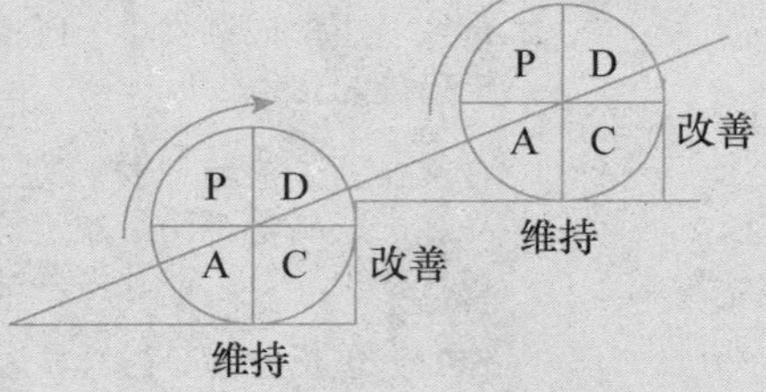

图 10　PDCA 循环示意图

6. 最优质量成本模型

最优质量成本模型将质量成本管控分为三个区域（见图 11）：(1) 当失败成本＞70％，预防成本＜10％时为 I 区域（质量改进区域），质量改进的重点应放在提高质量体系的控制和预防措施上；(2) 当失败成本≈50％，预防成本≈10%时为Ⅱ区域（质量控制区域），该区域是产品质量最适宜的区域，该区域存在最优质量成本点使总质量成本最小；(3) 当失败成本<40%，鉴定成本>50%时为Ⅲ区域（质量过剩区域），说明采取了过剩的预防和鉴定措施，产品功能过剩，改进重点应放在加强现有的质量体系同时减少预防和鉴定支出（J. M. Juran，1974）。

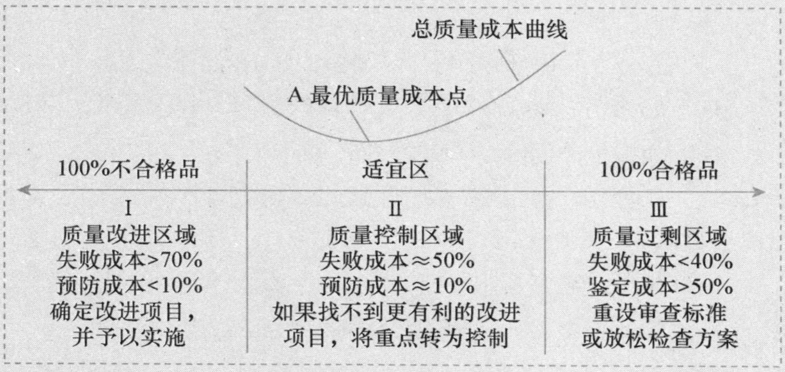

图 11　最优质量成本模型

参考文献

[1] 宝贡敏. 精细化管理，精细化竞争——现代企业竞争优势来源剖析[J]. 科研管理，2005 (6)：142-150.

[2] 侯清麟，左素琴，刘裕. 基于零缺陷理念的质量成本分析 [J]. 湖南工业大学学报（社会科学版），2014，19 (1)：32-36.

[3] 林万祥. 质量成本管控论 [M]. 北京：中国财政经济出版社，2002.

[4] 潘燕华，肖静. 基于顾客满意的质量成本模型 [J]. 系统工程，2015，33 (1)：74-80.

[5] 苏晓烨，黄奕辉，黄嘉仪. 供应链视角下总、分包商的质量成本决策研究 [J]. 建筑经济，2015，36 (2)：36-40.

[6] 尹华. 煤炭企业跨区域扩张风险因素分析与防范 [J]. 山东科技大学学报（社会科学版），2010，12 (6)：64-69.

[7] 余建青. PDCA 循环在提高产品质量中的应用实例分析 [J]. 内燃机与配件，2011 (5)：33-36.

[8] 袁胜军，周子祺，张剑光. 品牌力研究述评 [J]. 商业经济研究，2018 (7)：48-51.

[9] 约瑟夫·M. 朱兰，A. 布兰顿、戈弗雷. 朱兰质量手册 [M]. 第5版. 北京：中国人民大学出版社，2003.

[10] 张公绪，孙静. 质量工程师手册 [M]. 北京：企业管理出版社，2002.

[11] 张煦. 如何提高客户满意度 [J]. 管理学家，2012 (22)：80.

[12] 赵秀芳. 论现代质量成本管控 [J]. 商业研究，2002，(9)：7-9.

[13] 质量管理体系 基础和术语 [J]. 品牌与标准化，2017 (12)：95.

[14] 周鸿勇. 质量成本最低点的分析 [J]. 武汉理工大学学报（信息与管理工程版），2001，23 (3)：72-75.

[15] 朱兰. 质量控制手册 [M]. 上海：上海科学技术文献出版社，1987.

[16] Gogue J M. 工业社会中质量的挑战 [M]. 北京：技术标准出版社，1982.

[17] Bank J. Total quality management [M]. America：Prentice Hall，1997.

[18] Becker C M. Glascoff M A. Process measures：a leadership tool for management [J]. The TQM Journal，2014，26 (1)：35-40.

[19] Chee-Cheng Chen，Ching-Chow Yang. Cost-effectiveness based performance evaluation for supplies and operations [J]. Quality Management Journal，2002 (10)：59-73.

[20] Feigenbaum A V. Total quality control [M]. 3rd ed. New York：McGraw-Hill，1983：26-28.

[21] Gary C. Measuring the cost of quality for management [J]. Quality Progress，2006，39 (9)：45-51.

[22] Giakatis G，Enkawa T，Washitani K. Hidden quality costs and the distinction between quality cost and quality loss [J]. Total Quality Management and Business Excellence，2001，12 (2)：179-190.

[23] Abdul-Kader W，Ganjavi O，Solaiman A. An integrated model for optimization of production and quality costs [J]. International Journal of Production Research，2010，48 (15)：7357-7370.

[24] Harrington H J. Poor quality cost [M]. Florida：CRC Press，1987.

［25］Juran J M，Gryna F M. Quality planning and analysis［M］. New York：McGraw-Hill，1993.

［26］Keller K L. Conceptualizing，measuring，and managing customer-based brand equity［J］. Journal of Marketing Research，1993，57（1）：1-22.

［27］Moen R M. New quality cost model used as a top management tool［J］. The TQM Magazine，1988，10（5）：334-411.

［28］Philip C P. Quality is free［M］. New York：McGraw-Hill，1979.

［29］Shields M D，Young S M. Effective long-term cost reduction：a strategic perspective［J］. Journal of Cost Management，1992.

［30］Shocker A D. Managing brand equity［J］. Journal of Marketing Research，1993，30（2）：256-258.

［31］Juran J M. Juran's quality handbook［M］. Mc Graw-Hill Press，1974.

平衡计分卡“太”平衡：规划建设公司战略绩效管理改革的“迷局”

摘要：中国航空规划建设发展有限公司（简称规划建设公司）成立于2009年，隶属于中国航空工业集团公司（简称中航集团），是由四家航空企业整合而成的国内大型综合勘察设计甲级企业。本案例以中航集团2009年在全行业推行平衡计分卡绩效管理体系为背景，重点描述了规划建设公司在整合的进程中同步推进平衡计分卡战略绩效考核体系所遭遇的境况。被多数世界500强西方企业验证对战略执行十分有效的管理工具——平衡计分卡，在规划建设公司搭建的看似完美的战略绩效管理体系中却遭遇严重的水土不服，几乎均等的考核结果引发了不小的震荡。公司应该导入平衡计分卡吗？平衡计分卡应该平衡什么？平衡计分卡真的那么有效吗？西方的先进管理工具运用到中国的企业中，在推动组织变革时将会面临怎样的挑战？企业又该如何应对这些挑战？

关键词：平衡计分卡；战略；绩效考核

0. 引言

2012年1月10日，发展规划部刘孟军部长坐在位于北京德外大街的规划建设公司总部的办公室内，望着桌上公司各单位2011年度的经营绩效考核表一筹莫展。1月19日就要召开2011年度绩效考核工作会了，可考核表上10个单位中有9个得分在97分以上，相互之间差距甚微；更让人惊讶的是，一直绩效领先的单位在新的绩效考核体系下名次却与原来绩效较差的单位掉了个个儿，以平衡计分卡为基础的战略绩效考核体系怎么会得出这样的结果呢？回想起2009年，自己临危受命扛起公司改制后战略绩效考核的大旗，总经理康继业可是寄予了厚望，而费尽功夫却考核出这样近乎均等又出乎意料的结果，后面一系列绩效管理措施该如何实施？配合改制进程的战略绩效考核快成"社会主义大锅饭"了，这与预期的目标也相差太大了！看看桌上的闹钟，已经12点半多了，满脑子问号的刘部长只好拖着疲惫不堪的身子去食堂吃午饭。

1. 免费馒头似的绩效考核

这时候的食堂已经很清静了，剩下的十来个人显然都是去晚了的，三三两两地坐在相近的几张桌子边。刘部长打好饭就近选了张靠边没人的桌子坐下来，低头边吃边琢磨怎么开2011年度绩效考核工作会。忽然听到三位年轻的女职员在议论……

一个说："你怎么这么晚才来吃饭啊？"

另一个回应说："唉，别提了，又在做发展规划部的绩效考核报告，每个季度都要求写几十页，厚厚一叠，又没那么多事情发生，编得头疼死了。"

看来她们没有注意到在角落里吃饭的刘部长。

接着有人说："你真笨，每次还真的认真写啊？我做了一个模板，每个季度只需要稍微改改就可以了。"

"这样行吗？会被扣分吧？"

"不会的，以我的经验，发展规划部每次考核都要收那么多份报告，根本没人去仔细看，而且很多指标都是以职能部门提供的数据为准，我们实体院填的只不过是走走过场罢了。"

"那还让我们填这个干什么？很多指标我们本身也不掌握，还需要向职能部门要，结果填了还不算数，这叫什么事啊！"

这个职员接着转向身旁的一位职员说："哎，我们现在干的还不是为了你们计划财务部打分用吗？你说说，让我们加班填那些不知道的财务数据，你是不是得请我们吃顿饭啊？"

"哎呀，实在是冤枉，你们实体院苦，我们职能部门也不好过呀！每到季度考核时，我们计划财务部总能接到几十个询问财务数据的电话，明明是我们考核各个实体院的经济运行情况，那就以我们的财务结算为准呗，但发展规划部非要让各院在考核报告里写上本单位的经济数据，这么多数据沟通起来总有填错的吧，结果最后打分的时候发展规划部还要质问我们为什么提供的数据与各单位上报的不一样。而你们还以为是我们非要让填这些数据，搞得我们两头不落好，这不比窦娥还冤啊！”

这个话题引起了坐在旁桌的一位老员工的兴趣，他凑过来举着手里的馒头说：“年轻人，咱们单位这新搞的考核呀就像食堂里这免费的馒头，大家都有份，现在只不过是在发给你馒头前需要证明你应该享用这个馒头，看似更有道道了，其实大家最后都能分到馒头。”

他的这番话先是把几个年轻女孩子说得一愣，等她们回过味儿来都哈哈大笑起来，纷纷冲着老员工点头称道：“您太牛了！”

之后她们又讨论了些什么刘部长一点儿都没听进去，他看着手里的馒头，已经没有食欲了。

2. 大跌眼镜的考核结果

规划建设公司 2011 年度绩效考核工作会于 1 月 19 日如期召开，刘部长在对 3 年来公司构建的以平衡计分卡为基础的战略绩效管理改革做了一番简单回顾后，公布了首次采用新的绩效考核体系后各单位的年度考核结果。实体院拿到排名结果（见表 1）后反响最大，原来在 2010 年绩效排名第一的二院在新绩效考核中居然排在倒数第二，而从来经营都较困难、2010 年绩效排名垫底的工程经济研究院居然排名第二，明眼人都能看出的结果怎么就颠覆了呢？真是怪象，会场上一阵骚动。

表 1　2011 年绩效管理考核得分情况（节选实体单位）

排名	单位	得分
第 1 名	三院	98.24
第 2 名	工程经济研究院	98.03
第 3 名	一院	97.86
第 4 名	八院	97.82
第 5 名	工程技术研究院	97.81
第 6 名	七院	97.80
第 7 名	四院	97.77

续表

排名	单位	得分
第 8 名	六院	97.53
第 9 名	二院	97.45
第 10 名	五院	94.76

刘部长紧接着谈了自己对公司绩效管理存在的主要问题的看法，他认为各考核单位及指标主管部门对绩效考核工作还不够重视，提交的考核报告随意性较大，不利于其他部门准确评价。此话一出，立即在本已不平静的会场引起了各单位一把手的议论和抱怨。

三院李院长首先说道：“我们每个季度提交的主报告就达十几页之多，还要附上各种证明材料，你们发展规划部有时间认真看吗？我们是业务部门，为公司拿回钱才是硬道理，将大把的时间、精力耗费在提交这种走形式的报告上，真是劳民伤财！”

二院黄院长抱怨道：“李院长，不管怎样，你还拿了第一。我们可倒好，排了个倒数第二。说实话，我觉得许多指标都过于书面化，每个季度真不知道该怎么填表才准确，出台的解释文件不仅读起来费劲难懂，还要我们对各项指标进行自我评价，我不得不特意安排专人来应付这些事情，即使这样还落得这个结果，真不明白这新的绩效考核体系到底考核的是什么。”

四院李院长说：“快饶了我们吧，这哪里是绩效考核啊！简直是编书啊！让我们提交那么多的证明材料，你们也太官僚了吧？难道你们没掌握我们的情况吗？难道我们怎么写报告你们职能部门就怎么打分吗？连在院刊上的投稿篇数都列入考核项，这是在考核战略绩效吗？我看没有银子神马都是浮云！”

大家被李院长的幽默给逗乐了，五院李院长随声附和道：“还不如以前只关注我们的利润来得实际呢，越搞越复杂，得不偿失！”

市场开发管理部王部长说：“将各部门自己制定的工作计划直接作为考核指标都是可以完成的，大家都是高分倒是不伤和气，现在每个季度的考核越搞越复杂，各单位负责考核的人员承担的压力都不小，最后只能是忙于应付差事了。”

项目管理部刘部长也附和道：“考核制度没有相应的加分奖励，只有扣分项，又扣不了几分，大部分单位得分都相差不了多少，干好干坏一个样，成了人人有份的平均主义‘大锅饭’。”

运营保障部王部长说：“我们搞管理创新，不是一味强调完成管理创新课题的数量；我们进行人才队伍建设，也不能只看引进高端人才的数量；同样，我们强调企业文化建设也不能单看向公司刊物投稿的数量。事情没有那么简单，怎么能单将数字当成指标来说明问题呢？”

计划财务部白部长的一番话倒是很值得思考：“我觉得我们应该思考一下，我们搞的是战略绩效考核，那么新的考核管理体系中林林总总的指标是否推动了公司的战略实现，推动了公司核心竞争力的提升？我看还是好好研究一下指标和具体执行中的问题和对策吧。”

在座的领导七嘴八舌提了很多问题……刘部长陷入了沉思：为什么自己眼中几乎完美的绩效考核体系，在大家看来是如此漏洞百出，到底是哪儿出了问题呢？这个事情还得从2008年公司改制说起……

3. 公司的迅速发展

3.1 “土豆＋土豆＋土豆>一堆土豆”

在国家鼓励开展大飞机项目研制的背景下，2008年6月，中央下达文件，将以军机为主要业务的中国航空工业第一、第二集团公司重组整合，成立中国航空工业集团公司，以期形成一个在民机领域具有像美国波音公司那样的运作模式的公司。

曾经有人形象地比喻过去的中国航空工业是一盘散沙，同类同样的工厂犹如一个个散落的土豆在全国不同的地方干着同一种业务，这种重复布局建设当时是为战备需要考虑的，而如今这种资源内耗式的自我竞争布局被形容为“一堆土豆”。曾有人担心中航集团整合后会变成“一麻袋土豆”，所以国务院要求中航集团要建立母子公司的结构——母公司带动子公司，子公司进行专业化整合，以期重组整合后的航空工业可以产生“化合作用”并形成增量。2008年11月，中航集团正式挂牌成立，下设业务板块和事业部为二级单位。同年12月，新成立的中航集团党组做出以板块为单位整合下属所有的航空企业为三级单位的决定，要求各板块的整合模式也采用母子公司结构。以规划建设公司作为板块之一的规划建设板块，由中航院、中航建、航勘院和长沙三院四家单位进行改制整合，总部设立在中航院原址上（见表2）。

2009年1月，中航集团任命时任中航院院长康继业担任规划建设公司总经理，这位工作了近30年的航空人，带领班子成员，掀起了公司改制整合的彻底

“革命”。

四家全民所有制单位的主营业务可大致划分为咨询设计、设备总承包、工程总承包三大业务领域，覆盖航空工业和航天等国防科技工业、民航机场、民用建筑、能源与环境工程、医药及其他行业。改制整合之前，四家单位的小日子过得都还挺红火，业务量饱满，盈利状况也不错，职工的收入蒸蒸日上。然而，这些先天的优越条件在给重组整合奠定良好基础的同时，也给新任班子带来了不小的压力。

表 2　整合前四家单位基本情况

原企业名称与地点	成立时间	性质	人员数量/营业收入	主要业务
中国航空工业规划设计研究院（中航院），北京德外	1951 年	全民所有	1 238 人/5.09 亿元	全国首家工程设计综合甲级资质单位，主要从事工程咨询、规划、设计、工程造价咨询、建设项目环境影响评价等业务。
中国航空建设发展总公司（中航建），北京马甸	1985 年	全民所有	289 人/8.40 亿元	具有甲级建筑设计资质，全国首批获得工程总承包资质的单位，主要从事工程承包及管理、工程招标代理、工程监理、建设运营交钥匙工程等业务。
中航勘察设计研究院（航勘院），北京中关村	1952 年	全民所有	218 人/1.22 亿元	全国最早成立的大型甲级勘察设计单位之一，主要从事工程勘察设计、建设监理、物业管理等业务。
中国航空第三设计研究院（长沙三院），湖南长沙	1978 年	全民所有	366 人/0.25 亿元	为固定资产投资全过程服务的甲级设计院，主要从事工业与民用建筑设计、工程总承包、网络信息系统集成、安防、工程监理、工程勘察（岩土工程）、环境影响评价、工程咨询等业务。

3.2　规划建设公司的发展战略

“作为公司的总经理，从我任职第一天起，就深感重担在肩，我们应该怎样承接集团战略为自己准确定位？我们的历史使命是什么？未来要发展成一个什么样的公司？我们究竟该如何发展？这些关乎公司前途命运的重大问题，一直萦绕于心，让我寝食难安。”在春节前由中层以上干部参加的公司发展战略研讨会上，康继业总经理说出了这样的肺腑之言。

研讨会上，干部们对四家单位处于同一产业链的不同环节，彼此之间的业务冲突少、技术衔接性强以及整合的体量与负担不大等优势有了充分的认识

（见图 1）。对改制整合后的产业规模、营业收入、利润以及人力资源规模和质量等方面与当时国内外勘察设计行业的咨询设计和工程总承包领先者还存在的较大差距进行了深入分析，大家一致认为，改制整合后的公司存在业务范围小和结构单一、航空和非航空市场发展极不均衡、多元化行业服务能力不强、商业运作模式单一等问题。公司市场调研文件也指出："随着市场一体化的加速，勘察设计行业间相互渗透，行业内部竞争加剧，不少竞争对手为提升企业竞争力、保证长期持续发展，纷纷向多元化、产业链一体化全过程服务模式转变。其中，实力较强的大型设计企业开始向工程公司、工程咨询公司转型。咨询设计市场仍是目前利润率最高的业务市场，但从承接量来看已略显饱和；设备和工程总承包业务市场有很大潜力，但需要较多资金支持来扩大业务规模。同时，公司需要在整体经营规模、品牌建设和人才引进等方面迅速建立资本保障；时机成熟时，可选择上市，以进一步巩固和扩大企业的综合实力。"因此，如何正确选择公司未来的发展道路和合适的运作模式成了摆在领导班子和全体员工面前的首要问题。

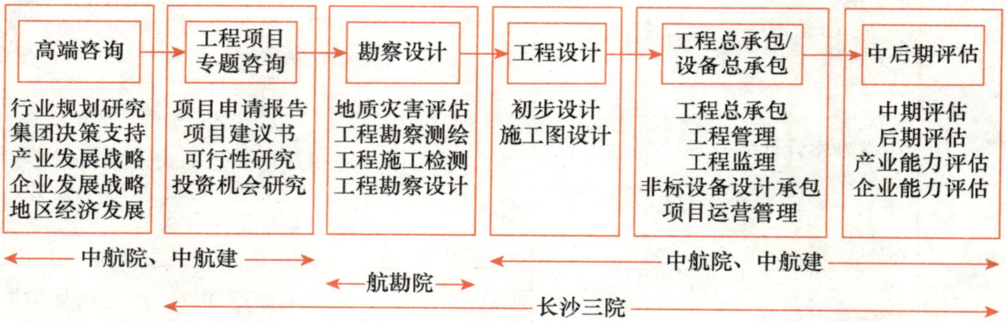

图 1 改制整合前四家单位的业务范围

时值中航集团在加速推进整体战略的大背景下，公司最终决定先完成基本组建工作，然后按照专业化整合的发展思路进行优势资源整合，以整体的力量抓住规划咨询和工程勘察设计、建设企业在固定资产投资领域面临的新机遇，逐步做强做大，将规划建设公司打造成为国际一流的综合性工程公司，在未来几年内整体上市，实现业务模式转型。2009 年 8 月，公司在发布的发展战略文件中是这样描述的："通过实施整合专业板块、提升品牌影响、扩大产业规模的总体发展战略，提升中航工业股东价值，成为国际一流的投资咨询建设全过程服务的航母型企业。"公司还在以往各单位采用集团要求的综合平衡计分卡（IBSC）绘制的战略地图的基础上，绘制了新公司的战略地图（见图 2），规划建设公司的发展战略至此明朗起来。

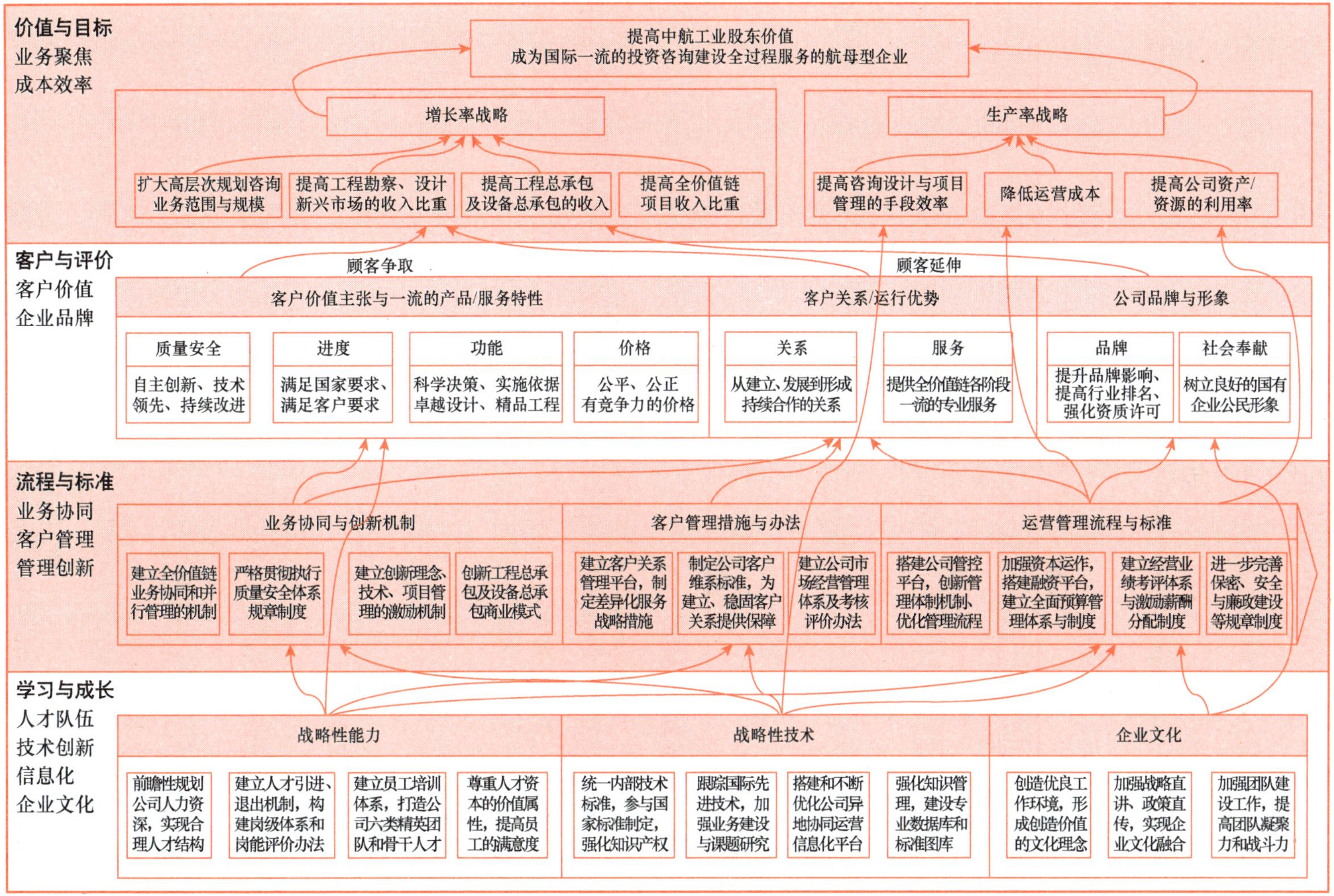

图 2　规划建设公司战略地图

3.3 “3+2”速变“8+2”组合模式

按照集团要求，规划建设板块须在2009年底前完成基本组建工作，要在1年内处理好通常改制公司需3年完成的工作，这对康继业及其团队来说是一个巨大的挑战。按照整体上市的构想，公司制定了“三步走”的改革分步实施方案（见表3）。

表3 “三步走”改革实施方案

阶段	时间	名称	内容
第一步	2009年1月—2010年6月	实体化组建	成立中国航空规划建设发展有限公司。实行“3+2”模式，即咨询设计事业部、设备总成事业部、工程总成事业部加航勘院、长沙三院2个子公司。
第二步	2010年7月—2012年12月	专业化整合	实行“8+2”模式，即8家直属实体单位加航勘院、长沙三院2个子公司，公司成为战略管控中心、财务管控中心，子公司成为成本中心、专业化中心和区域中心。
第三步	2013年	公司整体上市	更名为中国航空规划建设发展股份有限公司，进一步完善体制机制，利用集团公司的资本运营平台借壳上市或首次公开发行（IPO），实现整体上市。

第一次改革“3+2”

改革的利刃首先落到了规模最大的两个实体上：为保留综合设计甲级资质，将原先的中航院和中航建的业务部门按照规划建设公司设计的组织架构进行调整，成立3个以业务划分的咨询设计事业部、设备总成事业部、工程总成事业部，事业部以实体模式运营。2009年10月，中国航空规划建设发展有限公司正式举行挂牌仪式，3个事业部与航勘院和长沙三院2个子公司形成了“3+2”组合格局，公司只用了10个月的时间就完成了第一步实体化组建阶段的改革。

第二次改革“8+2”

2010年3月，就在第一次改革完成不到半年后，公司又紧锣密鼓拉开了第二次改革的序幕。“我们要打造以设计为龙头的垂直一体化全价值链服务体系。”康继业如是说。第二次改革，撤销了之前按业务板块划分的3个事业部，把原先中航院、中航建、航勘院、长沙三院四家单位的人才、技术、市场等资源重新梳理，细分为工程技术、工程经济、民用建设、飞机工程、航空动力工程、航空机载系统工程、能源与环境工程、民航工程、航空设备和规划咨询10个设计研究院，除了工程技术研究院和工程经济研究院外，其余8个院加上原有的航勘院和长沙三院子公司都是以市场为导向、垂直一体化的全价值链运作模式，即每一个实体院都需具备从规划、设计、建设到服务的全价值链竞争能力。2010 年 8 月，仅仅用了 5 个月的时间，公司就完成了由“3＋2”快速过渡到“8＋2”的组合模式，康继业形象地说：“这是一次具有飞行速度的专业整合流程再造。”在强调公司改革的速度时康总说道：“我们规划建设公司如果不迅速做大做强，再维持几年也没有问题，但当别人做大的时候，我们就有可能被淘汰，这样我们心中就总有一种紧迫意识，不迅速发展就是失败。”

4. 绩效考核改革提速与改制整合同行

4.1 平衡计分卡比预计来得要早一些

在公司改制整合进行得热火朝天的时候，中航集团 2009 年 7 月下达了《关于全面推进平衡计分卡实施工作的通知》（计函〔2009〕67 号），要求各板块及下属公司在 2009 年 12 月底前构建以平衡计分卡（BSC）为基础的绩效考核体系，2010 年正式运用到考核实际工作中去。此时的规划建设公司各单位还没有完全融合，业务流程和组织关系还在梳理过程中，组合模式正处于“8＋2”收尾的关键阶段，在这个时间推行平衡计分卡，建立新的绩效考核体系实在是让人有点措手不及，但中航集团面向对所有航空企业的统一要求，容不得新组建的规划建设公司说“不”。以平衡计分卡为基础，建立与战略对接的绩效考核体系其实也正符合公司改制整合后的迫切需要，只不过比预期的时间来得要早一些。两项工作同步推进，也许会产生协同效应，更快速和更高质量地推进公司改制整合工作！公司领导层下定了决心。

当月，公司下发《关于成立公司平衡计分卡推进组织机构的通知》（航建办〔2009〕号），成立平衡计分卡推进委员会并全面开展工作。总经理康继业亲自挂帅担任委员会主任，推进委员会下设推进办公室，其日常工作授权发展规划部承担，部长刘孟军任委员会常务副主任，同时从各部门抽调精英骨干作为推进办成员。为了能在短期内完成既定工作，刘部长还特意从外面“挖”了一个专业人才——韩光德，他为多家公司做过绩效管理方案，实战经验非常丰富。

4.2 原有绩效考核体系与问题

说干就干，推进办召开专题会议分析已有的绩效考核体系及其存在的问题（见表 4），对平衡计分卡推进应开展的培训和宣传工作进行策划，梳理和固化复杂的管理流程，提出由主要领导层到职能机构再到实体院和全体员工逐层渗透的推进路径。刘部长带领推进办成员马不停蹄、加班加点地干了近20天，基于平衡计分卡的战略绩效考核推进工作终于在2009年7月27日全面启动。

表4　原有绩效考核体系与问题

项目	改制整合前	改制整合初期（平衡计分卡实施之前）
目标	为各业务部门奖金分配做依据	为公司战略服务
执行部门	四家单位分别进行考核，由各单位综合计划处组织	由公司发展规划部统一组织
考核周期	每年一次	每季度一次
被考核部门	四家单位业务部门	“3+2”单位、“8+2”单位
考核内容	以财务指标为主：营业收入、利润、签订合同额、完成产值；每年年初按照上一年完成情况增幅的20%左右下达考核指标：超额完成指标的10%，给予薪酬总额5%的奖励；未完成指标，按照50%扣减薪酬总额	与原考核内容一致，仍以财务指标为主，与薪酬管理脱钩，只作为绩效评价，每年年初按照上年完成增幅的20%左右下达考核指标
存在问题	1. 注重短期财务结果，各单位不求有功，但求无过，会恰到好处地完成当年指标，多余部分留作下一年的“余粮”。 2. 监督力度不够，综合计划处从主观层面不希望给各单位扣分而增加工作量	1. 考核方法与公司战略不匹配，单一的财务指标不能有效地将公司长远战略与短期行动连接起来。 2. 缺乏对管理流程的专业分析以支持改制后的战略决策和重大经营决策。 3. 只重视业务部门的工作，对于总部职能部门没有可衡量的标准

4.3　推进平衡计分卡的速成三段曲

平衡计分卡隆重登场

2009年8月17日，公司隆重召开所有中层以上领导参加的平衡计分卡推进动员大会。康继业总经理向大家做了题为《平衡计分卡——实现公司战略管控的有力工具，构建组织绩效考核体系的基石》的动员讲话，他在开场白中说道：“对于刚组建的规划建设公司来讲，战略无疑是非常重要的，一个好的战略能否发挥作用，关键在于执行。战略一旦确定，如果缺乏有效的控制力，战略将无法化为行动，平衡计分卡是战略执行的工具，这是我们极力推广它的重要原因。”他又指出：“平衡计分卡的宗旨是帮助企业的全体员工就企业的使命、愿景、长中短期目标和战略行动达成一致，并且作为一个沟通工具，使各部门、各单位及其管理人员更加明确自己在企业发展战略中的权责，确保战略得以实施。一个设计良好的平衡计分卡如同一幅由此岸（企业的现在）去往彼岸（企业的目标）的地图，各关键驱动因素之间如同链条环环相扣，战略实施一目了然。我们可以根据这些关键的驱动因素规范员工和企业的行为，如果能够做到这些，我们推进平衡计分卡来构建组织绩效考核体系的目的也就达到了。”最后，康总提出四点要求：“一是要充分认识推行平衡计分卡的重要性并认真学习；二是各级领导要亲自挂帅，高质量完成推进工作；三是要在公司内部形成言必称平衡计分卡的氛围；四是公司要把推进平衡计分卡的完成情况纳入对各级领导干部的年度绩效考核。”这四点要求表达了公司领导层强力推行平衡计分卡的决心，同时也为推进办日后的工作指明了方向，为快速有效地推进工作营造了上下团结一致的工作氛围。推进办每位成员都信心满满，此时刘部长严肃的脸上也不禁露出了笑容。

平衡计分卡的推广

2009 年 8 月 21—23 日，历时 3 天，推进办组织了面向公司高层领导的研讨、面向中层领导和骨干的知识讲座和实操培训等系列活动，参与人数约占公司总人数的 10%。培训邀请了知名管理咨询公司首席顾问、平衡计分卡领域权威专家，并采用研讨交流、知识讲授、分组讨论、课堂演练、现场答疑等丰富多彩的活动形式，对平衡计分卡的发展历史、国内外的最佳实践、战略地图和关键绩效指标（key performance indicator，KPI）开发等理论知识及实操要领进行了全面培训。如此大规模的培训对于刚刚组建好的公司来说尚属首次，公司领导对此给予了高度评价，正当推进办得意扬扬的时候，接下来发生的事情却让大家十分尴尬。

场景 1：参加培训的不画地图，画地图的没参加过培训

经过理论知识铺垫后，推进办要求各职能部门、子公司和实体单位自行设计战略地图及关键绩效指标，然后以研讨会的形式进行交流。通知一下发，各单位的领导和骨干就炸锅了，绘制战略地图还好办点儿，是因为有以前的基础，但对指标设计的“作业”尤其不满，觉得这都应该是推进办的事情。为了应付差事，这些任务自然便交给了部门工作任务较少，也没参加过统一培训的年轻同志来做。这些人都不是专业出身，只是通过领导交代的资料来绘制所在部门的战略地图和设计关键绩效指标。开研讨会时，在座清一色的年轻人，他们提交的东西那真是五花八门，韩光德看了以后非常生气：“画战略地图的人怎么全是些毛头小子啊？当时参加培训的可不是这些人啊？部门战略你们定得了吗？你们懂业务吗？如果不懂，怎么能定指标呢？”其中一个参会的小伙子说出了大家的心声：“我们哪懂呀，业务也还不熟悉，我们确实不知道部门的考核指标该咋定，可是定不了也得定，这是领导安排给我们的任务，想找领导商量吧，领

导说没空，让我们自己琢磨，我们也挺郁闷！”

这可难坏了推进办的成员，参加培训的不画地图，画地图的没参加过培训。由于得不到各单位领导和骨干的积极支持，单靠年轻同志照猫画虎制定的战略地图和关键绩效指标很难代表各单位的整体意愿，推进办只能连着半个月通宵加班，将子公司和实体院的地图和指标“大刀阔斧”地进行修改，再汇总下发到各单位听取意见。

场景 2：推进办左右为难

推进办费尽心力完成的“作业”却招来种种不满意的声音：“看看你们把我们的战略地图画成什么样子了，你们不懂业务，我们可不同意这么做。”“怎么搞建筑设计你们知道吗？不知道你们怎么定这些指标呢？”“我们还是自己做吧，你们定的指标我们看不懂。”……“替他们修改不是，不修改也不是。”推进办的成员左右为难。为了避免影响公司平衡计分卡的推进速度，刘部长决定将此情况上报给康总，康总在总经理办公会上对各单位再次重申平衡计分卡推进工作是改制整合工作的重要组成部分，大家一定要支持推进办的工作。

私下里各单位领导的抵触情绪虽不能戛然而止，但总经理的发话还是让大家开始配合推进办的工作，对修改版本进行再次修改，10 月初交上来的“作业”让韩光德终于松了一口气。

拿什么指标作为公司的关键绩效指标

2009 年 10 月中旬，推进办赶紧组织进行指标研讨，参加汇报的子公司、事业部和下属的实体院从价值与目标、客户与评价、流程与标准、学习与成长四个层面结合本单位业务特点阐述指标设定的科学性与合理性。紧接着，职能部门的领导开始对公司关键绩效指标进行重点讨论。

客户满意度指标。“公司属于服务性行业，公司的核心价值观和愿景中都强调了客户服务的重要性，我建议一定要进行客户满意度的考核。”市场开发管理部王部长强调。

人才队伍建设指标。“公司最宝贵的资源就是人才队伍，留住骨干、培养人才格外重要，这应该体现在每季度的考核里，比如引进注册人员加分等，同时对人员的培训也应该纳入考核指标。”人力资源部高部长说。

项目运行指标。“我觉得应该多关心公司的主业——勘察设计咨询和工程承包，项目的质量非常重要，现在项目越来越多且工期紧，万一出事故，砸了公司的牌子不说，还要付出很大的经济代价。我建议实体院的考核指标一定要设质量指标。”项目管理部刘部长说。

科技创新指标。“刘部长的意见我举双手赞成，现在很多企业都在搞项目研发、管理创新，我觉得应该把这项也作为各单位的绩效考核项，每个单位每年至少要完成一项业务建设和一项管理创新课题，否则就扣分。”技术质量安全部贺部长说。

保密指标。“作为国家二级保密单位，保密工作也十分重要，如果泄密，后果不堪设想，这可是要砸饭碗的，我提议设定一票否决项。”经理部许部长说。

企业文化指标。“企业文化属于公司的无形资产，好的企业文化对公司的经营生产有很好的促进作用，因此要注重企业文化建设，但这个讲起来太空泛，我建议采用院报刊的投稿数量体现。”企业文化部齐部长说。

预算执行指标。“我们过去一直强调进账，其实支出管理同样重要，每个部门的预算执行结果也应纳入考核项。”计划财务部白部长说。

刘部长自己在心里也已“预埋”了几个关键绩效指标：营业收入和利润指标一定要有，它们是公司效益的风向标；经济增加值（economic value added，EVA）指标肯定也要有，因为中航集团要考核板块这个指标。

“这个指标很重要，一定要加上去!”这几乎成了每位发言者强调的一句话。大家你一言我一语，每个职能部门都认为其提出的绩效考核指标很重要，结果记录下来的指标数量一路飞涨。刘部长一看这样下去就是讨论三天三夜也不会有结果，决定先把各部门的意见整理出来，然后提出建议方案交由公司领导决定。

2009 年 10 月，推进办将整理出来的指标及建议方案呈送公司级领导，采用无记名形式进行评分，根据领导评分结果，采用层次分析法，通过矩阵运算处理，确定了公司关键绩效指标共计 19 项及其权重，指标涵盖公司价值与目标、客户与评价、流程与标准、学习与成长四个维度（见表 5)。2009 年 11 月，规划建设公司以平衡计分卡为基础的战略绩效管理体系正式构建起来。

表 5　规划建设公司绩效评价标准

维度	编号	指标/行动方案	权重
价值与目标	V1	营业收入	10%
	V2	利润总额	10%
	V3	EVA	15%
	V4	财务控制指标	10%
		存货占营业收入比率	2%
		资产负债率	2%
		期间费用占营业收入比率	2%
		应收款项占营业收入比率	2%
		成本费用率	2%
	V5	全员劳动生产率	5%

续表

维度	编号	指标/行动方案	权重
客户与评价	C1	重大项目、EPC项目运行情况	5%
	C2	上级决策事项完成情况	5%
	C3	内部客户满意度	5%
	C4	科技创新	5%
流程与标准	P1	市场管理体系推进	3%
	P2	6S工作推进	3%
	P3	管理流程与制度建设	3%
	P4	组织绩效考核与员工绩效考核	2%
	P5	产权清理工作	2%
	P6	节能减排	2%
学习与成长	L1	管理创新	3%
	L2	人才体系建设	4%
	L3	技术研发	4%
	L4	企业文化建设	4%

经过半年的时间，2010年4月，平衡计分卡推进办公室正式变身为公司绩效考核工作组，职能也从原先的推进职能转变为考核职能，这标志着以平衡计分卡为核心的绩效考核体系正式开始实施。在总经理办公会上，康总高度评价了刘孟军和他的团队在如此紧迫的情况下构建起公司改制后以平衡计分卡为基础的战略绩效考核体系，这一刻，刘部长终于如释重负。

5. 指标很丰满，现实很骨感

5.1 年年叠加、层层加码的指标

随着实行时间的增加，指标的数量与日俱增，2012年初下达的《规划建设公司三年经营管理计划》（规划建设综〔2012〕3号）中的指标已增至100项，发展规划部所属的考核工作组按照公司战略地图逐项细化为38个目标，每个目标又分为若干个关键绩效指标和行动方案，指派不同的职能部门进行考核与监控管理，落实到每个被考核单位的有30～40项。

每次考核时，考核工作组都要求被考核单位提交本单位的考核报告（见表6），几十项指标一一描述下来需要不少的工作量，同时还要附上相关证明材料。职能部门除了要完成本部门的考核报告之外，还要对归口管理的单位的指标完成情况进行评价，分单位逐项打分、填写考核评语、提出下季度工作建议。

面对繁重的绩效评价工作，其他部门的人员打趣道：“你们发展规划部的地位真高啊，现在大家都像是给你们打工的……原来的考核办法是一根绳子，现在是四根绳子。”每季度的绩效评价工作全公司上上下下齐动员，相关填报人员要忙活近1个月的时间。

表6　规划建设公司三年经营管理计划填报模板

序号	名称
1	分部门经营管理计划模板
2	分单位经营管理计划模板
3	分部门（分单位）指标档案模板
4	分部门（分单位）行动方案档案模板
5	分单位计划分析意见模板
6	公司级指标档案模板
7	公司级行动方案档案模板
8	公司职能管理领域专项计划模板

面对潮水般涌来的绩效考核工作，大家的热情好像从盛夏的火热降到了寒冬的冰点，最初设想的美好总是敌不过现实的残酷，以平衡计分卡为基础的战略绩效考核体系运行了两年后，不仅没有给大家带来任何的物质奖励，反而大大增加了各单位的工作负担，各单位提交考核材料的负责人更是“听到绩效考核就一个头两个大”。

5.2　雾里看花的绩效考核体系

动用“余粮”

“五院和七院要被扣分了！它们这个季度的营业收入没有达标！”韩光德看着计划财务部刚刚传过来的各单位财务状况考核汇总表，不由激动地说。

这时电话铃声响起，计划财务部的小王打来电话说：“不好意思，刚才传过来的考核表需要改一下，五院、七院不用扣分了。”

“为什么啊？”韩光德不解地问道。

小王无奈地说：“我也没办法，刚接到主管会计打来的电话，五院和七院又多确认了几笔收入，这样刚好达标。我只是做汇总，收入确认还是主管会计说了算。再说你又不是不知道，“8+2”都有“余粮”，这些钱早就趴在公司账户上了，一旦出现状况，它们就赶紧找主管会计追加确认工程款，扣分就补回来了。”

“哦，那你把新的考核表给我发过来吧。”韩光德揉揉一直盯着各单位考核表已经有点花的眼睛，悻悻地说。

这样的对话，每次季度考核的时候都要发生十几次，韩光德期待发生的扣分现象总是能够被考核单位算计好了用“余粮”救济回来，他只能看着数字在眼前变来变去而无能为力。

文章写了就行

“哎呀，我怎么忘了写要投给企业文化部的第 3 篇稿呢。”二院的小李痛苦地说。她是二院绩效考核报告的负责人，要是因为这个被扣分她的罪过就大了。

小李赶紧拨通了企业文化部的电话：“喂，是企业文化部吗？”

“是的，你有什么事吗？”对方应答着。

小李求情似的说：“哦，是这样的，我是二院的小李，马上就要季度考核了，我们院在《规划建设通讯》上只发表了 2 篇文章，规定是 3 篇，您看能不能这期再给我们登 1 篇，我马上把文章发给您。”

“那你把文章发给我吧，只要你们交 3 篇文章就不扣分，不一定非要刊登出来的。”对方答道。

小李惊叹道：“啊？真的？我还以为是要发表出来呢，那这样就容易多了，谢谢您了。”

“不客气，反正现在的考核还没有与公司奖惩挂钩，没必要扣你们的分数当恶人，再见。”

挂上电话的小李窃喜，心想：“那以后就简单多了，随便写 3 篇文章，怎么也算达标了。呵呵，这个季度的考核自评又可以填满分了。”

6. 尾声：平衡计分卡遭遇水土不服

2012 年初，韩光德将各单位的考核表交到刘部长办公室，便出现了本文开始的那一幕。面对考核会上各单位的抨击，考核组成员的叫苦连天……刘部长不由得摘下眼镜，使劲揉了揉太阳穴，一连串的问题浮现在脑海中：公司绩效考核体系改革到底出了什么问题？平衡计分卡到底平衡了什么？先进的管理工具为什么不好使？接下来的路应该怎么走？

附录

附录 1：2011 年度规划建设公司二院、工程经济研究院考核结果

2011 年度规划建设公司二院、工程经济研究院考核结果如图 3 和图 4 所示。

二院得分：97.45

指标类别	编号	指标任务	2011 年度目标	目标完成情况	权重	指标得分	加权得分
价值与目标	V1	营业收入	65 980 万元，其中： 咨询设计营业收入：8 480 万元 工程承包营业收入：57 500 万元 工程承包实收费：1 725 万元	85 886 万元，130.17%	20%	100	20
	V2	利润总额	5 500 万元	5 786 万元，105.2%	20%	100	20
	V3	EVA	5 320 万元	5 745 万元，107.98%	10%	100	10
客户与评价	C1	新签合同额	81 300 万元	87 804 万元，108%	4%	100	4
	C2	重大项目运行情况	项目运行符合计划及公司要求	综合得分 94	4%	94	336
	C3	产品外部检查情况	无违反强条、年度目标及其他问题	综合得分 77.40	3%	77.40	2.32
	C4	客户满意度	客户回访、问卷调查满意度优，无重大投诉	满意度调查得分 91.69	3%	91.69	2.75
	C5	上级决策事项执行情况	1. 完成公司决策督办事项 2. 提高公司领导对本单位满意度	综合得分 92.59	3%	92.59	2.78
	C6	其他部门、单位满意度	积极主动支持配合其他单位工作，完成业务协作任务，提高内部客户满意度	满意度调查得分 81.94	3%	81.94	2.46
流程与标准	P1	技术质量及安全生产	严格执行公司“三标体系”	91.60	3%	91.60	2.75
	P2	全面预算执行率	成本费用执行率≤100%	成本费用执行率 92.06%	3%	100	3
	P3	招标采购制度执行情况	招标采购合规	94.94	3%	94.94	2.85
	P4	战略管控体系执行情况	1. 完成本单位三年及年度工作计划制定 2. 完成季度组织绩效考核工作任务	100	3%	100	3
	P5	6S 及公司规章制度执行情况	严格执行公司各类规章制度	6S 检查得分 92.50	3%	92.50	2.78
学习与成长	L1	管理创新	课题验收合格	完成目标	3%	100	3
	L2	人才队伍建设	1. 完成人才招聘工作 2. 建设高层次人才队伍 3. 规范本单位人员使用 4. 按计划完成培训任务并建立本单位培训档案	完成目标	3%	100	3
	L3	信息化建设	1. 配合完成公司信息化建设推进工作任务 2. 无信息安全违规事件 3. 按时、准确上报信息化台账	完成目标	3%	100	3
	L4	科研业务建设	1. 课题验收合格 4 项 2. 业务建设验收合格 12 项 3. 申请专利 1 项	完成目标	3%	100	3
	L5	企业文化建设	1. 完成本单位负责的内外网站栏目的内容更新 2. 向规划建设通讯投稿 3 篇 3. 规范项目部现场 V I 管理	完成目标	3%	100	3

图 3　二院 2011 年度考核结果

工程经济研究院得分：98.03

指标类别	编号	指标任务	2011年度目标	目标完成情况	权重	指标得分	加权得分
价值与目标	V1	营业收入	360万元	597万元，165.93%	20%	100	20
	V2	利润总额	−147万元	−81万元，144.89%	20%	100	20
	V3	EVA	−168万元	−90万元，146.43%	10%	100	10
客户与评价	C1	新签合同额	330万元	502万元，152.12%	4%	100	4
	C2	客户满意度	客户回访、问卷调查满意度优，无重大投诉	满意度调查得分95	4%	95	3.80
	C3	上级决策事项执行情况	1. 完成公司决策督办事项 2. 提高公司领导对本单位满意度	综合得分92.38	4%	92.38	3.70
	C4	其他部门、单位满意度	积极主动支持配合其他单位工作，完成业务协作任务，提高内部客户满意度	满意度调查得分80	4%	80	3.20
	C5	全价值链能力资源整合	1. 按COE要求制定提升核心能力计划并备案 2. 支持内部各COC全价值链业务	100	4%	100	4
流程与标准	P1	战略管控体系执行情况	1. 完成本单位三年及年度工作计划制定 2. 完成季度组织绩效考核工作任务	考核数据填报不完整，扣5分	5%	95	4.75
	P2	全面预算执行率	成本费用执行率≤100%	成本费用执行率85.71%	5%	100	5
	P3	6S及公司规章制度执行情况	严格执行公司各类规章制度	6S检查得分91.50	5%	91.50	4.58
学习与成长	L1	管理创新	围绕改革重点，立项管理创新课题1项	完成目标	3%	100	3
	L2	人才队伍建设	1. 完成人才招聘工作 2. 建设高层次人才队伍 3. 规范本单位人员使用 4. 按计划完成培训任务并建立本单位培训档案	完成目标	4%	100	4
	L3	信息化建设	1. 配合完成公司信息化建设推进工作任务 2. 无信息安全违规事件 3. 按时、准确上报信息化台账	完成目标	4%	100	4
	L4	企业文化建设	1. 完成本单位负责的内外网站栏目的内容更新 2. 向规划建设通讯投稿2篇	完成目标	4%	100	4

图4　工程经济研究院2011年度考核结果

附录 2：中航集团简介及组织架构图

中航集团是由中央管理的国有特大型企业，是国家授权投资的机构，于 2008 年 11 月 6 日由原中国航空工业第一、第二集团公司重组整合成立。集团公司设有航空装备、运输机、发动机、直升机、机载设备与系统、通用飞机、航空研究、飞行试验、贸易物流、资产管理、工程规划建设、汽车等产业板块，下辖 200 余家成员单位，有 20 多家上市公司，员工约 40 万人。中航集团组织架构如图 5 所示。

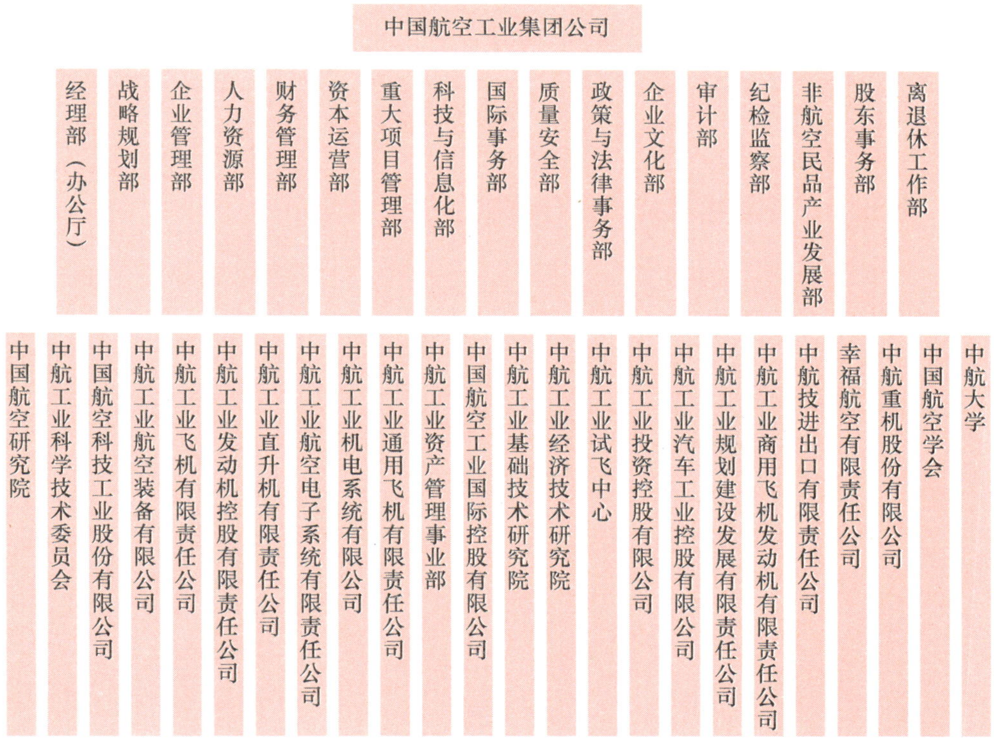

图 5　中航集团组织架构图

附录 3：规划建设公司全价值链专业化整合流程

全价值链包括高端咨询、工程项目专题咨询、勘察设计、工程设计、工程总承包及设备总承包、中后期评估等，四家单位业务范围涵盖了规划咨询和工程勘察设计、建设全过程的所有环节。

全价值链专业化整合就是对四家单位为规划咨询和工程勘察设计、建设全过程服务的资源、组织结构、市场、信息、企业文化等进行整合。整合固定资产、货币等有形资产和技术、标准、专利、商誉等无形资产。按专业重新划分业务板块，集中发展咨询设计、民用建筑、热电与环境工程、勘察设计、设备总承包和工程总承包业务（见图6）。

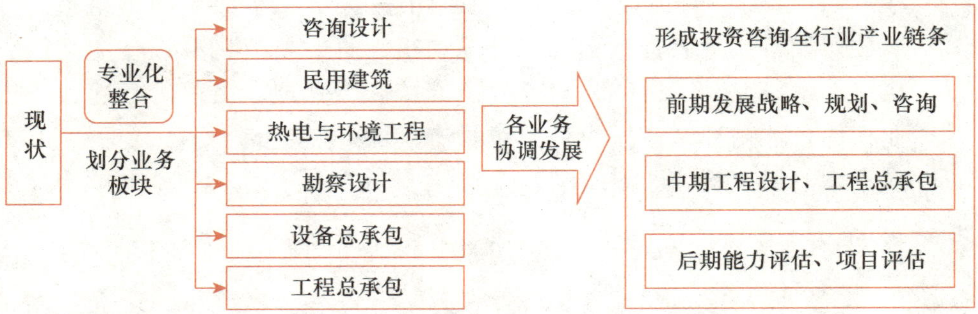

图6　专业化整合

附录4：规划建设公司整合改制组织架构变革

规划建设公司“3+2”模式、“8+2”模式组织架构如图7和图8所示。

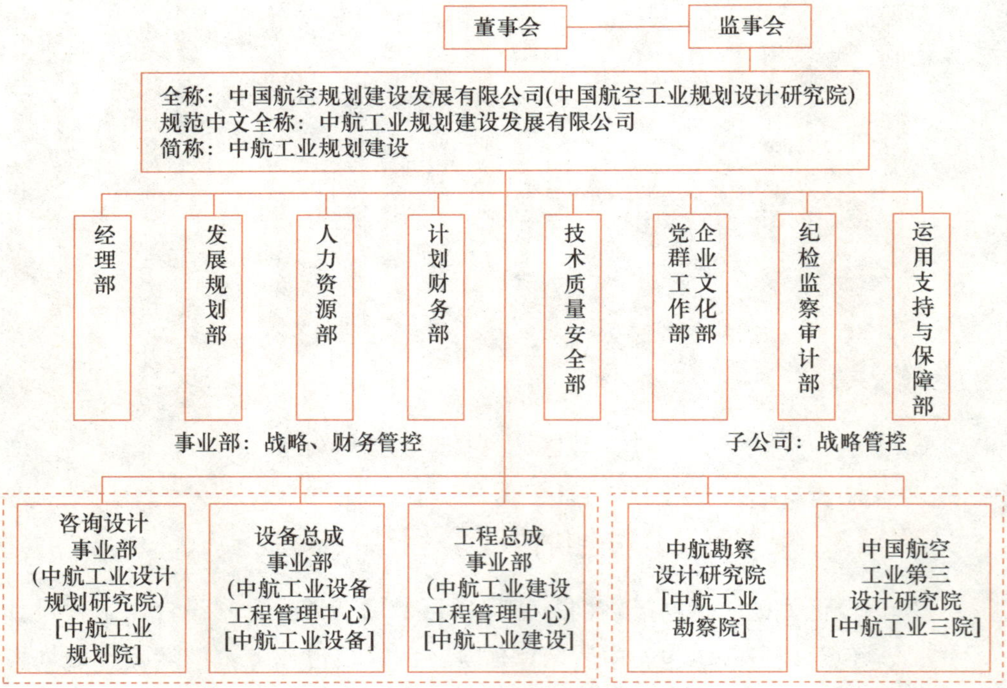

图7　规划建设公司“3+2”模式组织架构图

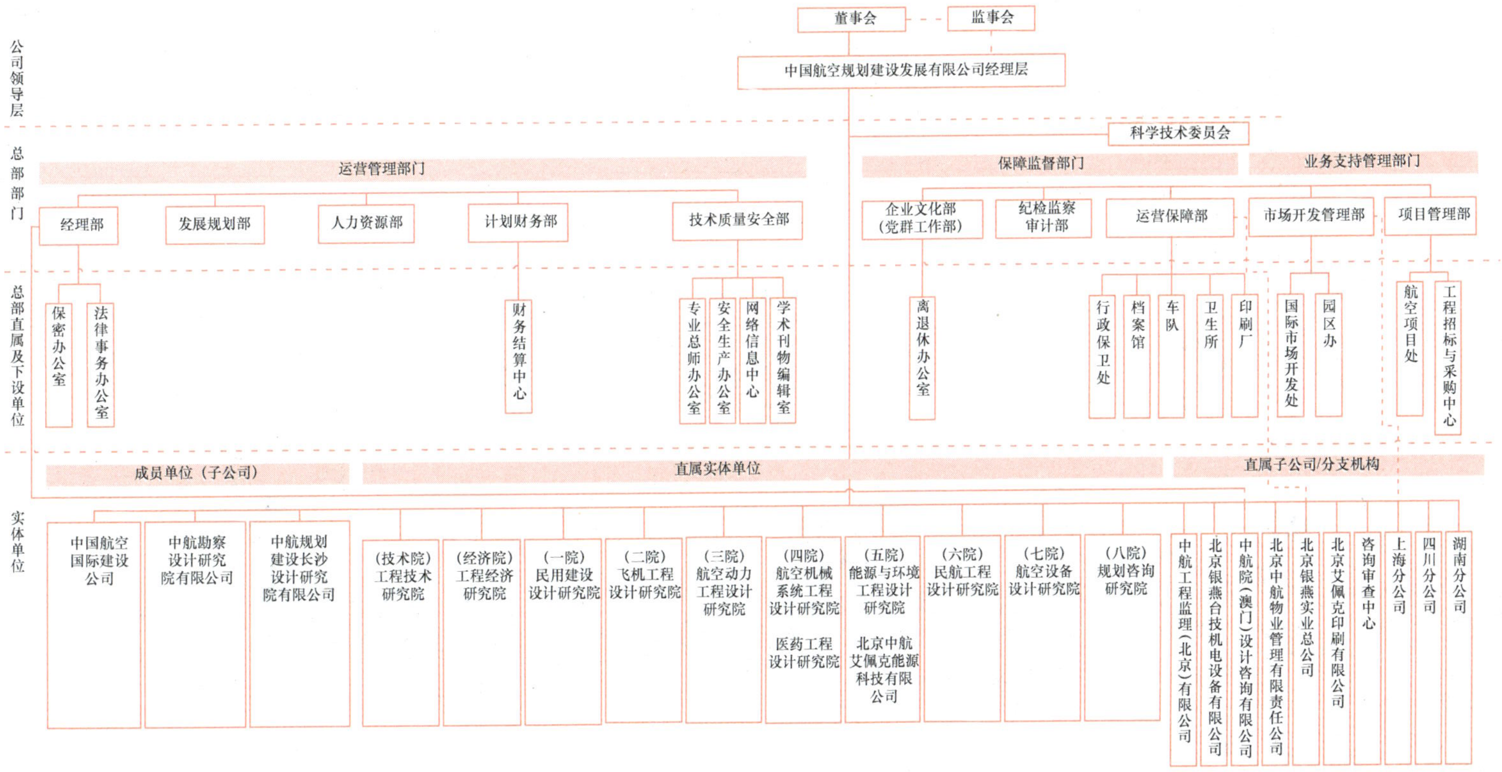

图 8　规划建设公司“8+2”模式组织架构图

附录 5：2011 年度经营管理考核计划（实体单位示例）

2011 年度经营管理考核计划（实体单位示例）如图 9 和图 10 所示。

2011 年度经营管理考核计划

单位名称：能力中心（COC）——飞机工程设计研究院

考核指标							
维度	编号	指标/行动方案	季度目标				权置
			一季度	二季度	三季度	四季度	
价值与目标	V1	营业收入	6 992 万元，其中： 咨询设计营业收入：1 242 万元 工程承包营业收入：5 750 万元 工程承包实收费：173 万元	20 562 万元，其中： 咨询设计营业收入：3 312 万元 工程承包营业收入：17 250 万元 工程承包实收费：518 万元	34 960 万元，其中： 咨询设计营业收入：6 210 万元 工程承包营业收入：28 750 万元 工程承包实收费：863 万元	65 980 万元，其中： 咨询设计营业收入：8 480 万元 工程承包营业收入：57 500 万元 工程承包实收费：1 725 万元	20%
	V2	利润总额	166 万元	1 440 万元	8 539 万元	5 500 万元	20%
	V3	EVA	41 万元	1 348 万元	8 892 万元	5320 万元	10%
客户与评价	C1	新签合同额	20 465 万元	42 480 万元	68 895 万元	81 300 万元	4%
	C2	重大项目运行情况	项目运行符合计划及公司要求	项目运行符合计划及公司要求	项目运行符合计划及公司要求	项目运行符合计划及公司要求	4%
	C3	产品外部检查情况	无违反强条、年度目标及其他问题	无违反强条、年度目标及其他问题	无违反强条、年度目标及其他问题	无违反强条、年度目标及其他问题	3%
	C4	客户满意度	客户回访、问卷调查满意度优，无重大投诉	客户回访、问卷调查满意度优，无重大投诉	客户回访、问卷调查满意度愧，无重大投诉	客户回访、问卷调查满意度优，无重大投诉	3%
	C5	上级决策事项执行情况	1. 完成公司决策督办事项 2. 提高公司领导对本单位满意度	1. 完成公司决策督办事项 2. 提高公司领导对本单位满意度	1. 完成公司决策督办事项 2. 提高公司领导对本单位满意度	1. 完成公司决策督办事项 2. 提高公司领导对本单位满意度	3%
	C6	其他部门、单位满意度	积极主动支持配合其他单位工作，完成业务协作任务，提高内部客户满意度	积极主动支持配合其他单位工作，完成业务协作任务，提高内部客户满意度	积极主动支持配合其他单位工作，完成业务协作任务，提高内部客户满意度	积极主动支持配合其他单位工作，完成业务协作任务，提高内部客户满意度	3%
流程与标准	P1	技术质量及安全生产	严格执行公司“三标体系”	严格执行公司“三标体系”	严格执行公司“三标体系”	严格执行公司“三标体系”	
	P2	全面预算执行率	成本费用执行率≤100%	成本费用执行率≤100%	成本费用执行率≤100%	成本费用执行率≤100%	3%
	P3	招标采购制度执行情况	招标采购合规	招标采购合规	招标采购合规	招标采购合规	3%
	P4	战略管控体系执行情况	完成季度组织绩效考核工作任务	完成季度组织绩效考核工作任务	完成季度组织绩效考核工作任务	1. 完成本单位三年及年度工作计划制定 2. 完成季度组织绩效考核工作任务	3%
	P5	6S 及公司规章制度执行情况	严格执行公司各类规章制度	严格执行公司各类规章制度	严格执行公司各类规章制度	严格执行公司各类规章制度	3%

续表

维度	编号	指标/行动方案	季度目标：一季度	二季度	三季度	四季度	权置
考核指标							
学习与成长	L1	管理创新	围绕改革重点，立项管理创新课题 1 项	课题中期检查合格	课题进度符合研究计划	课题验收合格	3%
	L2	人才队伍建设	1. 完成人才招聘工作 2. 建设高层次人才队伍 3. 规范本单位人员使用 4. 按计划完成培训任务并建立本单位培训档案	1. 完成人才招聘工作 2. 建设高层次人才队伍 3. 规范本单位人员使用 4. 按计划完成培训任务并建立本单位培训档案	1. 完成人才招聘工作 2. 建设高层次人才队伍 3. 规范本单位人员使用 4. 按计划完成培训任务并建立本单位培训档案	1. 完成人才招聘工作 2. 建设高层次人才队伍 3. 规范本单位人员使用 4. 按计划完成培训任务并建立本单位培训档案	3%
	L3	信息化建设	1. 配合完成公司信息化建设推进工作任务 2. 无信息安全违规事件 3. 按时、准确上报信息化台账	1. 配合完成公司信息化建设推进工作任务 2. 无信息安全违规事件 3. 按时、准确上报信息化台账	1. 配合完成公司信息化建设推进工作任务 2. 无信息安全违规事件 3. 按时、准确上报信息化台账	1. 配合完成公司信息化建设推进工作任务 2. 无信息安全违规事件 3. 按时、准确上报信息化台账	3%
	L4	科研业务建设	1. 完成科研课题立项 2. 完成业务建设立项	1. 科研课题通过中期检查 2. 业务建设进度符合计划	1. 科研课题研究进度符合计划 2. 业务建设进度符合计划	1. 课题验收合格 4 项 2. 业务建设验收合格 12 项 3. 申请专利 1 项	3%
	L5	企业文化建设	1. 完成本单位负责的内外网站栏目的内容更新 2. 向规划建设通讯投稿 3 篇 3. 规范项目部现场 V I 管理	1. 完成本单位负责内外网站栏目的内容更新 2. 向规划建设通讯投稿 3 篇 3. 规范项目部现场 V I 管理	1. 完成本单位负责内外网站栏目的内容更新 2. 向规划建设通讯投稿 3 篇 3. 规范项目部现场 V I 管理	1. 完成本单位负责的内外网站栏目的内容更新 2. 向规划建设通讯投稿 3 篇 3. 规范项目部现场 V I 管理	3%

否决指标

编号	指标/任务	目标	扣分上限
1	安全	无违反公司安全生产、安全保卫事件发生	20
2	保留	无违反公司保密事件发生	20
3	廉政	无违反公司廉政规定事件发生	20

图 9　二院 2011 年度关键绩效指标

2011 年度经营管理考核计划

单位名称：优异中心（COE）——工程经济研究院

考核指标							
维度	编号	指标/行动方案	季度目标				权置
			一季度	二季度	三季度	四季度	
价值与目标	V1	营业收入	45 万元	120 万元	210 万元	360 万元	20%
	V2	利润总额	−144 万元	−164 万元	−196 万元	−147 万元	20%
	V3	EVA	−153 万元	−176 万元	−213 万元	−168 万元	10%
客户与评价	C1	新签合同款	50 万元	132 万元	247 万元	330 万元	4%
	C2	客户满意度	客户回访、问卷调查满意度优，无重大投诉	客户回访、问卷调查满意度优，无重大投诉	客户回访、问卷调查满意度优，无重大投诉	客户回访、问卷调查满意度优，无重大投诉	4%
	C3	上级决策事项执行情况	1. 完成公司决策督办事项 2. 提高公司领导对本单位满意度	1. 完成公司决策督办事项 2. 提高公司领导对本单位满意度	1. 完成公司决策督办事项 2. 提高公司领导对本单位满意度	1. 完成公司决策督办事项 2. 提高公司领导对本单位满意度	4%
	C4	其他部门、单位满意度	积极主动支持配合其他单位工作，完成业务协作任务，提高内部客户满意度	积极主动支持配合其他单位工作，完成业务协作任务，提高内部客户满意度	积极主动支持配合其他单位工作，完成业务协作任务，提高内部客户满意度	积极主动支持配合其他单位工作，完成业务协作任务，提高内部客户满意度	4%
	C5	全价值链能力资源整合	1. 按 COE 要求制定提升核心能力计划并备案 2. 支持内部各 COC 全价值链业务开展	1. 推进实施 COE 核心能力建设工作 2. 支持内部各 COC 全价值链业务开展	1. 推进实施 COE 核心能力建设工作 2. 支持内部各 COC 全价值链业务开展	1. 推进实施 COE 核心能力建设工作 2. 支持内部各 COC 全价值链业务开展	4%
流程与标准	P1	战略管控体系执行情况	完成季度组织绩效考核工作任务	完成季度组织绩效考技工作任务	完成季度组织绩效考核工作任务	1. 完成本单位三年及年度工作计划制定 2. 完成季度组织绩效考核工作任务	5%
	P2	全面预算执行率	成本费用执行率≤100%	成本费用执行率≤100%	成本费用执行率≤100%	成本费用执行率≤100%	5%
	P3	6S 及公司规章制度执行情况	严格执行公司各类规章制度	严格执行公司各类规章制度	严格执行公司各类规章制度	严格执行公司各类规章制度	5%

续表

考核指标							
维度	编号	指标/行动方案	季度目标				权重
			一季度	二季度	三季度	四季度	
学习与成长	L1	管理创新	围绕改革重点，立项管理创新课题1项	课题中期检查合格	课题进度符合研究计划	课题验收合格	3%
	L2	人才队伍建设	1. 完成人才招聘工作 2. 建设高层次人才队伍 3. 规范本单位人员使用 4. 按计划完成培训任务并建立本单位培训档案	1. 完成人才招聘工作 2. 建设高层次人才队伍 3. 规范本单位人员使用 4. 按计划完成培训任务并建立本单位培训档案	1. 完成人才招聘工作 2. 建设高层次人才队伍 3. 规范本单位人员使用 4. 按计划完成培训任务并建立本单位培训档案	1. 完成人才招聘工作 2. 建设高层次人才队伍 3. 规范本单位人员使用 4. 按计划完成培训任务并建立本单位培训档案	4%
	L3	信息化建设	1. 配合完成公司信息化建设推进工作任务 2. 无信息安全违规事件 3. 按时、准确上报信息化台账	1. 配合完成公司信息化建设推进工作任务 2. 无信息安全违规事件 3. 按时、准确上报信息化台账	1. 配合完成公司信息化建设推进工作任务 2. 无信息安全违规事件 3. 按时、准确上报信息化台账	1. 配合完成公司信息化建设推进工作任务 2. 无信息安全违规事件 3. 按时、准确上报信息化台账	4%
	L4	企业文化建设	1. 完成本单位负责的内外网站栏目的内容更新 2. 向规划建设通讯投稿2篇	1. 完成本单位负责的内外网站栏目的内容更新 2. 向规划建设通讯投稿2篇	1. 完成本单位负责的内外网站栏目的内容更新 2. 向规划建设通讯投稿2篇	1. 完成本单位负责的内外网站栏目的内容更新 2. 向规划建设通讯投稿2篇	4%

否决指标			
编号	指标/任务	目标	扣分上限
1	安全	无违反公司安全生产、安全保卫事件发生	20
2	保留	无违反公司保密事件发生	20
3	廉政	无违反公司廉政规定事件发生	20

图10　工程经济研究院2011年度关键绩效指标

启发思考题

1. 规划建设公司为什么要导入平衡计分卡？原有绩效管理存在哪些问题？

2. 什么是平衡计分卡？规划建设公司是如何实施平衡计分卡的？

3. 规划建设公司员工（含高层领导、部门负责人、骨干等）是如何认知平衡计分卡的？平衡计分卡应该平衡什么？规划建设公司的平衡计分卡又平衡了什么？

4. 平衡计分卡战略地图指标间的关系是什么？规划建设公司战略地图中指标的逻辑关系如何？

5. 规划建设公司实施平衡计分卡的流程与卡普兰和诺顿设计的流程有哪些异同？

6. 平衡计分卡理论真的那么有效吗？为什么平衡计分卡运用在规划建设公司战略绩效考核中没有产生预期的效果？

7. 西方先进的管理工具运用到中国情境下的企业推进组织变革时，通常会面临哪些挑战？应该如何应对？

8. 如果你是刘孟军部长，你将如何应对战略绩效管理改革的“迷局”？

教学目的与用途

1. 适用课程：人力资源管理、管理会计。

2. 适用对象：本案例主要为 EMBA、MBA 和 MPAcc 开发，适合具有一定工作经验的学生和管理者学习，也适合具有一定平衡计分卡理论知识的企业高管进行深入学习。

3. 教学目的：本案例围绕平衡计分卡理论，以规划建设公司采用平衡计分卡构建战略绩效管理体系陷入的“迷局”为主线，通过深入分析，引导学生理解、掌握和思考以下三方面内容，提升学生运用西方先进管理工具并结合中国企业实践分析问题、解决问题和思辨的能力：

（1）理解平衡计分卡是战略执行的工具；

（2）掌握基于平衡计分卡构建战略绩效管理体系的基本方法和内涵，挖掘平衡计分卡自身存在的缺陷；

（3）思考运用西方先进管理工具到中国情境下的企业推进组织变革时所面临的挑战，并探讨可行的解决方案。

理论依据与分析

1. 平衡计分卡的基本含义

Kaplan and Norton（1992）发现管理者已不再依靠单一指标进行绩效评价，而是需要一个包含财务和运作指标的平衡系统。通过对12家领先美国公司的研究，他们提出了财务与非财务相结合的绩效考核方法——平衡计分卡（BSC）。平衡计分卡以公司战略为导向，寻找驱动战略成功的因素，并建立关键绩效指标体系，通过对关键绩效指标的跟踪监测来衡量战略并采取必要的修正。平衡计分卡从财务、客户、内部业务流程和学习与成长四个维度衡量业绩，使公司在追求财务结果的同时，管控为了未来的成长而培养能力和获得无形资产的过程。简言之，平衡计分卡采用衡量未来业绩的驱动因素指标，弥补了仅用财务指标衡量过去业绩的不足。平衡计分卡是一个整合的源于战略指标的新框架。它在保留以往财务指标的同时，引进了未来财务业绩的驱动因素，包括客户、内部业务流程、学习与成长，如图11所示。

2. 平衡计分卡指标之间的逻辑关系

平衡计分卡的核心思想是通过财务、客户、内部业务流程和学习与成长四个层面指标之间相互驱动的因果关系展现组织的战略轨迹，实现绩效考核——绩效改进——战略实施——战略修正的战略目标过程，即将绩效考核的地位提升到组织的战略层面，使之成为组织战略的实施工具（卢亚群，2013）。平衡计分卡以平衡为诉求，指标之间应具有的平衡关系如下（Kaplan and Norton，1996）：

（1）财务指标与非财务指标的平衡：平衡计分卡从四个维度衡量企业，体现了财务指标和非财务指标（客户、内部业务流程、学习与成长方面）之间的平衡。

（2）企业的长期目标与短期目标的平衡：平衡计分卡从企业的长期目标开始，逐步分解到企业的短期目标，在关注企业长期发展的同时，也关注企业近期目标的完成。

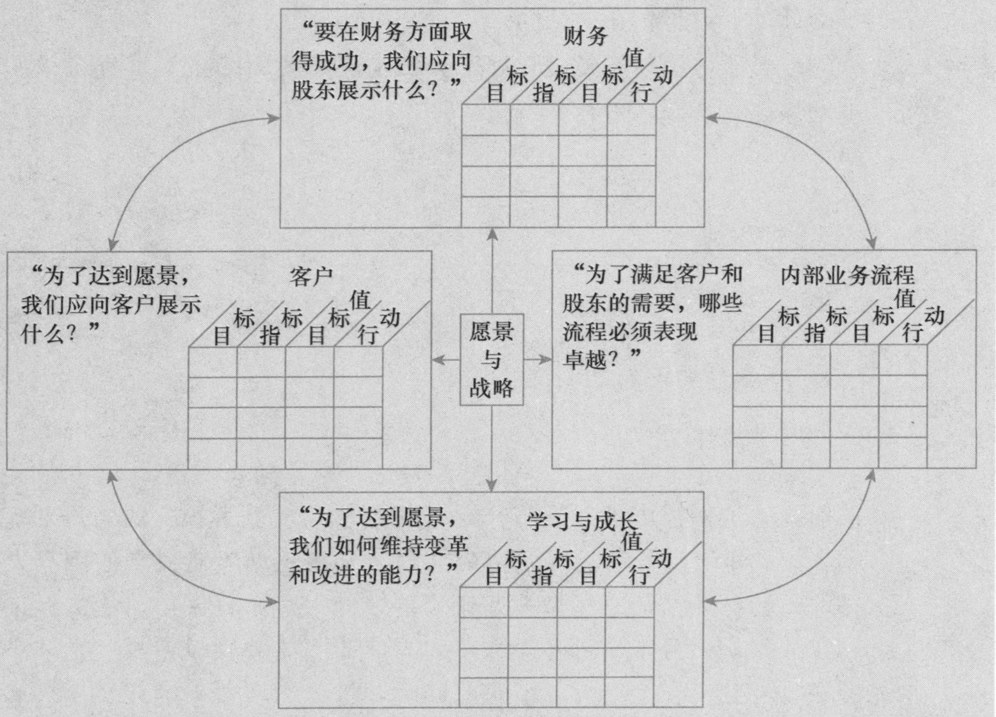

图 11　化战略为行动的平衡计分卡框架

（3）结果性指标与动因性指标的平衡：平衡计分卡以有效完成战略为动因，寻求结果性指标与动因性指标之间的平衡。

（4）企业组织内部群体与外部群体的平衡：平衡计分卡认识到股东与客户为外部群体，员工和内部业务流程是内部群体，平衡这些群体对有效实施战略十分重要。

（5）领先指标与滞后指标的平衡：平衡计分卡对于领先指标（客户、内部业务流程、学习与成长）的关注，使企业更关注于过程，而不仅仅是滞后的财务结果。

卡普兰和诺顿认为一份设计良好的平衡计分卡应当全面反映业务单位的战略，它应该确认和阐明结果与这些结果的动因之间因果关系的一系列假设。被纳入平衡计分卡的每一个指标都应该是因果关系链的一个环节，并能向企业传达业务单位战略的意义。战略是一套关于因果的假设，管理系统必须把各个层面目标（指标）之间的关系（假设）阐述得一清二楚，才能进行管理。因果关系链应该涵盖平衡计分卡的四个层面，如图 12 所示。

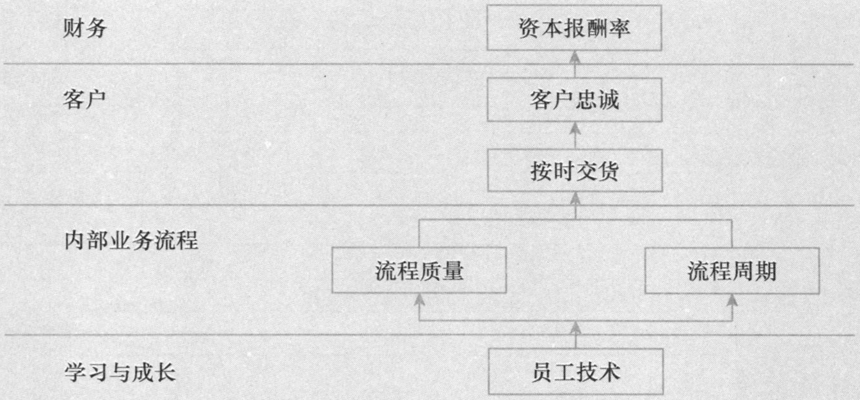

图 12 价值链形成的垂直向量

资料来源：罗伯特·卡普兰，大卫·诺顿．平衡计分卡：化战略为行动．刘俊勇，孙薇，等译．广州：广东经济出版社，2004.

平衡计分卡中四个维度的指标之间具有内在的逻辑关系，如图 13 所示。

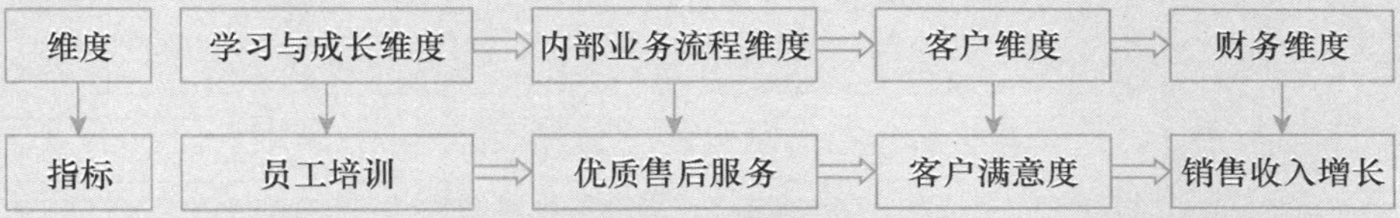

图 13 评估指标间的逻辑关系

这一逻辑关系可以由平衡计分卡的战略地图清晰地描述出来。战略地图是从平衡计分卡简单的四个层面模型发展而来的，通过因果关系链把四个层面串起来（如图 14 所示），以一张图的形式清晰地展现出战略如何将无形资产与价值创造流程联系起来，内部业务流程如何创造并传递客户价值主张，以及满足客户价值主张带来的财务成果。

3. 利用平衡计分卡实现战略落地

在实际应用平衡计分卡的过程中，企业需要综合考虑所处的行业环境、发展阶段，自身的优势与劣势，规模与实力等。总结成功实施平衡计分卡企业的经验，通常经过以下几步可实现企业战略落地，如图 15 所示（Kaplan and Norton，2008）。

尽管平衡计分卡被证实具有良好的效果，但在实施过程中也存在约束条件，这些约束条件是导致失败的主要原因，具体包括：（1）平衡计分卡的应用条件要求高。要求企业有明确的组织战略、完善的组织机构，并要求中高层管理者具有良好的分析沟通能力和测评指标的创新能力。（2）平衡计分卡工作量大。据调查，一份典型的平衡计分卡需要 5～6 个月去执行，另外还需

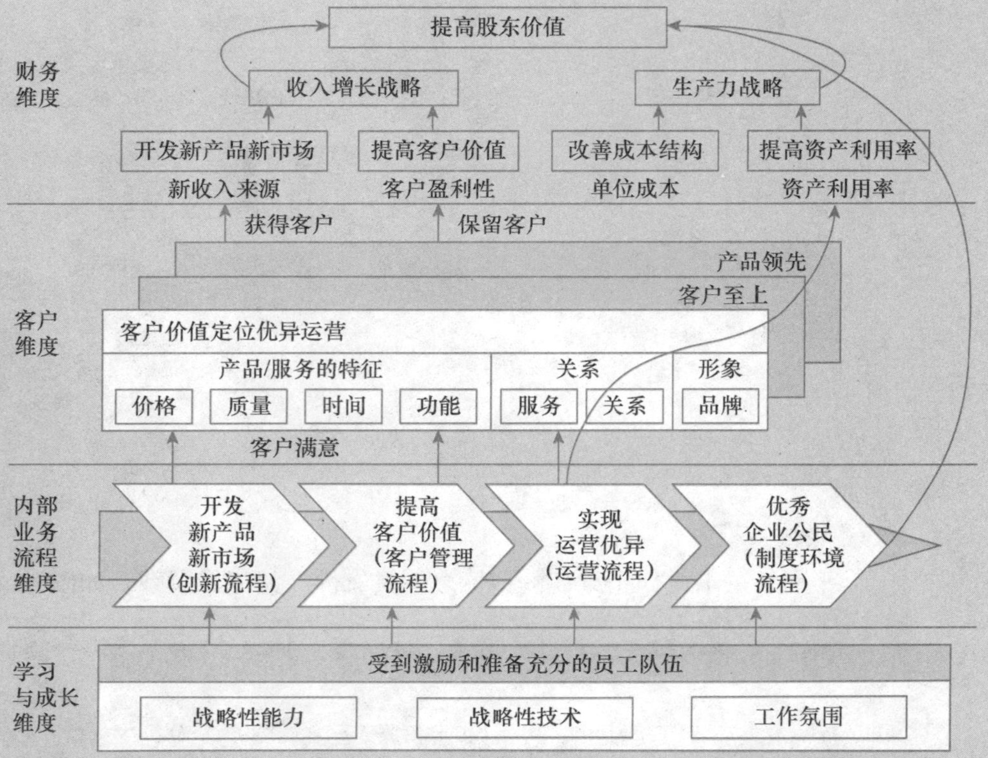

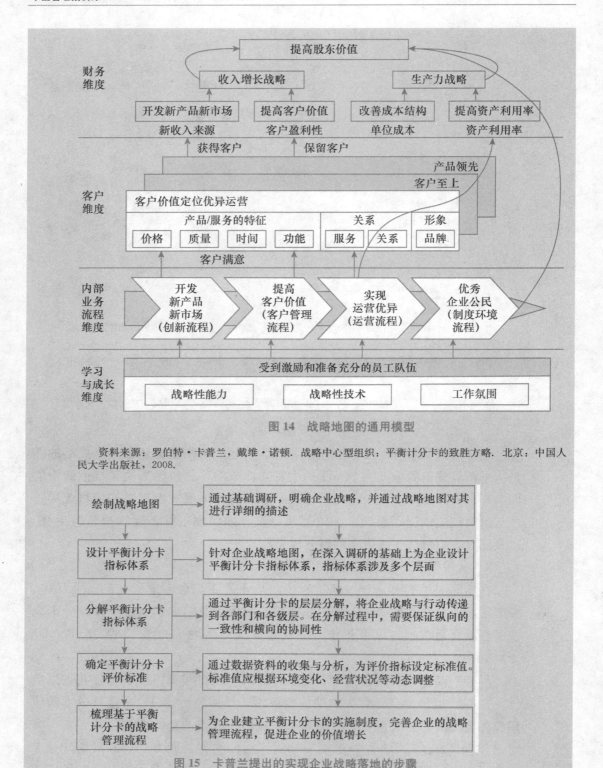

图 14　战略地图的通用模型

资料来源：罗伯特·卡普兰，戴维·诺顿．战略中心型组织：平衡计分卡的致胜方略．北京：中国人民大学出版社，2008.

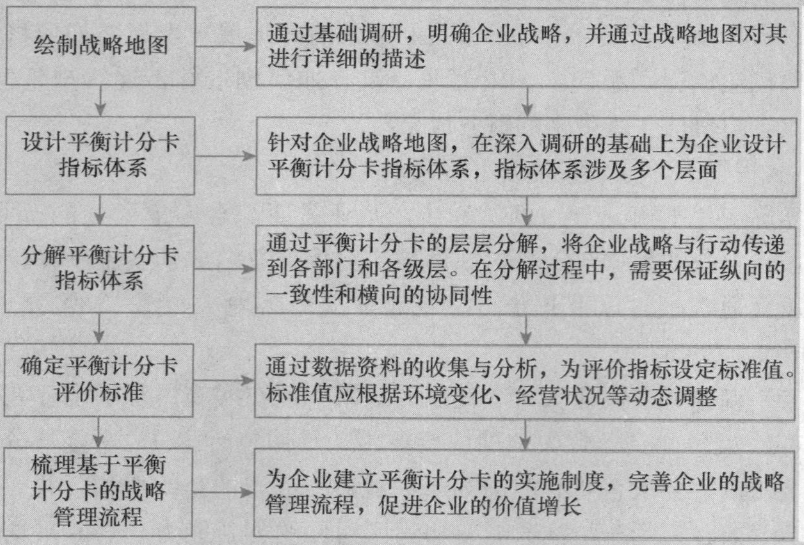
绘制战略地图
通过基础调研，明确企业战略，并通过战略地图对其进行详细的描述
设计平衡计分卡指标体系
针对企业战略地图，在深入调研的基础上为企业设计平衡计分卡指标体系，指标体系涉及多个层面
分解平衡计分卡指标体系
通过平衡计分卡的层层分解，将企业战略与行动传递到各部门和各级层。在分解过程中，需要保证纵向的一致性和横向的协同性
确定平衡计分卡评价标准
通过数据资料的收集与分析，为评价指标设定标准值。标准值应根据环境变化、经营状况等动态调整
梳理基于平衡计分卡的战略管理流程
为企业建立平衡计分卡的实施制度，完善企业的战略管理流程，促进企业的价值增长

图 15　卡普兰提出的实现企业战略落地的步骤

4～5个月去调整结构，使其规范化，因而总的开发时间需要一年甚至更长时间。(3) 平衡计分卡指标权重分配困难。不同企业在应用平衡计分卡制定权重时并没有一个客观标准，这就不可避免地使权重的分配带有浓厚的主观色彩。(4) 平衡计分卡指标难以设计。各部门可能会片面追求本部门的利益而忽视企业整体的利益，外部因素（供应商、竞争对手、政府）未能全面反映（Nair Mohan，2009；王金兰等，2010）。

另外，平衡计分卡理论自身可能存在缺陷，体现在：(1) 因果假设存在疑问。指标间形成逻辑“原因—结果”链的假设是比较危险的。例如，客户满意度通常被认为是提升财务指标的有效评价指标，但如果销售经理通过降价或延长质保期等方式提高客户满意度将损害企业财务指标的客观性（Norreklit Hanne et al.，2008）。(2) 量化工作难以落实。许多主观评价指标是难以量化的，这些难以量化的指标将导致业绩评价不规范和结果不正确（王金兰等，2010）。

参考文献

[1] 丁友刚，姚娑. Kaplan 和 Norton 访谈系列（二）[J]. 会计之友，2010 (1)：126-127.

[2] 胡建波. 平衡计分卡在高校战略管理中的应用 [J]. 高等工程教育研究，2008 (5)：93-100.

[3] 卢亚群. 基于平衡计分卡的企业战略绩效评价体系研究 [J]. 财会通讯（综合版），2013 (2)：55-56.

[4] 罗纳德·W. 希尔顿. 管理会计学：在动态商业环境中创造价值 [M]. 阎达五，李勇，等译. 北京：机械工业出版社，2003.

[5] 钱晓红，叶尤丹，邹晓东. 高校战略管理科学方法的探讨——战略管理工具平衡计分卡 BSC [J]. 山东经济，2008 (2)：113-118.

[6] 王金兰，刘廷廷. 平衡计分卡的不足及改进措施 [J]. 会计之友，2010 (2)：56-58.

[7] 王利平. “中魂西制”：中国式管理的核心问题 [J]. 管理学报，2012 (4)：473-480.

[8] 王雪丽. “中魂西制”下的中国企业变革 [J]. 清华管理评论，2011 (1/2)：60-66.

[9] 谢艳红，徐玖平. 战略绩效考核工具——平衡计分卡（BSC）[J]. 商业研究，2005（9）：141-143.

[10] Kaplan R S，Norton D P. The balanced scorecard：measures that drive performance [J]. Harvard Business Review，1992，70（1）：71-79.

[11] Kaplan R S，Norton D P. The balanced scorecard：translating strategy into action [M]. Boston：Harvard Business School Press，1996.

[12] Kaplan R S，Norton D P. The execution premium [M]. Boston：Harvard Business School Press，2008.

[13] Kaplan R S，Norton D P. The strategy-focused organization：how balanced scorecard companies thrive in the new business environment [M]. Boston：Harvard Business School Press，2000.

[14] Kaplan R S，Norton D P. Using the balanced scorecard as a strategic management system [J]. Harvard Business Review，1996，71（1）：75-85.

[15] Nair M. Overcoming the 9 deadly sins of balanced scorecards [J]. Journal of Corporate Accounting and Finance，2009，20（6）：83-90.

[16] Norreklit H，Jacobsen M，Mitchell F. Pitfalls in using the balanced scorecard [J]. Journal of Corporate Accounting and Finance（Wiley），2008，19（6）：65-68.

图书在版编目（CIP）数据

管理会计教学案例与分析/周宁，韩小汀，邹艳著
．--北京：中国人民大学出版社，2021.10
（中国管理案例库）
ISBN 978-7-300-29821-4

Ⅰ．①管… Ⅱ．①周… ②韩… ③邹… Ⅲ．①管理会计-教案（教育）-中国 Ⅳ．①F234.3

中国版本图书馆 CIP 数据核字（2021）第 174145 号

中国管理案例库
管理会计教学案例与分析
周 宁 韩小汀 邹 艳 著
Guanli Kuaiji Jiaoxue Anli yu Fenxi

出版发行	中国人民大学出版社		
社　　址	北京中关村大街 31 号	**邮政编码**	100080
电　　话	010－62511242（总编室）		010－62511770（质管部）
	010－82501766（邮购部）		010－62514148（门市部）
	010－62515195（发行公司）		010－62515275（盗版举报）
网　　址	http://www.crup.com.cn		
经　　销	新华书店		
印　　刷	天津中印联印务有限公司		
规　　格	185 mm×260 mm　16 开本	**版　　次**	2021 年 10 月第 1 版
印　　张	14.25 插页 1	**印　　次**	2021 年 10 月第 1 次印刷
字　　数	249 000	**定　　价**	45.00 元

教师教学服务说明

中国人民大学出版社财会出版分社以出版经典、高品质的会计、财务管理、审计等领域各层次教材为宗旨。

为了更好地为一线教师服务，近年来财会出版分社着力建设了一批数字化、立体化的网络教学资源。教师可以通过以下方式获得免费下载教学资源的权限：

在中国人民大学出版社网站 www.crup.com.cn 进行注册，注册后进入“会员中心”，在左侧点击“我的教师认证”，填写相关信息，提交后等待审核。我们将在一个工作日内为您开通相关资源的下载权限。

如您急需教学资源或需要其他帮助，请在工作时间与我们联络：

中国人民大学出版社　财会出版分社

联系电话：010-62515987，62511076

电子邮箱：ckcbfs@crup.com.cn

通讯地址：北京市海淀区中关村大街甲 59 号文化大厦 1501 室（100872）